JN431902

요한계시록 신학

The Theology of the Book of Revelation
by Richard Bauckham

Tr. Pyl Chan Lee

© Cambridge University Press 1994
First published 1993
Korean Edition Copyright © 2000, Handl Publishing House
ISBN 89-8349-132-9 93230
2000

Handl Publishing House
Seoul Korea

요한계시록 신학
지은이 리차드 보쿰
옮긴이 이필찬
펴낸이 정덕주

펴낸 곳 한들출판사
서울시 종로구 대학로 19, 1012호(기독교회관)
등록 제2-1470호 1992.12.17
E-Mail: handl2006@hanmail.net
홈페이지 handl.co.kr
전화 741-4069 , 741-4070 FAX 741-4068

2000년 9월 14일 초판 1쇄 인쇄
2019년 8월 15일 초판 6쇄 발행

ISBN 89-8349-132-9 93230 130-2(세트)

* 잘못된 책은 바꿔 드립니다.

캠브리지 대학 신약신학 시리즈

요한계시록 신학

리챠드 보쿰 지음

이필찬 옮김

한들출판사

Perface

It is a great pleasure to be able to address readers of my book in Korean.

In our globalized world of the year 2000, the Book of Revelation has never been more relevant. We live in a time when many of the inspiring hopes for endless progress that the modern world has lived by seem to have faded.

There are at least as many signs of doom and danger around us as there are signs of hope. We live in an 'apocalyptic' age-not, in my view, because of the meaningless magic of the number 2000, but because there are so many well-grounded fears for the future on a truly global scale. The Book of Revelation is not intended to induce passive resignation to approaching evils, nor to comfort Christians with the belief they will escape them, but to provoke us all to repentance, to inspire us to hope against hope, and to call us to witness to the truth of God by following Jesus' way of uncompromising witness wherever it leads. Revelation confronts us with the global relaity of God's judgment but it also calls us to hope on an equally global scale. It invites us to participate actively in God's hope for God's world.

I wrote this book to help others to see what a profoundly theological book the Book of Revelation is. This is missed by those who treat it as future history written in code and by those who notice only its terrifying pictures of divine judgments. Revelation above all offers us a vision of God. The world looks different when we know who God is. Revelation is ot easy to read: we have to learn how to understand its great symbolic visions and how to understand its constant allusions to the Old Testament scriptures. But the work of studying Revelation is rewarding because it is a book that constantly yields up more and more of its treasures. We never exhaust its meaning. And, for those who have eyes to see and ears to hear, what it offers is an ever-new vision of God and God's purposes for God's whole creation. I hope that those who find my book helpful will go on to find for themselves the vision and discernment that Revelation promises them.

Richard Bauckham

---

* 이 서문은 원래 본문에는 들어 있지 않았으나 저자의 제자인 역자 부탁으로 한국의 독자들을 위해 특별히 기고한 것임.

저자 서문

한국에 있는 내 책의 독자들에게 (글을 통해서나마) 말할 수 있게 되어 참으로 기쁘게 생각합니다. 2000년의 세계화된 세상에서 요한계시록은 우리들에게 결코 더 이상 적절할 수 없습니다. 우리는 현대 문명 사회가 그동안 의존하고 살아 왔던 끝없는 진보에 대한 수없이 많은 감동적 소망들이 퇴색해 가는 시대에 살고 있습니다. 적어도 소망의 징후들이 있는 것 만큼 우리 주위에 파멸과 위험의 많은 징후들이 있습니다. 우리는 '묵시적' 시대(apocalyptic age)에 살고 있습니다. 내 생각에 이것은 2000년이라는 숫자가 주는 무의한 마력 때문이 아닙니다. 그것은 바로 참으로 세계적 규모로 폭넓게 형성된 미래에 대한 매우 많은 두려움들이 있기 때문입니다. 요한계시록의 의도는 다가오는 악들에 대한 수동적 포기를 이끌어 내려고 하는 것이 아니며 그리스도인들이 그것들을 피할 수 있을 것이라는 믿음으로 그들을 위로하려고 하는 것도 아닙니다. 그것은 바로 우리 모두로 하여금 회개하도록 촉구하기 위함이요 우리로 하여금 소망에 반대하는 소망을 품게 하기 위함이요 우리로 하여금 비타협적 증거의 방법을—그것의 결과가 무엇이든지간에—따름으로서 하나님의 진리를 증거하도록 부르시기 위함인 것입니다. 요한계시록은 하나님의 심판의 우주적 실재를 가지고 우리에게 다가 옵니다. 그러나 그것은 또한 동일하게 우주적 소망에 기초한 소망을 가지도록 요구합니다. 그것은 하나님의 세상에 대한 하나님의 소망에 능동적으로 동참하도록 우리를 초청하고 있습니다.

나는 요한계시록이 얼마나 심오한 신학적 책인가를 알기 원하는 사람들을 돕기 위하여 이 책을 썼습니다. 요한계시록을 단순히 비밀 코드로 쓰여진 미래 역사로서 취급하는 사람들이나 요한계시록에서 신적 심판들에 대한 질려 버리는 묘사들만을 주목하는 사람들은 나의 이러한 목적을 놓치고 말 것입니다. 요한계시록은 무엇보다도 우리에게 하나님의 비전을 제공해 줍니다. 우리가 하나님이 누구인지를 알게 될 때 세상은 달라 보이게 됩니다. 요한계시록은 읽기에 쉬운 책이 아닙니다: 우리는 요한계시록의 커다란 상징적 환상들을 이해하는 방법과 구약성경에 대한 그것의 계속적인 유비들을 이해하는 방법을 배워야 합니다.

그러나 요한계시록을 연구하는 일은 참으로 가치 있는 일입니다. 왜냐하면 그것은 계속적이며 점진적으로 그것의 보화들을 산출하는 책이기 때문입니다. 우리는 결코 그것의 의미를 완전히 파악할 수 없습니다. 그러나 보는 눈과 듣는 귀를 가진 자들에게 그것이 제공해 주는 것은 변함없이 새로운 하나님과 하나님의 창조 세계 전체에 대한 하나님의 목적들에 대한 비전입니다. 나는 나의 책이 유익하다고 생각하는 분들에게 요한계시록이 약속하는 비전과 통찰력을 그들 자신을 위해 계속해서 발견할 수 있기를 바랍니다.

Richard Bauckham

차례

제3장 보좌 위 어린양

제4장 어린양과 그를 따르는 자들의 승리

Abbreviations

Biblical and other Ancient Literature

Ap.Abr.	Apocalypse of Abraham
Ap.paul.	Apocalypse of Paul
Ap.Zeph.	Apocalypse of Zephaniah
Asc.Isa.	Ascension of Isaiah
2 bar.	2 Baruch (Syriac Apocalypse of Baruch)
Bel	Bel and the Dragon
b.Sanh.	Babylonian Talmud tractate Sanhedrin
2 Chron.	2 Chronicles
1 Clem.	1 Clement
2 Clem.	2 Clement
Col.	Colossians
1 Cor.	1Corinthians
2 Cor.	2Corinthians
Dan.	Daniel
Deut.	Deuteronomy
Did.	Didache
Eph.	Ephesians
Exod.	Exodus
Ezek.	Ezekiel
Gal.	Galatians
Gen.	Genesis
Hab.	Habakkuk
Heb.	Hebrews
Hermas, Mand.	Hermas, *Mandates*
Hermas, Vis.	Hermas *Visions*
Hos.	Hosea
Isa.	Isaiah

Jer.	Jeremiah
Josephus, *Ant.*	Josephus, *Antiquiates Judaicae*
Jos. As.	Joseph and Asenath
Jub.	Jubilees
Judg.	Judges
L.A.B.	Pseudo-Philo *Liber Antiquitatum Biblicarum*
Lad. Jac.	Ladder of Jacob
Liv. Proph	Lives of the Prophets
Matt.	Matthew
Mic.	Micah
Num.	Numbers
Odes Sol.	Odes of solomon
1 Pet.	1 Peter
2 Pet.	2 Peter
Philo, *Mos.*	Philo, *De Vita Mosis*
Philo, *Plant.*	Philo, *De Plantatione*
Ps.	Psalm
1QGen.Apoc.	Genesis Apocryphon from Qumran Cave1
1QH	Hodayot (Thanksgiving Hymns) From Qumran Cave1
1QM	Milhamah (War School) From Qumran Cave1
4QpIsa	Pesher on Isaiah From Qumran Cave 4
1QSb	Blessings From Qumran Cave1
Rev.	Revelation
Rom.	Romans
1Sam.	1 Samuel
2Sam	2 Samuel
Sir.	Ben Sira(Ecclesiasricus)
2Tim	2 Timothy
T.Levi	Testament of Levi
Tob.	Tobit
Zech.	Zechariah

Serial Publications

AARSR American Academy of Religion Studies on Religion

BETL Biblotheca Ephemeridum Theologicarum Lovaniensium

BZNC Black's New Testament Commentaries

BZ*NW* Beihefte zur *Zeitschrift für die neutestamentliche Wissenschaft*

EQ *Evangelical Quarterly*

Int. *Interpretation*

JBL *Journal of Biblical Literature*

JSNTSS *Journal for the Study of the New Testament supplement Series*

JSOTSS *Journal for the Study of the Old Testament supplement Series*

NCB New Century Bible

Neot. Neotestamentica

NTS *New Testament Studies*

RTP *Revue de Theologie et de Philosophie*

SNTSMS SNTS Monograph Series

TDNT *G. Kittel, ed.,Theological Dictionary of the New Testament*,10 vol. (trans G.W. Bromiley; Grand Rapids: Eerdmans, 1964-76)

Them *Themelios*

TU Texte und Untersuchungen

TynB *Tyndale Bulletin*

WUNT Wissenschaftliche Untersuchungen zum Neuen Testament

ZNW *Zeitschrift für die neutestamentliche Wissenschaft*

제1장 요한계시록을 어떻게 읽을 것인가?

요한계시록은 어떠한 책인가

이와 같은 질문을 함으로써 이 글을 시작하는 것은 매우 중요하다. 왜냐하면 우리가 이 질문에 대해 어떠한 대답을 하느냐에 따라 요한계시록에 대한 우리의 기대감, 다시 말해서 우리가 그 책 안에서 발견하기를 기대하는 일종의 의미와 같은 것이 달라지기 때문이다. 대체로 사람들은 요한계시록을 읽는 방법을 잘 알지 못하고 있다. 그런데 요한계시록에 대한 몰이해는 주로 이 책의 성격을 파악하지 못한데서 비롯된다.

적어도 고대 서적들은 처음 시작하는 부분에서 그것들이 어떠한 성격을 가지고 있는가를 기본적으로 보여주고 있다. 요한계시록은 서두에서 이것이 단지 한 가지가 아니라 세 가지 종류의 문서의 성격을 가지고 있음을 보여주고 있다. 실제로 제목에 해당되는 첫번째 구절은 하나님께서 예수에게 제공하시고, 그리고 계시의 연결 고리를 통해 하나님의 종들에게 주어진 예수 그리스도의 계시에 대해 언급하고 있다: 하나님 → 그리스도 → 천사 → 요한(저자) → 하나님의 종들. '계시' 혹은 '묵시'와 같은 단어는 그 책이 소위 현대 학자들이 묵시문학이라고 부르는 고대 유대적이고 기독교적인 문서에 속한다는 것과, 그리고 이 단어 자체가 요한이 그것을 사용할 때 이미 전문적인 의미를 가지고 있는지 확신할 수는 없지만 소위 묵시문학이라는 다른 작품들과 흡사한 내용이 요한계시록 안에 상당부분 존재한다는 것을 암시해 준다.

또한 1장 3절에서 요한계시록은 기독교 예배의 정황에서 크게 읽혀지도록 의도된 예언으로서 묘사하고 있고, 그리고 이러한 성격은 이 책의 마지막 부분에서 확증되고 있다(참조, 1:1-3을 반영하는 22:6-7과 특별히 22:18-19). 그런데 1장 4-6절은 요한계시록이 서신으로서 의도되었다는 것을 또한 분명하게 보여준다. 4-5절은 바울과 다른 초기 기독교 지도자들에 의해 사용된 서두의 통상적인 형태를 따르고 있다: '너에게 … 으로부터 은혜와 평강이 있을지어다'와 같은 형태를 가진 인사말에 뒤따라 오는 발신인과 수신인의 서술, 바울 서신의 일반적 형태와는 차이들이 있지만, 그러나 초기 기독교 서신 형태가 분명히 존재하며 특히 요한계시록의 결론부분이 많은 바울 서신의 결론 부분에 필적할만 하다는 것이 이러한 사실을 더욱 확증해주고 있다(22:21).

요한계시록은 로마의 통치 하에 있는 아시아 일곱 교회들에게 공동적으로 돌려보도록 주어진 서신의 형태를 가진 묵시적 예언이라고 할 수 있다. 이것은 1장 11절에서 명백하다: 요한은 요한에게 계시된 것을 요한이 본 것을 기록하여 여기에 명명된 일곱 교회들에게 보내도록 명령을 받았다. 이러한 명령은 요한계시록의 뒷 부분에 따라 나오는 모든 비전들과 계시들에도 적용이 된다. 2-3장을 일곱 교회들에게 보내는 일곱 개의 편지로서 언급하는 경향이 있어 왔는데 이는 본문을 오해하는 것이다. 이러한 내용들은 그 자체로서 편지가 아니라 각 교회를 향하여 주어진 선지적 메시지들인 것이다.

요한계시록 전체가 일곱 교회들에게 회람하도록 보내진 하나의 편지이고 각 교회에게 개별적으로 주어진 일곱 개의 메시지는 일곱 개의 모든 교회들에게 주어진 요한계시록 전체에 대한 서론일 뿐이다. 그래서 우리는 요한계시록이 포함하는 세 개의 문학적 범주—묵시문학, 예언[1] 그리고 서신—에 정당성을 부여하도록 해야 할 것이다. 이 세개의 범주를 각 개별적으로 차례대로 고찰함에 있어서 예언을 먼저 시작하는 것이 적당할 것이다.

기독교 예언으로서의 요한계시록

실제적으로 요한계시록의 저자인 요한에 대해 우리가 알고 있는 전부는 그가 유대적 기독교 선지자였다는 것이다. 명백한 사실은 그가 아시아 지역의 교회들 중 일련의 선지자들 중 한 사람이었으며 그리고 그가 최소한 거짓 선지자라고 간주했던 두아디라 여선지자(2:20)와 같은 하나의 경쟁자를 가지고 있었다. 그러므로 그의 책을 이해하기 위해 우리는 요한계시록을 초대 기독교 예언의 정황 가운데 놓아야 할 것이다. 요한은 그가 요한계시록의 수신자들로서 삼았던 교회들 가운데 한 선지자로서 활동해 왔음이 틀림없다. 교회들에게 보내는 일곱 개의 메시지들은 각 지역 상황에 대한 자세한 지식을 보여주고 있으며 2장 21절은 아마도 요한이 두아디라에 있는 이

1) 역자 주: 영어의 prophecy란 말을 예언으로 번역하는 것은 충분한 의미를 전달하지 못한다. 왜냐하면 '예언'이란 단어는 "앞의 일을 미리 예견하여 말하"는 의미를 가지고 있기 때문이다. 그런데 선지자의 사역으로서의 prophecy는 예언만을 의미하는 것이 아니라는 것은 누구나 잘 알고 있다. 그러므로 prophecy라는 말을 관례상 예언으로 번역하지만, 그러나 독자들은 이 단어가 예언 이상의 의미가 있다는 것을 기억해 주기 바란다. 그리고 prophecy가 형용사인 prophetic으로 사용이 되었을 때는 예언적으로 번역하지 않고 선지적으로 번역하겠다.

세벨이라고 불리우는 여선지자에게 선포했던 좀더 이른 시기의 선지적 신탁에 대해 언급하고 있다. 요한은 이러한 교회들에게 외인이 아니었으며 도리어 그들을 잘 알고 있었고 그리고 그들 중에서 선지적 사역을 감당하고 있었다.

기독교 선지자들이 보통 기독교 예배 모임들의 정황에서 사역했었기 때문에 우리는 요한 역시 이러한 사역에 주로 가담되어 있었다는 것을 가정해야만 한다. 특별히 예배 모임에서 이러한 기록된 예언을 읽는 것은 요한의 통상적인 예배 참여와 직접 몸소 선지적 사역을 하는 것에 대치하는 것이 될 수 있었다. 초대 교회들에서 선지자들은 보통 예배 모임에서 하나님으로부터 주어진 신탁들을 전달하였다. 그들은 계시를 받았을 때 이것을 선포하였던 것이다(참조, 고전 14:30; Hermas, *Mandates* 11:9). 이것은 하나님 혹은 부활하신 그리스도의 이름으로 성령의 영감 하에서 교회에게 주어진 하나님의 말씀 형태를 취한다. 그래서 신탁에 있어서 '나'는 선지자를 통해서 교회에게 말씀하시는 신적인 인격이다(Odes of Solomon 42:6).

그러나 초대 기독교 선지자들은 또한 환상적 계시들을 받았고 그들은 그것들을 보고 형식으로 교회에게 전달했던 것 같다(참조, 행 10:9-11:18; Hermas, *Visions* 1-4). 이 경우에 그 환상은 비록 예배 모임에서 일어난 것이지만, 일차적으로는 개인적인 경험이고 그 다음에 선지적 말씀으로서 교회에 보고되었다. 우리는 절대적이지는 않지만 예언의 이러한 두 가지 유형 사이를 용이하게 구분할 수 있다. 하나님 혹은 그리스도의 이름으로 전달되는 신탁과 그리고 순차적으로 다른 사람들에게 전달하기 위해 선지자들이 받았던 환상적 계시들에 대한 보고들이다. 요한계시록 전체는 환상적 계시에 대한 하나의 묘사지만 이것은 또한 그 안에 신탁적 예언을 포함한다. 이러한 신탁은 서론(1:8)과 결론(22:12-13, 16, 20) 부분에서 주어진다. 교회에게 주어진 일곱 메시지(2:1-3:22)는 교회들에게 전달되는 하나님의 말씀으로 기록된 신탁들이다. 그리고 요한계시록 중간중간 환상들에 대한 묘사들 사이에 끼여든 선지적 신탁들이 있다.

그러나 요한계시록이 일반적인 면에서 요한이 직접 입으로 전달할 수 있었던 일종의 예언과 흡사하다고 한다면, 이것은 또한 어느 즉흥적인 예언보다도 훨씬 더 정교하고 각고의 노력을 통해 구성된 작품이다. 요한계시록은 놀라울 정도의 조심성과 기술을 가지고 엮어진 문학작품이다. 우리는 요한이 매우 깊은 환상적 경험들을 했다는 것과 그리고 이것들을 오랜 동안의 사색과 기록을 통해 철저하게 문학적인 창조로 변환하였다는 사실을 절대로 의심하지 말아야 할 것이다. 그런데 이러한 변환에 있어서 요한은 자신의 경험을 그대로 재생산하기 위한 것이 아니라 그에게 주어졌던 계시의 의미를 정확하게 전달하는 데 그 목적이 있다. 이처럼 요한계시록은 구술적 활동을 위해 고안된 문학작품이다(1:3). 그렇기 때문에 의미와 유비로 가득찬 복잡한 문학적 창작품으로서 요한계시록은 대부분의 초대 기독교 예언의 자연 발생적인 구술과는 질적으로 차이가 있다.

그러므로 요한이 계시록을 기록한 것은 그가 직접 자신의 교회들과 함께 할 수 없었기 때문만이 아니다. 그는 에베소에서 그렇게 멀리 떨어져 있지 않은 사람이 살고 있는 밧모라는 섬에서 요한계시록을 기록하였다. 아주 종종 1장 9절은 요한이 그곳에서—핍박을 받아 도피했든지 아니면 법적으로 그 섬으로 쫓겨났든지 간에—유배당하고 있는 것으로 판단하게 한다. 이러한 이해는 얼마든지 가능하지만, 동시에 그가 계시를 받기 위해 밧모로 갔다는 것 또한 가능하다 (이 경우에 '하나님의 말씀과 예수의 증거를 인하여' 라는 표현은 1:2과 연결될 수 있다; 1:2에서 위의 표현은 요한이 본 것을 설명하고 있다. 그러나 또 한편으로는 6:9과 20:4을 참조하라).

대부분의 초대 기독교 예언이 언어로 전달되었음에도 불구하고, 요한은 히브리 성경의 예언서들과 후기 유대 묵시문학들에서 기록된 예언들에 대한 풍부한 모델들을 가지고 있었다. 요한이 문학적 형태로 예언을 기록할 때는 이러한 두 가지 종류의 모델에 빚을 지고 있다. 요한은 자신을 기독교 선지자들 중 하나로, 그리고 구약 예언의 전승에 서 있는 것으로 보았다는 것이 분명하다. 예를 들면 10장 7절에 요한은 천사가 "… 하나님의 비밀이 그 종 선지자들에게 전하신 복음과 같이 이루리라"고 말하는 것을 듣는다. 이 말씀은 아모스 3장 7절의 내용을 연상시키는 것으로서 구약 선지자들에 대해 언급하고 있는 것이 거의 확실하다.

그러나 여기에서 요한은 에스겔의 경우를 모델삼아(겔 2:9-3:3) 그 자신의 선지적 사역의 위임에 대해 계속해서 기록하고 있다(10:8-11). 그의 사역은 하나님께서 과거의 선지자들에게 계시하셨던 것의 성취를 선포하는 것이다. 계시록 전체가 어떠한 인용들의 형식도 나타나 있지 않지만 구약의 예언에 대한 인유들(引喩, allusions)로 흠뻑 젖어 있다. 요한 자신이 선지자로서 그의 전임자들의 예언들을 인용할 필요가 없었지만, 그러나 구약의 선지적 전승에서 후기 저자들 자신이 앞선 예언들을 채택하여 해석했던 것처럼 요한도 이것들을 채택하여 해석하고 있는 것이다. 예를 들면 바벨론에 대한 요한의 선포(18:1-19:8)는 구약 선지자들의 두로에 대한 두 개의 중요한 예언뿐만 아니라 바벨론에 대한 모든 예언들을 반영하고 있다.[2] 요한은 구약 선지자들의 전승에 속하여 기록하고 있을뿐만 아

2) 바벨론: 사 13:1-14:23; 21:1-10; 47; 렘 25:12-38; 50-1; 두로: 사: 23; 겔 26-28. 이 논점에 있어서 요한계시록이 구약을 사용한 많은 다른 경우에서처럼 나는 J. Fekkes Ⅲ의 중요한 저작인 *Isaiah and Prophetic Traditions in the Book of Revelation: Visionary Antecedents and their Development* (Ph.D. thesis, University of Manchester, 1988).

니라 그 자신을 신지자들의 모든 공밀론직 신포들이 마침내 싱취되는 구약 전승의 정점에서 기록하고 있는 것으로 이해하고 있다. 따라서 요한은 자신의 선지적 계시 안에서 이것들을 해석하고 모으고 있는 것이다. 요한이 기독교 선지자로서 인정될 수 있는 것은 그가 어린양, 메시야 예수의 승리 안에서 이미 확보한 구약의 선지자적 기대의 성취라는 관점에서 그러한 작업을 하고 있기 때문이다.

묵시문학으로서의 요한계시록

성경학자들은 오랫동안 구약과—에녹 1서, 에스라 4서 그리고 바룩 2서 뿐만 아니라 다니엘서를 포함하는—유대 묵시문학 사이를 구별해 왔다. 예언과 묵시 사이에 존재하는 연속성과 차이들에 대한 정도와 성격은 상당한 논쟁의 여지가 있다. 그러나 이러한 구별은 또한 요한계시록과 유대 묵시문학의 관계에 대한 논란이 계속되었다는 것을 의미한다. 종종 문제의 초점이 마치 현대 신학자들이 예언과 묵시 사이에 만들어 놓은 일종의 구별들을, 요한 자신도 동일하게 한 것처럼 잘못된 방향으로 제기되어 왔다. 이것은 전혀 사실과 다르다. 요한의 주요한 구약 인용 자료 중에 하나인 다니엘서를 요한은 틀림없이 선지적 책으로서 인정했을 것이다. 그가 후기 성경 묵시문학 중 어떤 것을 알았다면—이러한 가능성은 아주 높다—그는 이것들을 예언의 형태로 보았을 것이다. 우리가 묵시문학이라고 일컫는 다른 저작들과 함께 요한계시록이 나누었던 형태들과 전승들을 요한은 구약 예언과의 연속선상에서 예언의 통로로 사용했을 것이다.

우리는 여전히 요한계시록이 어떤 의미에서 소위 묵시문학이라는 고대 종교적 문서의 장르에 속해 있는지 질문할 수 있다. J. J.

Collins는 묵시문학의 문학적 쟝르를 다음과 같이 정의한다:

> 묵시문학은 서사적 골격을 가진 계시적 문서의 쟝르에 속한다. 이러한 서사적 골격에 있어서 계시는 외부 세계에 속하는 존재를 통해 인간에게 전달된다. 이 과정에서 종말론적 구원을 조망하는 한에 있어서는 시간적인 초월적 실재를 드러내고 또다른 초자연적 세계를 포함할 때는 공간적인 초월적 실재를 드러낸다.[3]

종말론적 구원에 대한 언급이 묵시문학의 최근 한 연구에서 논의되었다. 묵시문학이 통상적으로 역사와 종말에 대한 것으로 여겨져 왔지만, 이것은 반드시 옳은 것이 아니다. 그 당시 유대 묵시문학에 있어서 선견자에게 계시된 천상적 비밀들은 주제들의 폭넓은 범위들을 포함하며 역사와 종말에만 집중하지 않는다.[4] 그러나 요한의 묵시문학은 철저하게 종말에 관심을 갖는다. 종말론적 심판과 구원 그리고 그가 기록하고 있는 현 상황에 대한 것들의 영향이다. 그가 받은 하늘의 계시는 세상을 위한 하나님의 종말적 목적을 성취하기 위해 역사 안에서 이루어지는 하나님의 활동에 관심을 갖는다. 달리 말해서 요한의 관심은 철저하게 선지적이다. 모든 유대 묵시문학자들이 일관성 있게 했던 것은 아니지만, 요한은 묵시적 장르를 예언의 매개로 사용한다. 그래서 요한의 작품을 예언적 묵시 혹은 묵시적 예언이라고 부르는 것이 가장 합당할 것이다. 이러한 특징으로 볼 때, 요한계시록은 위에서 인용된 묵시문학의 장르 개념에 일치한다는 것이 명백하며 그리고 구약 예언과의 연속성을 인식함과 동시에, 유대 묵시문학에 대한 그것 특유의 관계를 인식하는 데 별 어려

---

3) J. J. Collins, "Introduction: Towards the Morphology of a Genre," *Semeia* 14 (1979), 9.

4) C. Rowland, *The Open Heaven* (London: SPCK, 1982)를 보라.

움이 없었을 것이 틀림없다.

여러 가지 면에서 요한의 작품이 묵시문학적 전승에 속해 있다고 볼 수 있다. 요한은 유대 묵시문학에서 발견될 수 있는 묵시적 전승의 구체적인 문학적 형식들과 특별한 항목들을 사용한다.[5] 그러나 우리 목적을 위해서는 요한계시록이 유대 묵시 문헌의 전승에 서 있다는 것을 보여주는 매우 광범위한 두 가지 방식들을 지적하는 것이 더욱 중요하다.

첫째, 요한의 작품은 이 세상에 대한 초월적 관점을 드러내주고 있다는 점에서 선지적 묵시문학이라 할 수 있다. 이것은 구체적인 역사적 상황-1세기 말 가까이에 로마 제국에 속한 아시아 지역에 살고 있는 그리스도인들의 상황-을 상정하고 있고 그 독자들에게 하나님의 선지적 말씀을 전달하고 있는 면에 있어서 선지적이다. 이러한 선지적 말씀은 독자들로 하여금 그들의 상황에 맞는 신적인 목적을 분별할 수 있도록 하며, 그리고 이 목적에 알맞는 방식으로 자신들의 상황에 응답할 수 있도록 할 수 있었다. 이러한 신적인 목적을 시대의 상황에 맞게 의사소통하는 것은 성경에 기록된 선지적 전승의 전형적인 모습이다. 그러나 요한의 작품은 또한 묵시적이다. 왜냐하면 요한이 세상을 달리 보기 위해 이 세상으로부터 취해져서 보게 되었던 환상의 내용을 밝힘으로서, 요한계시록은 독자들로 하여금 그들의 상황을 하나님의 목적을 향한 선지적 통찰력으로 볼

5) 요한계시록에 있어서의 유대 묵시적 전통의 실례를 보기 위해서는 다음 자료를 보라: R. Bauckham, 'Resurrection as Giving Back the Dead: A Traditional Image of Resurrection in the Pseudepigrapha and the Apocalypse of John' forthcoming in J. H. Charlesworth and C. A. Evans, eds., *The Pseudepigrapha and the New Testament: Comparative Studies* (to appear in the *Journal for the Study of the Pseudepigrapha* Supplement Series: Sheffield Academic Press, 1992); 그리고 2장 ('The Use of Apocalypse Traditions') in R. Bauckham, *The Climax of Prophecy: Studies in the Book of Revelation* (Edinburgh: T. & T. Clark, 1992).

수 있게 하였기 때문이다. 여기에서 요한의 작품은 환상적 계시를 내포한 묵시적 전승에 속한다. 이 전승에서는 선견자가 신적인 목적의 비밀을 배우기 위해 하늘에 있는 하나님의 보좌가 있는 방으로 환상 가운데 취해지는 장면을 묘사한다(예: 에녹 1서 14-16; 46; 60:1-6; 71; 에녹 2서 20-21; 아브라함의 묵시 9-18).

요한은 (그리고 그와 함께 그의 독자들은) 하늘의 관점에서 세상을 보기 위해 하늘로 끌어 올려진다. 그는 역사 속에서 일어나는 사건의 배후에 대한 일면을 볼 수 있는 특권이 주어졌다. 따라서 그는 그가 속한 시대와 장소에서 일어나는 사건들 속에서 일어나고 있는 것이 참으로 무엇인지를 볼 수 있었다. 요한은 또한 환상 가운데 최종적인 미래 속으로 옮겨지므로써 인류 역사를 위한 하나님의 궁극적 목적 안에서 현재의 종말적 결과가 필연적으로 어떠해야 하는가의 관점에서 현재를 볼 수 있었다. 요한의 환상들은 그의 독자들의 세계를 공간적으로 (하늘로) 그리고 시간적으로 (종말론적 미래) 넓혀주는 역할을 하고 있다고 말할 수 있으며 이를 달리 말해서 그들의 세계를 신적 초월의 세계로 열어주고 있다고 할 수 있다. 로마의 힘과 이데올로기가 독자들의 세계에 설정한 한계는 무너졌으며 그 세계는 초월적 창조주요 주님의 훨씬 더 위대한 목적에 열려져 있는 것으로 보인다. '여기 그리고 지금'은 하늘 혹은 종말적 미래에로의 도피로 인하여 뒤로 내팽개쳐진 것이 아니라 '여기 그리고 지금'은 계시록의 독자들이 초월에 열려져 있을 때 단지 완전히 달라져 보이는 것일 뿐이다.

묵시적 환상을 통해 이러한 초월적 관점에서 보여진 세상은 일종의 새로운 상징적 세계이다. 이것은 요한이 자신의 문학적 기교를 통해 독자들을 위해 창조하였으며 이 독자들은 요한의 문학적 기교를 통해 그러한 세계를 경험하게 되는 것이다.[6] 그러나 이것은 요한의 독자들과 전혀 관계 없는 또 다른 세상이 아니다. 그것은 요한의 독자들이 천상적이고 종말적인 관점에서 보여진 구제적으로 매일 매일 경험하는 세상이다. 이것은 우리가 후에 좀더 자세히 살펴 볼 것이지만, 세상에 대한 로마의 제국주의적 관점에 정면으로 대항하는 기능을 갖는다. 그러한 제국주의적 관점은 요한의 독자들이 처한 상황에 대한 지배적인 이데올로기적 이해로 자리잡고 있었기 때문에 요한의 독자들이 자연스럽게 공유하려는 경향이 있을 정도로 강력한 것이었다. 요한계시록은 세상을 신적 초월에로 열어젖히므로써 실체에 대한 거짓된 관점을 반박하고 있는 것이다. 하늘에로의 환상을 통한 이동, 하늘에 있는 하나님의 성전 환상, 중계자인 천사를 통한 계시의 전달, 정치적 권력들의 상징적 환상들, 오는 심판과 새 창조와 같은 주제들을 통해 요한계시록이 묵시문학과 함께 공유하는 모든 것, 이 모든 것은 요한의 독자들이 초월적이며 신적인 목적의 관점에서 살아가는 세계를 계시하는 목적으로서 역할을 한다.

요한계시록이 유대 묵시문학 전승에 서 있는 두번째 중요한 의미는 이것이 묵시문학이 가지고 있는 관심을 함께 공유한다는 것이다. 요한계시록이 유대 묵시문학과 공유하는 중요한 관심 중 하나는 누가 세상의 주인인가?라는 것이다. 유대 묵시문학은, 이것이 구약의 선지적 전승의 관심들을 계승하는 한, 전형적으로 선지자들을 통하여 주어진 악의 심판, 의인들의 구원, 이 세상에 대한 하나님의 의로운 통치의 성취와 같은 하나님의 약속들의 명백한 비 성취와 관련이 있다. 의인이 고난받고 악인은 번창한다. 세상은 하나님에 의해서가 아니라 악에 의해서 통치받는 듯하다. 하나님의 나라는 어디에 있는가? 묵시문학가들은 세상에 있는 악, 특별히 거대한 이교적 제국들에 의해 하나님의 신실한 백성들을 압제하는 정치적인 악의 혹독한 실제에 직면하여 한 분이시고 전능하시며 의로우신 하나님에

6) D. L. Barr, 'The Apocalypse as a Symbolic Transformation of the World: A Literary Analysis,' *Int*. 38(1984), 39-50을 보라.

대한 하나님의 백성의 믿음을 유지하려고 시도하였다. 이 문제에 대한 대답은 항상 표면적으로는 그렇지 않아 보임에도 불구하고, 본질적으로 그의 피조물을 통치하시는 분이 바로 하나님이시며, 그분이 악한 제국들을 폐하고 그의 나라를 세우실 그 때가 곧 올 것이라는 것이다.[7] 요한의 묵시문학은[8] 묵시문학의 이러한 중심적 관심을 함께 공유한다. 그는 세상을 향한 하나님의 통치를 본다. 로마 제국의 통치는 세상에 대한 하나님의 신적 통치와 정면으로 대치되며 그것을 무효화시키려 하며, 표면적으로는 마치 이러한 시도가 성공한 것처럼 보이기까지 한다. 그는 다음과 같은 질문에 직면한다. 누가 참으로 이 세상의 주인인가? 그는 이 문제가 정점에 이르게 되어 모든 악에 대한 하나님의 궁극적인 승리와 그의 영원한 왕국의 수립에서 해결되어질 종말론적인 위기를 기대하고 있다. 요한이 이러한 주제들을 다루는 방법은 의미심장하게도 독특하다는 것을 발견하게 될 것이다. 그런데 그러한 독특성은 유대 묵시문학적 전승과의 관계의 연속선상에서 나타난다.

다른 묵시문학과의 차이점

이 시점에서 요한계시록이 묵시문학의 문학적 장르에 속한다는 것을 충분히 인식했으므로 다른 묵시문학과 비교할 때 구분될 수 있는 두 가지 순전히 형식적이고 문학적인 면들을 주목해야 한다. **첫 번째**는 매우 드물게 인식되고 있는 것으로 요한의 작품은 매우

7) 다음의 자료를 보라: R. Bauckham, 'The Rise of Apocalypse,' *Them*. 3/2 (1978), 10-23; Rowland, *Open Heaven*, 126-35.

8) 역자 주: 여기에서 '요한의 묵시문학'은 요한계시록을 의미한다. 저자는 이러한 표현을 의도적으로 사용하고 있다. 왜냐하면 이러한 표현을 통해 독자들로 하여금 그 당시 다른 묵시문학과 비교를 유도하고 있는 것이다.

독특하게도 상당히 다양한 시각적 이미지들을 포함하고 있다는 것이다. 상직적 환상들은 묵시문학의 장르에 매우 전형적으로 나타나는 것이 사실이다. 그러나 다른 묵시문학의 경우에 환상과는 다른 형태의 계시 전달[9] 방법이 그것 못지 않게 중요할 수 있으며 오히려 더 중요할 수 있다. 종종 선견자와 천상적 계시자(하나님 혹은 그의 사자) 사이에 긴 대화가 있게 된다. 그 대화에서 지식이 요한계시록에 지배적으로 나타나는 가시적 상징들과는 전혀 다르게 전달된다(참소, 에스라 4서 3-10; 바룩 2서 10-30). 종종 요한계시록에는 거의 사용되지 않는 장문의 서사적 예언이 있다(단 11:2-12:4). 요한계시록에서 가시적 상징의 비율은 비교될 만한 거의 어떠한 묵시문학보다도 엄청나게 크다.

그러나 그 비율말고도 또 다른 점들이 존재한다. 묵시문학에 있어서 상징적 환상들은 선견자에게 그 의미를 설명하는 천사에 의해서 해석되어져야만 하는 것이 공통적인 특징이다(예, 에스라 4서 10:38-54; 12:10-36; 13:21-56; 바룩 2서 56-74). 그런데 그러한 해석들은 요한계시록 안에서는 드물게 나타나고(7:13-14; 17:6-18) 다만 그 시각적 상징들 자체가 그들 자신의 의미를 전달하도록 표현되고 있다. 그래서 이 상징들은 그것들을 축어적인 용어들로 변환할 때 본래의 의미를 축소시키는 위험 소지가 항상 있는 의미의 잉여분을 보유하고 있는 것이다.

욱이 묵시문학에 전형적인 일종의 상징적 환상은 묵시문학의 한 면만을 포함하면서 상대적으로 짧고 그리고 자기 충족적이다(예, 단 7-8장; 에스라 4서 10; 11-12; 13). 그러한 환상의 이미지는 그 작품의 다른 부분에서 되풀이 되어 적용되지 않고 단지 그것이 언급

9) 역자 주: 계시 전달이라고 할 때 이것은 특별 계시로서의 성경의 계시와 동일한 차원의 계시를 말하고 있는 것이 아니다. 단지 저자가 계시라는 말을 사용할 때 그것은 묵시문학의 입장에서 천상적 진리를 드러내 준다는 의미를 갖는다.

된 부분에만 해당된다는 것이다. 이와는 대조적으로 요한계시록 전체는 (1:1-22:6) 단 한편의 환상과 같다. 한 이미지는 모든 부분에 걸쳐서 공통적으로 적용이 가능하다. 때때로 장면이 바뀌기도 하며 새로운 이미지들이 소개되기도 하지만, 그러나 일단 소개되고 난 이후에 이것들은 계시록 전체에 걸쳐 반복되어 나타난다. 그래서 요한의 환상은 독자들이 요한계시록을 읽거나 또는 듣기 위해 시간을 보내는 동안 존재하게 되는 하나의 상징적 우주를 창조하고 있는 것이다. 시각적 이미지의 풍부함과 환상적 순서의 통일성과 연속성은 요한계시록을 다른 묵시문학과 비교해서 유별나게 만들고 있는 것들이다.

이것은 단순히 요한이 대단히 강력한 시각적 상상력을 가지고 있다고 추정하므로서 설명될 수 있는 것이 아니다. 이 상징들이 가지고 있는 힘과 풍부함과 일관성은 문학적이며 신학적인 목적을 갖고 있다. 이것들은 하나의 상징적 세계를 창출해내는 데 독자들이 완벽하게 그 세계로 들어갈 수 있도록 되어 있기 때문에 그 상징적 세계는 그들에게 영향을 미치며 독자들이 가지고 있는 세상에 대한 이해를 변화시키게 된다. 본래 대부분의 '독자들'은 물론 청취자들이었다. 요한계시록은 기독교 예배에서 구술적으로 낭독하게 되어 있었기 때문이다(1:3).[10]

그러므로 이것이 목적하는 효과는 어느 정도는 드라마의 연출과 비교될 수 있을 것이다. 그 드라마의 연출에서 청중은 그것이 진행되는 동안 그것의 세계로 들어가며 그리고 드라마 세계의 경험에 의해서 강력하게 전환된 드라마 밖의 세계에 대한 이해를 가질 수 있게 된다. 많은 묵시문학들이 이러한 효과의 부분들을 가질 수 있었다. 그러나 요한계시록의 독특하게 시각적인 특징과 독특하게 상

10) D. L. Barr, 'The Apocalypse of John as Oral Enactment,' *Int*. 40 (1986) 243-56.

징저인 통일성은 이러한 방법의 이사소통에 의한 특별한 잠재력을 제공해 주고 있다.

두번째 요한계시록과 유대 묵시문학 사이에 존재하는 형식적, 문학적 차이점은 후자의 경우와는 달리 요한계시록은 가명적으로 저술된 것이 아니라는 것이다. 유대 묵시문학 저자들은 그들 자신의 이름으로가 아니라 에녹, 아브라함, 에스라와 같이 성경 전승의 고대 선견자의 이름으로 저작 활동을 하였다. 이러한 현상에 대해 설명하는 것은 쉽지 않은 일이다. 묵시문학의 지자들이 의도적으로 속이려고 한 것으로는 여겨지지는 않는다. 그러나 좀더 개연성이 있는 것은 그들이 자신들의 권위를 내세우기보다, 계승하고 있다고 느끼는 고대 전승의 권위를 주장하기 원했다는 것이다. 그러나 가명에 의한 저술은 하나의 중요한 문학적 중요성을 갖는다. 묵시문학의 저자들은 그들을 먼 과거에 일어난 하나의 상황에 가상적으로 설정해야만 했다. 물론 그들은 그들 자신의 동시대인들을 위해 그리고 그들 자신의 상황을 바라보며 기록하고 있었다. 그러나 이들은 묵시적 선견자를 먼 미래, 곧 참 저자와 그의 독자들이 살고 있는 시대의 끝에 있는 시기를 내다보는 것으로 제시하는 것 외에는 그러한 작업을 드러내 놓고 할 수 없었다.

대조적으로 요한은 그 자신의 이름으로 기록한다. 그는 구약 선지자들의 전통 안에서 쓰고 있다는 것을 매우 확실하게 의식하고 있었다. 그러나 그는 또한 자신이 그 전승 안에 서 있는 하나의 선지자이다. 그는 모든 예언이 궁극적으로 향하고 있는 최종적인 종말론적 성취의 경계선인 전승 전체의 정점에 서 있기 때문에, 그의 권위는 자신의 선임자들보다 훨씬 뛰어난 것이었다. 물론 이 권위는 요한 자신에게 있는 것이 아니라 선지적 증거의 대상인 예수 그리스도의 계시 안에 있다(1:1-2). 그러나 그의 선지자로서의 의식은 이사야나 에스겔처럼 가명으로 저술할 필요를 느끼지 않았고 그 자신의 이름으로 기록하였으며(1:1, 4, 9; 22:8) 그리고 자신의 부르심을 예언에 관련시키고 있다(1:10-11, 19; 10:8-11).

요한계시록 22장 10절을 요한의 예언이 상당 부분 의존하고 있는 정경적 묵시문학인 다니엘서 끝부분에서, 그가 특별히 모델로 삼고 있는 구절과 비교하는 것는 유익한 일이다.[11] 천사는 다니엘에게 다음과 같이 말한다. '다니엘아 마지막 때까지 이 말을 간수하고 이 글을 봉함하라 … 갈지어다 대저 이 말은 마지막 때까지 간수하고 봉함할 것임이니라'(단 12:4, 9). 다니엘의 환상들은 다니엘이 살았던 시대로부터 먼 미래와 관련된다. 그의 예언은 당시에 살고 있는 사람들이 그것을 이해할 수 있을 마지막 때까지 인봉된 책에 숨겨져 비밀로 남겨지도록 되어 있었다.

그러나 요한의 사자는 현저하게 다른 지시를 한다. '이 책의 예언의 말씀을 인봉하지 말라 때가 가까우니라'(22:10; 참조, 1:3). 요한의 예언은동시대인들에게 즉각적인 적합성을 갖는다. 이것은 먼 미래에 관계되지 않으며 요한 자신이 아시아의 일곱 교회들에 있는 동시대인들과 공유하는 상황에 결부되고 있다. 그러므로 그는 예언의 서두에서 이러한 상황을 환기시키고 있다. '나 요한은 너희 형제요 예수의 환난과 나라와 참음에 동침하는 자라 …'(1:9). 그러므로 그는 2-3장의 일곱 메시지들만이 아니라 요한계시록 전체를 아시아의 일곱 교회에 있는 그의 동시대인들을 향하여 말하고 있는 것이다(1:4, 11). 역사의 마지막이 즉각적으로 닿아 있는 종말론적 상황이 바로 그들 자신이 직면하고 있는 상황인 것이다.

요한과 그의 독자들과의 이러한 명백한 동시대성은 그가 고대 예언자들의 가명으로 쓰고 있는 묵시문학가들보다 그들의 실제 상황

11) G. K. Beal, *The Use of Daniel in Jewish Apocalyptic Literature and in the Revelation of St John* (Lanham, New York and London: University of America Press, 1984).

을 명백하고 그리고 좀더 구체적이고 꼼꼼하게 전달할 수 있다는 것을 의미한다. 이것은 우리로 하여금 요한계시록이 속해 있는 제삼의 문학적 장르로 다시 돌아오도록 한다.

회람 서신(a circular letter)으로서의 요한계시록

요한계시록 책 전체가 일곱 개의 특정한 교회들(에베소, 서머나, 버가모, 두아디라, 사데, 빌라델비아, 라오디게아; 1:11; 참고, 1:4; 22:16)에게 전달된 하나의 회람을 위한 편지이다. 이것들은 아마도 밧모에서 시작하여 아시아 지역 주위에 있는 순환로를 따라 여행하는 사자(使者)가 방문한 순서대로 명명되었다고 할 수 있다. 그러나 요한계시록에 대한 많은 오해들, 특히 이 책의 많은 부분이 1세기 독자들에게 전달된 것이 아니라, 그것들이 후기 세대들만이 이해할 수 있는 것이라고 추정하는 오해들은 요한계시록이 서신이라는 사실을 무시한 데서 비롯된다.

문학 장르로서 서신의 특별한 특징은 이것이 독자들로 하여금 수신자들에 대해 구체적으로 알 수 있도록 하며, 발신자가 원하는 만큼 구체적으로 수신자들의 상황을 전달한다는 것이다. 대부분의 다른 문학적 장르들에 있어서 저술들은 원리상 청중들에 대해 거의 명확하게 명시하지 않는다. 여기에서 청중들은 단지 그 작품을 읽도록 기대될 수 있는 불특정 다수이다. 물론 서신들도 구체화된 일단의 수신자들 외에 읽는 자들에게 유익과 가치가 있을 수 있다. 이러한 사실은 바울 서신과 같은 어떤 사도적 서신들이 처음 보내진 수신자들 외에 다른 교회들도 회람하였고 그리고 결국에는 신약 정경의 일부가 된 것에 의해서 입증된다. 바울과 같은 서신의 저자는 그가 본래 목적했던 수신자들 외에 다른 독자들에게도 전해지기를 기대할 수 있다(참조, 골 4:16). 그러나 이러한 독자들이 실제로 수신자로 설정된 것은 아니다. 편지의 내용이수신자들에 대한 관심이나 상황과 구체적으로 연결되면 될수록, 다른 독자들은 그들 자신들에게가 아닌 다른 수신자들에게 전달된 서신으로서 읽어야만 할 것이다. 이것은 직접적인 수신자들 외에 다른 독자들에게 그것의 가치가 감소한다는 것을 의미하게 되는 것이다.

예를 들면 고린도전서는 그것이 저술될 당시 고린도 교회 안의 문제들을 매우 세부적으로 다루고 있다. 일차적 수신자가 아닌 고린도전서의 독자들은 그 서신이 고린도 교회를 향하여 일차적으로 기록되었다는 것을 고려할 때만이 이 내용을 적절하게 읽게 되는 것이다. 이것은 일차 독자가 아닌 자들에게도 말할 수 있을 것이다. 그러나 이것은 본래의 수신자들의 정황이 어떠한 면에서 비슷하게 될 때만 가능할 것이다. 회람 서신이 일단의 수신자들에게 전달된 서신보다는 구체적일 수 없는 것이 당연하다. 이러한 차이를 이해하기 위해서 에베소에 있는 교회들에게 보낸 (아마도 본래 교회들의 성도들에게 회람 서신으로 보내어진 것으로 추측되는) 바울의 서신들 혹은 베드로전서를 비교할 필요가 있다.

그러나 요한계시록에서 요한은 각 특정한 교회에게 바라는 만큼 구체적으로 이야기하는 회람 서신을 기록하는 명백하게 독창적인 방법을 사용하고 있다. 요한계시록 대부분이 차별 없이 모든 시대의 모든 교회를 위해 기록된 것이지만 요한은 기록할 때 일곱 교회들에게 그리스도께서 주시는 일련의 일곱 구체적인 메시지들로 요한계시록을 시작하고 있다(2-3장). 각 메시지는 요한이 잘 알고 있던 수신자로서 각각 교회의 상황에 구체적으로 적절하게 주어진다. 이러한 일곱 메시지들은 그것들이 서로 매우 다르다는 것을 우리에게 보여주고 있다. 일곱 교회들은 각각 다른 문제들에 직면해 있었으며 설사 공통된 문제들일지라도 매우 다르게 반응하고 있었다. 그리스도는 각 교회들에게 개별적으로 말씀하신다. 그러나 이 메시지들은 홀로 존재하는 자기 충족적인 것이 아니다. 각각은 요한계시록의 중심 내용에 대한 하나의 서론일 뿐이다.

일곱 메시지가 요한계시록의 다른 내용에 대한 서론적이라는 것은 각 메시지를 마무리 짓는 '이기는 자들에 대한 약속들'에서 명백하게 드러난다. 그리스도는 '이기는 자에게' (수신자인 교회에 통상적으로 어떤 특별한 적절성을 가질 수 있는 용어로 명기된) 종말론적 구원의 약속을 하신다(2:7, 11, 17, 26-8; 3:5, 12, 21). 각각의 매우 다른 교회의 상황에서 그 부르심은 승리적인 것이 된다. 그러나 승리의 의미는 설명되지 않는다. 승리하는 것이 과연 무엇을 의미하는가에 대한 것은 요한계시록 전체 내용에서 명백해질 뿐이다. 거기에서 승리자들이 나타나며 그들이 승리한 것이 무엇이며 그들의 승리는 무엇으로 구성이 되었는가가 계시된다. 그리고 나서 일곱 메시지들 각각에서 사용된 이기는 자들에 대한 약속들의 형식적 문구가 새 예루살렘의 환상에서 한번 더 나타난다(21:7).

그러므로 2-3장에서 일곱 교회들 각각에 속해 있는 그리스도인들을 향하여 주어지고 있는 승리에로의 부르심은 요한계시록의 끝 부분에서 묘사되는 종말론적 종착점에 이르기 위해 그것의 중심 부분에서 설명하고 있는 종말론적 전쟁에 연계되어 있는 부르심이다. 어떤 의미에서 요한계시록 전체는 일곱 교회의 성도들이 그들 자신의 교회들의 특정한 상황에서 승리하므로써 새 예루살렘에 들어갈 수 있는 방법에 대해 기록한 것이라고 말할 수 있다. 이 책은 전체적으로 영적 전쟁이 무엇이며 어떻게 그것에 승리할 수 있는가에 대해 설명하고 있지만, 각 교회에 대한 메시지는 각각의 교회에게 독특한 전쟁터의 단면을 경각시키고 있다.

그래서 일곱 메시지들은 책의 중심 부분에 대한 일곱 개의 다른 서론들을 제공하는 것이다. 요한은 매우 독특하게도 일곱 개의 명백하게 다른 관점에서 읽혀지도록 의도된 책을 고안해 냈다. 물론 이러한 관점들은 일곱 개의 교회들이 나누고 있는 좀더 광범위한 정황 안에 속해 있는 것들이다. 2-3장 후에 요한계시록은 한 교회의 정황에 대해 구체적으로 언급하지 않았음에도 불구하고 1세기 말경 로마 제국 안에 존재하는 기독교 교회들로서 그들의 공통된 정황은 구체적인 것으로 드러나고 있다. 일곱 메시지들은 요한으로 하여금 자신의 책이 읽혀질 일곱 개의 다른 정황들과 적절하게 연계하는 것과 이러한 정황들을 책의 중심 부분에서 좀더 광범위한 관점으로 통합시키는 것을 가능할 수 있도록 해준다.

책의 중심 부분에서 요한은 로마의 세계적인 폭정과 그리고 더 넓게는 하나님의 악의 세력과의 우주적 투쟁과 그의 전 피조물을 향한 하나님의 종말론적 목적에 관심을 가지고 있다. 이러한 방법으로 그는 어떻게 일곱 교회의 개별적인 문제들이 악에 대한 하나님의 우주적 전투와 그의 나라를 세우기 위한 그의 종말론적 목적에 속해 있고, 그 관점에서 이해되어야 하는지를 각 일곱 교회의 성도들에게 보여주는 것이다.

요한이 명백하고 주의 깊게 자신의 선지적 메시지를 일곱 개의 특정한 정황 속에서 상황화하고 있다는 사실은 요한계시록에 대한 통례적인 일반화를 거부하는 것을 가능하게 한다. 여기에서 '통례적인 일반화'란 요한계시록이 핍박받는 그리스도인들에게 그들의 압제자가 심판을 받을 것이며, 그래서 결국에는 그들의 정당함이 입증될 것임을 확신시키므로써, 그들을 위로하고 격려하기 위해 쓰여졌다는 것이다. 이러한 일반화의 통례적이고 무비판적인 용인은 아마도 그것이 종종 전체적으로 묵시문학에 대해 만들어진 일반화라는 사실과 관계가 있다.[12] 여기에서 우리는 묵시문학이 일반적으로 피

---

12) 예를 들면 E. G. Russel, *Method and Message*, 17.

압제자들에게 어떻게 작용했는가를 논의할 필요는 없다. 왜냐하면 요한계시록의 경우에 압제에 직면했을 때 격려는 일곱 교회들의 여러 가지 필요 중 하나라는 것이 일곱 메시지들로부터 명백하게 드러나기 때문이다.

이 메시지들은 요한이 그가 감지하고 있는 여러 다양한 정황들을 매우 다른 것으로 상정하고 있다는 것을 보여준다. 그의 독자들 모두가 결코 가난한 것이 아니며 압제적인 체체에 의해서 핍박받고 있는 것도 아니었다. 많은 자들이 부요하며 그리고 압제적인 체제와 타협하고 있었다. 이러한 경우에는 위로와 격려가 되는 것이 아니라 도리어 심각한 경고들과 그리고 회개에의 촉구가 주어진다.

이러한 그리스도인들에게 요한계시록의 중심 부분에서 생생하게 묘사되는 심판들은, 단지 악한 세력들에게 주어지는 심판으로서 나타나는 것이 아니라, 그들 자신이 자초하는 심판으로서 나타난다. 왜냐하면 짐승을 예배한다는 것은 그들의 이교적 이웃들만이 행하던 어떤 것이 아니었기 때문이다. 짐승을 예배하는 것은 요한의 독자들 중 많은 자들이 시행하도록 유혹받고 있거나 심지어는 (예를 들면, 그들이 두아디라 교회의 이세벨 선지자의 가르침을 따른다면) 정당화시키기까지 하는 어떤 것이다. 요한계시록에서 환상들이 위로와 격려를 가져다 주는지 아니면 경고와 고통스런 도전을 가져다 주는지는 어떤 독자가 일곱 메시지들에 묘사된 기독교 집단 중 어디에 속하느냐에 따라 다를 수 있다. 더욱이 우리가 이 책의 4장에서 보겠지만, 일곱 메시지들에서 일곱 교회들을 향한 '이기는 자'에 대한 부르심은 위로와 경고를 초월한다. 그 부르심은 하나님과 그의 의를 증거하는 사명에의 부르심이다. 일곱 메시지들의 위로와 경고들은 그리스도인들로 하여금 자신들을 하나님과 그의 의를 증거하는 것을 준비하도록 고안되었다.

먼저 우리가 교회들에 대한 일곱 메시지들의 구체성을 충분히 인식하고 난 후에, 요한이 또한 다른 독자들을 마음에 두고 있는지를 묻는 것이 가능하다. 왜 요한이 일곱 교회들에게 썼는가? 이 일곱 교회들 외에도 아시아 지역에는 다른 교회들이 있었기 때문이다. 그렇다면 요한은 그의 작품이 이 일곱 교회들로부터 그 지역과 더 원거리에 있는 다른 교회들에게도 건네지기를 기대했던 것이 분명하다. 요한이 그의 예언을 성경의 선지적 전승 전체의 최종적 정점으로 조망하는데 수반되는 최종성은 모든 기독교 교회들에 대한 적합성을 암시해 준다. 이것이 일곱이라는 숫자가 의미하는 것이다. 우리는 요한 계시록에 나타난 숫자들에 덧붙여진 상징적 의미를 매우 종종 관찰하게 될 것이다. 일곱은 완성의 숫자이다.[13)]

일곱 교회를 향하여 말하므로서 요한은 자신의 메시지가 모든 교회들의 대표로서 특정한 교회들에게 전달되고 있다는 것을 시사하고 있다. 이러한 결론은 각 일곱 메시지에 붙여진 후렴—선지적 신탁에 귀를 기울일 것에 대한 촉구—에 의해서 확증된다. '귀 있는 자는 성령이 교회들에게 하시는 말씀을 들을지어다'(2:7, 11, 17, 29; 3:6, 13, 22). 이러한 메시지는 일곱 교회들에게 전해진 모든 독자들에게 해당되는 말이다. 이것은 일곱 개의 교회들에게 선포된 메시지의 특수성을 축소시키지 않는다. 이것은 요한계시록이 일곱 교회의 여러 다양한 실제적인 정황들을 명확하게 언급하므로써, 교회들에게 있을 수 있는 다양한 정황들 중 대표적인 것들을 선보이고 있다는 것을 의미한다.

이러한 일곱 교회들의 다양한 정황들은 1세기 후반에 존재하는 어느 기독교회들에게도 충분히 해당되는 것들이다. 그래서 그 메시지들 중 하나 이상에서 일곱 교회 이외의 교회의 정황과의 유사성을 발견할 수 있으며 따라서 요한계시록 전체가 다른 교회에도 적

13) 무라토리안 정경은 요한계시록의 요한과 바울이 실제로 일곱 교회에게 쓴 것은 모든 교회들에게 쓴 격이 되었다고 주장하는 것을 주목하라.

절한 것으로 드러나는 것이다. 좀더 후기 시대의 교회들은 변화하는 역사적 정황들에 대한 적응의 정도를 감안하면서 동일한 원리를 따를 수 있어 왔다.

이미지의 이해

우리는 앞에서 요한계시록에 시각적 이미지가 매우 풍부하게 나타난다는 것을 살펴보았고, 요한계시록의 독자들이 들어갈 수 있고 그들이 살았던 세계에 대한 그들의 인식을 바꿀 수 있는 상징적 세계를 창출하는 능력을 알아 보았다. 이것의 중요성을 이해하기 위하여 우리는 아시아 지역의 큰 도시에 사는 요한계시록의 독자들은 세상에 대한 로마 제국주의적 환영의 강력한 이미지들을 계속적으로 직면해야만 했다는 것을 기억해야 한다. 도시적이면서 종교적인 건축물들, 조상(彫像, iconography), 동상들, 의식들 그리고 축제들, 심지어는 성전에서 교묘하게 획책된 기적들의(참조, 계 13:13-14) 시각적 경이로움, 이 모든 것들은 로마의 제국적 능력과 이방 종교의 화려함에 대한 강력한 시각적 인상을 제공해준다.[14)]

이러한 맥락에서 요한계시록은 자신의 독자들에게 세상에 대한 다른 환상(요한이 4장에서 끌어올려져 간 하늘로부터 세상이 보이게 되는 모습)을 각인시키므로서 로마의 강력한 인상에 대응할 수 있는 일련의 기독교 선지적 역(逆) 이미지들을 제공해주고 있다. 그러한 계시록의 시각적인 능력은 세상의 현재적 모습과 미래적 모습에 대한 대체적 환상들로 새롭게 하므로서, 일종의 그리스도인의 잘못된 상상력을 일소하는 효과를 갖는다. 예를 들면 17장에서 요한의

14) P. J. J. Botha, 'God, Emperor Worship and Society: Contemporary Experiences and the Book of Revelation,' *Neot*. 22 (1988), 87-102.

독자들은 한 여인에 대한 환상을 요한과 함께 공유한다. 처음 보기에는 그녀가 로마 문명의 현란한 의인화, 즉 화려한 영광을 가진 여신으로서의 로마일 수 있을 것 같다. 왜냐하면 이 여신은 아시아의 도시들에 있는 많은 신전에서 경배되었기 때문이다.[15)]

그러나 요한이 그녀를 볼 때는 하나의 음녀, 곧 사람을 유혹하는 매춘부요 교활한 마녀에 불과하며, 그리고 부와 화려함은 그녀의 비열한 상업 행위를 통해 얻은 수익을 반영하고 있다. 어떤 면에서 이와 같은 로마의 인상을 강화시켜 줄 수 있는 성경상의 인물이 있는데 이것은 바로 음녀 여왕인 이세벨이다. 이러한 방법으로 요한의 독자들은 로마의 참다운 성격을 인식할 수 있었다. 이것은 그들이 살고 있는 도시에서 끊임없이 부딪치는 로마의 선동가로서의 매혹적인 환상 배후에 깔려 있는 그녀의 도덕적 타락이었기 때문이다.

요한계시록의 이미지들은 이 책의 상징적 세계에 상상적 동참을 유발하는 자극적인 능력을 가지고 있는 상징들이라는 것이 분명하다. 그런데 이것들은 단순히 언어적 그림들을 채색하므로써 만들어진 것들이 아니다. 이것들의 정확한 문학적 구성이 항상 그 의미에 매우 긴요하다. 첫 번째로, 요한계시록의 경이로울 정도의 정확한 구성은 부분들과 전체의 의미를 알려주는 문학적 앞뒤 참조, 병행들, 대조들과 같은 복잡한 네트워크를 창출한다. 당연하게도 이러한 것들 모두가 처음 읽든, 일곱 번을 읽든 아니면 일흔 번을 읽어도 쉽게 알려질 수 있는 것들이 아니다. 이것들은 요한계시록을 아주 집중적으로 연구할 때만이 비로소 그 의미의 풍성한 비축분을 산출하

15) 참고로 다음 자료를 보라: D. Magie, *Roman Rule in Asia Minor to the End of the Third Century after Christ* (Princeton University Press, 1950), 1613-14; S. R. F. Price, *Rituals and Power: The Roman Imperial Cult in Asia Minor* (Cambridge University Press, 1984), 40-3, 252, 254; R. Mellor, *QEA PWMH: The Worship of the Goddess Roma in the Greek World* (Hypomnemata 42; Göttingen: Vandenhoeck & Ruprecht, 1975), 79-82.

된 통로들 중 하나일 뿐이다.

두번째로, 우리가 이미 살펴보았듯이, 요한계시록은 구약에 대한 언어적 유비들로 가득차 있다. 이러한 것들은 우발적이지 않고 도리어 의미를 전달하기 위한 방법으로 매우 긴요하게 사용된다. 중요한 유비들을 알지 못하고, 이미지들의 의미들을 아는 것은 불가능하다. 그러나 문학적 패턴처럼 요한에 의한 구약의 유비의 매우 정확하고 정교한 사용은 점진적으로 빼내어 쓸 수 있는 의미의 보고(寶庫)를 창출한다. 구약의 유비들은 자주 이것들과 관련된 문맥을 전제하고 그리고 분명히 나타나지는 않지만 요한계시록 본문 배후에 존재하는 구약 본문들 사이의 폭넓은 연결점을 전제한다. 우리가 아시아에 있는 교회들의 평균적 그리스도인들이 이것에 대해 어떻게 익숙할 수 있을 것인가에 대해 의심스럽다면, 이 지역에 있는 대부분의 교회들이 가지고 있는 강력한 유대적 특징으로 말미암아 고도의 교육을 받은 현대 그리스도인들보다도 훨씬 더 구약에 익숙해 있었다는 것을 기억해야만 할 것이다. 그러나 우리는 그 교회들 안에 일련의 선지자 집단이 있었는데 그들은 구약 예언들에 기울였던 것과 동일한 숙련된 집중력을 가지고 요한의 예언을 연구하고, 해석하고 상세히 설명했을 것이라는 것 또한 잊지 말아야 한다.

요한계시록의 이미지들은 구약에 대한 풍성한 유비들 뿐만 아니라 동일한 시대에 존재하는 신화적인 이미지들을 또한 반영한다. 세상에 있는 악의 태고적 원인인 악마에 대한 상징으로써 뱀이나 용과 같은 경우(12:3-9)가 요한계시록이 환기시키고 있는 성경적 배경을 가지고 있을 뿐만 아니라 이방 신화와 종교에서 그것의 중요성 때문에 동시대에 살고 있는 독자들의 마음에 문화적 공명을 가지고 있는 상징의 한 좋은 예이다.[16] 요한계시록과 동시대적인 유비

16) R. Bauckham, 'The Figure of John of Patmos,' in Ann Williams, ed., *Prophecy and Millenarianism: Essays in Honour of Marjorie Reeves* (London: Longman,

의 또다른 유형은 동방으로부터의 침략에 대한 개념이다(9:13-19; 16:12).

여기에서 요한은 1세기에 로마 제국 안에 존재했던 하나의 매우 실제적인 정치적 두려움을 채택한다. 왜냐하면 파르티아 제국으로부터 침략 위협이 매우 폭넓게 감지되고 있었기 때문이다. 이것은 로마의 동방 속국들 중 어떤 자들에게는 로마의 압제로부터 해방의 전망을 제공해주는 것이었지만, 러시아의 침략 위협으로 냉전시대에 살았던 많은 서구 유럽인들에게 주었던 잔인하고 외계적인 문명에 의한 정복에 대한 두려움과 동일한 것이었다. 요한계시록이 '무저갱으로부터 올라와 … 이 전에 있었다가 시방 없으나 장차 나올 짐승'(17:8)과 연합하여 제국을 침략하는 동방의 왕들을 묘사할 때, 그것은—어떤 자들에 의해서 사악한 폭군, 또 다른 자들에 의해서는 구원적 존재로 기억되는—네로 황제를 묘사하고 있는 그 당시 신화를 반영하고 있는 것이다. 네로 황제는 어느날 로마제국을 정복하기 위해 파르티아 군대의 우두머리로 되돌아 올 것이다.[17] 이와 같은 방법으로 요한의 이미지들은 동시대인들이 공유했던 사실들, 즉 두려움들, 희망들, 상상들 그리고 신화들을 반영하고 연출한다. 이는 요한이 이러한 것들을 요한 자신의 기독교 선지적 의미의 요소들로 변화시키기 위함이다.

그래서 요한계시록의 이미지들을 무시간적 상징들로서 이해하는 것은 심각한 실수이다. 이미지들의 이러한 특성은 소아시아에 있는 일곱 교회에게 보내는 서신으로서의 요한계시록의 정황성에 일치한다. 이 이미지들의 의미들이 오늘날 적절한 것으로 되기 위해서는, 일차적인 독자들의 구체적인 사회적, 정치적, 문화적 그리고 종교적

1980), 116-21; 개정된 내용으로서: ch. 6 ('The Lion, the Lamb and the Dragon') in Bauckham, *The Climax of Prophecy*.

17) Bauckham의 *The Climax of Prophecy*, 11장을 보라.

세계에 있어서 그것들의 공명들이 이해될 필요가 있다. 이것들은 그것 자체 밖에 존재하는 아무 대상 없이 순전하게 하나의 자기 충족적 미학적인 세계를 창조하지 않고 세상에 대한 독자들의 반응을 개혁하고 재조정하기 위해 독자들이 살고 있는 세상과 연결시키려 한다.

그러나 이미지들이 무시간적 상징들이 아니고 실제 세상과 관계된다면, 우리는 또한 그것들을 실제 세상을 묘사하는 것으로서 그리고 실제 세상 안에 일어날 사건들을 예견하는 것으로서 너무 문자적으로 이해하는 정반대의 오류를 피해야 한다. 이것들은 단순히 사람이나 사건들에 대해 사실 그대로를 언급하는 것으로 해석되기 위해 기다리는 암호 체계가 아니다. 일단 우리가 그 출처들과 그리고 그 풍부한 상징적 연결들을 이해하기 시작하기만 하면, 우리는 이것들이 문자적 묘사들로서 혹은 암호와된 문자적 묘사들로서든 읽혀질 수 없고 단지 그것들의 신학적 의미와 반응을 자아내는 능력을 위해 읽어야만 한다는 것을 알게 될 것이다.

예를 들면, 일곱 나팔들과 일곱 대접의 경우 재앙들에 대한 묘사들을 생각해 보라. 이것들은 그 자체가 의미를 전달해주는 고도로 체계화된 문학적 패턴을 형성한다. 이 내용은 많은 다른 것 중에서 출애굽, 애굽의 재앙들, 여호수아의 군대에 의한 여리고의 멸망, 요엘의 예언에서 묘사되는 메뚜기 군대, 시내산에서의 하나님 현현, 그 당시 파르디아 기병대에 의한 침략에 대한 두려움, 소아시아의 도시들이 종종 발생했던 지진들, 그리고 아마도 최근 지중해 지방을 공포에 몰아 넣었던 베수비우스의 화산 폭발을 암시해주고 있다.[18] 요

18) 이러한 유비에 대해서는 주석들 뿐만 아니라, J. M. Court, *Myth and History in the Book of Revelation* (London: SPCK, 1979), chapter 3; R. Bauckham, 'The Eschatological Earthquake in the Apocalypse of John,' *Novum Testamentum* 19 (1977), 224-33. 이것은 Bauckham의 *The Climax of Prophecy*에서 7장('The

한은 동시대인들의 가장 나쁜 경험들과 전쟁과 자연 재해들에 대한 가장 참혹한 기억들에서 어떤 것들을 취하여 그것을 묵시적 몫으로 만들고 그리고 그것들을 성경적인 유비적 용어들로 주조시켰다. 여기에서 중요한 논점은 사건들의 순서를 예견하는 것이 아니라는 것이다. 이 논점은 죄악으로 가득찬 세상에 임박한 신적 심판의 의미를 드러내고 탐색하는 것이다.

일곱 대접 심판의 마지막은 유례 없는 규모의 지진으로 바벨론의 멸망을 초래한다(16:17-21). 우리가 이것을 문자적 예견[19]으로써 취한다면, 우리는 이것이 좀더 후에 나오는 바벨론 멸망에 대한 이미지들과는 대치된다는 것을 발견할 것이다. 17장 16절에서 음녀로 묘사되는 바벨론은 짐승과 열 왕들에 의해 벌거벗게 되고, 그 살이 먹혀지고 그리고 불로 태워진다. 여기에서 음녀에 대한 전통적인 처벌이 군대에 의해서 초토화된 도시의 이미지에 부여된다. 18장은 포위되고 철저하게 불태워지는 도시 이미지로 확대한다(참조, 특별히 18:8; '하루 동안에 그 재앙들이 이르리니 곧 사망과 애통과 흉년이라 … 불로 살라지리니'). 그러나 우리는 또한 그 도시의 땅들이 사막에서 사는 동물들이 모이는 장소가 되고(18:2) 그리고 그 도시가 불에 타서 생기는 연기가 영원히 계속해서 올라가게 될 것이라는 것을 듣는다. 문자적 차원에서 이러한 이미지들은 서로에게 매우 조화스럽지 못하다.

그러나 구약이나 그 당시 신화에 대한 유비들을 통해 전달되는 신학적 의미의 차원에서, 그것들은 바벨론 멸망의 의미에 대한 보조적 관점들을 제공한다. 16장 17-21절의 지진은 최종적 심판을 수행

Eschatological Earthquake')이 된다.

19) 역자 주: 저자는 prophecy와 prediction을 전자는 선지자적 예언의 말씀이고 후자는 단순한 미래에 대한 예견으로서 분명히 구분하여 쓴다. 그러므로 여기에서 prophecy는 단순한 예견이 아니라는 것이 분명해진다.

하기 위해 오시는 거룩하신 하나님의 현현을 수반하는 것이다. 짐승과 그의 동맹군들에 의한 바벨론의 약탈은 로마를 멸망시키려는 네로의 귀환에 대한 그 당시 신화를 암시해주고 있다. 이것은 악의 자기 멸망적인 성격에 대한 이미지이다. 이러한 이미지는 신학적 의미의 차원에서 신적 심판에 의한 악의 멸망 개념과는 일치하지 않으며 그 개념을 또 다른 측면에서 소개한다.

17장 16절의 불은 18장에서 신적 심판의 불이다. 이러한 신적 심판의 불에 대한 구약적 범례는 소돔과 고모라 멸망이다. 불과 유황의 영원한 연못으로 던져진 묵시적 소돔처럼, 바벨론의 연기는 영원히 올라간다(참조, 창 19:28; 계 14:10-11; 19: 20). 사망의 짐승들의 거처가 된 바벨론의 황폐함은 구약 예언의 많은 부분에서 하나님의 백성의 두 거대한 적들인 '에돔'과 '바벨론'의 운명에 대한 구약의 선지적 그림들을 환기시킨다. 이 모든 것들은—이 장들에서 훨씬 더 많이—놀라울 만큼 다양하지만 요한이 로마에 대해 선포하는 신적 심판의 성경적 신학적 의미를 일관성 있게 구성하고 있다. 그러나 우리가 이것을 심판이 어떻게 일어날 것인가에 대한 예견으로 읽으려고 한다면, 우리는 이것을 하나의 혼란스러운 무질서로 전락시켜 버리는 것이요 그리고 진정한 핵심을 잃어버리게 된다.

지금까지의 논증은 현대 독자들이 요한계시록의 이미지에 대한 신학적 의미를 잘 이해하기 위해서는 그것을 자세하고 적절하게 연구하는 것이 필요하다는 것을 충분히 주지시킨 것이다. 이미지의 성격과 그것이 의미를 전달하는 방법에 대한 몰이해는 요한계시록에 대한 많은 잘못된 이해의 원인이다. 이러한 몰이해는 주의 깊고 잘 훈련된 현대의 학자들에 의해서도 일어난다.

이 책에서 우리는 특별히 요한이 이미지에 대한 문학적 사용을 신학적 사상과 커뮤니케이션의 독특한 양식으로 발전시킨 방법을 강조할 필요가 있다. 요한계시록은 신약의 독자들이, 예를 들면 바울 서신과 같은데서 익숙해 있는 신학적 담화나 논쟁과 같은 것을 담고 있지 않기 때문에, 이것이 심오한 신학적 사상을 내포하고 있지 않을 것이라고 생각하지 말아야 한다. 이 이미지들은 바울 서신이 가지고 있는 상대적으로 좀더 추상적인 개념들의 논증보다 좀더 모호하거나 혹은 좀더 인상파적인 표현 수단이 결코 아니다. 이것들은 의미를 상당히 정확하게 표현할 수 있으며 서로의 연관성을 자아내므로서 풍부한 의미들을 간결한 공간에 압축할 수 있다.

요한계시록의 신학의 방법과 개념화는 신약의 다른 책들과 비교해 볼 때 다소 다르다. 그러나 일단 그것들 자체의 관점에서 올바르게 이해되고 나면, 요한계시록은 신약성경 중에서 가장 세련된 문학작품들 중 하나로 뿐만 아니라 초대 기독교의 가장 위대한 신학적 업적 중 하나로 인정될 수 있을 것이다. 더욱이 그 문학적인 위대함과 신학적 위대함은 서로 분리될 수 없다.

제2장 이제도 계시고 전에도 계시고 장차 오실 이

요한계시록의 신학은 대단히 하나님 중심적이다. 이것은 특유한 신론과 더불어 신약신학에서 가장 위대한 공헌이다. 그것에 대한 우리 연구는 하나님으로 시작해야만 하고, 계속적으로 그리고 마지막에도 하나님께로 돌아와야만 한다.

신적 삼위일체

요한은 거의 계시록의 초두에서부터 신적 존재를 삼중적 용어로 표현한다:

이제도 계시고 전에도 계시고 장차 오실 이와
그 보좌 앞에 일곱 영과
또 충성된 증인으로 죽은 자들 가운데서 먼저 나시고 땅의 임금들의 머리가 되신 예수 그리스도로 말미암아
은혜와 평강이 너희에게 있기를 원하노라(1:4b-5a).

위의 기록은 1장 4-5절에서 표현된 것으로 서신을 처음 시작할 때 사용되는 형식이다. 고대 서신들은 저자와 수신자들을 언급한 후에 '인사말'을 하였는데 유대 서신들은 수신자들을 위하여 하나님으로부터의 축복을 기원하는 형식을 취했다. 초기 기독교 서신은 종종 축복들의 신적 원인을 하나님과 예수 그리스도로 명시함으로써 인사말 형식에 특별한 기독교적 색채를 주었다. 바울 서신에서 표준 형식은 다음과 같다. '하나님 우리 아버지와 주 예수 그리스도로 좇아 은혜와 평강이 있기를 원하노라'(참조, 롬 1:7; 고전 1:3; 고후 1:2; 갈 1:3; 엡 1:2). 이러한 형식은 상당히 신학적 의미를 갖는다. 이것은 축복의 신적인 수여자와 축복의 수혜자인 피조물 사이를 구분하는 신적 위치에 예수 그리스도를 하나님과 동등하게 놓는다. 이것은 그리스도가 하나님으로부터 인간들에게 오는 구원의 출처이기 때문에, 초대 기독교인들이 예수를 하나님과의 관계에서 존재론적 용어들로 개념화하지 않았을지라도, 그들이 얼마나 자연스럽게 예수를 신적인 위치에 포함시켰는가를 보여준다.

초기 기독교 서신의 시작들에서, 요한의 것은 인사말의 표준 형태에 삼위일체적 특징을 부여한 것에 있어서 독특하다. 요한계시록 외에 초기 기독교 문학, 특히 서신의 첫머리에(참조, 벧전 1:2) 삼위일체적 서식들도 있다. 그러나 요한의 인사말에 나오는 삼위일체적 형식은 독특하다다. 이것은 표준 형태를 그 자신이 독창적으로 변형시킨 것일 가능성이 크다. '하나님 우리 아버지와 주 예수 그리스도로 좇아 은혜와 평강이 있기를 원하노라.' 이 가능성은 다음과 같은 사실에 의해 더욱 확실해지는 데 그는 또한 '하나님 우리 아버지'와 '주 예수 그리스도'라는 표현 대신 하나님과 예수에 대한 매우 독특한 표현들을 사용하고 있으며 이는 요한계시록의 다른 곳에서 발견되는 용례와도 상당히 구분된다. 이것이 암시하는 바는 요한이 신적 존재에 대한 기독교적 이해를 창의적으로 나타내고 있다는 것이다. 하나님, 그리스도 그리고 성령에 대해 말하는 통상적인 초기 기독교적 방법들을 그대로 사용하지 않고 하나님과 관련된 언어를 표현하는 것으로 그 자신의 독특한 형식들을 개진한다. 이러한 시도는 물론 진공 상태에서가 아니라 유대적 혹은 유대 기독교 전승의 자료들에 대한 창조적 활용에 의한 것이다. 요한의 책은 하나님에 대한 고도로 사려깊은 의식의 산물이다. 요한계시록의 신학에 대한 그 어떠한 설명도, 요한계시록이 실제로 그렇듯이, 신적인 존재에 대해 말하는 독특한 방법들에 우선 순위를 두어야만 한다.

1장 4b-5a절에서 인사말에 대한 요한의 창조적 변형은 신적인 존재에 대한 그의 이해가 '삼위일체적'이라는 것을 강력하게 암시한다. 삼위일체적이라는 말을 강조한 것은 삼위일체론을 개념화하여 후기 기독교 전승의 지표가 되게 한 교부들의 교리를 요한의 공로로 돌리지 말아야 한다는 사실을 상기시키기 위함이다. 우리가 다음 두 장에서 보겠지만 요한이 신적 존재를 이해하는 데 있어서 삼위일체적 특징을 갖게 되는 신학적 관심은 근본적으로는 교부시대에서 삼위일체론을 발전시켰던 신학적 관심과 동일하다. 하나님에 대한 유대 유일신론적 신앙에 성령뿐만 아니라 예수님을 포함시키는 관심이다.

그러나 우리는 요한계시록이 갖고 있는 삼위일체적인 용어들에서 이러한 신학적 관심사에 대해 요한은 어떤 반응을 보이고 있는지 이해할 필요가 있다. 물론 하나님에 대한 요한의 이해를 묘사하고 분석하기 위해서는 사용하고 있는 용어를 살펴보아야 한다. 나는 '하나님'에 대한 것이라기보다는 '신적 존재'에 대한 요한의 삼위일체적 이해에 대해 말하였다. 왜냐하면 요한 자신이 대부분의 초기 기독교 저술가처럼, '하나님'이라는 단어를 예수 그리스도의 아버지 하나님, 그가 여기에서 '이제도 계시고 전에도 계시고 장차 오실 이'라고 일컬으신 분에 제한하기 때문이다.

그러나 '신적 존재' 라는 말은 더이상 만족스러운 표현이 되지 못한다. 요한은 세 개의 신적 인격들이 공유하는 신적 속성에 대한 후기 삼위일체적 담론에 동등한 어휘를 가지고 있지 않다. 어떤 식으로든 예수 그리스도와 성령 (여기서는 '일곱 영들' 로 상징되는)[1]을 포괄하는 신적 실체에 대해 이야기해야만 그가 말하고 있는 바를 정당하게 다룰 수 있다.

1장 4b-5a절에서 신적 존재에 대한 요한의 탁월한 '삼위일체적' 이해로 인해, 우리가 요한계시록의 신학을 설명하는 중요한 부분에 있어서 (본 책 2-5장) 삼위일체적 구조를 가지고 설명하는 것을 정당화해 줄 수 있다. 비록 이러한 구조가 완전히 만족스럽지 못하다 할지라도 삼위일체적 구조는 적어도 요한계시록의 신학이 가지고 있는 중요한 특징에 잘 어울린다. 여기에서 해석의 편이를 위해 우리는 다음의 순서를 따른다. 하나님, 그리스도, 성령이다(1:4b-5의 순서와는 다르다).

알파와 오메가

요한계시록의 서문은 신적 자기 선포로 끝난다:

> 나는 알파와 오메가라 이제도 있고 전에도 있었고 장차 올 자요 전능한 자라(1:8).

전략적으로 놓여진 이 구절은 요한계시록에서 하나님에 대한 네 개의 중요한 칭호 중에 세 개를 포함한다. '알파요 오메가' , '전능하신 주 하나님' , 그리고 '이제도 있고 전에도 있었고 장차 올 자요.'

---

1) 아래의 5장을 보라.

이다. 이 구절은 요한의 환상에 대한 설명(1:9-22:6)이 시작되기 전에 위치한다는 점 뿐만 아니라 이것이 요한계시록 안에서 하나님 자신이 말씀하시는 두 가지 경우 중 하나이기 때문에 돋보인다. 하나님께서 직접 말씀하시는 두 번째 경우(21:5-8)도 이와 유사한 신적 자기 선포를 내포한다. '나는 알파와 오메가요 처음과 나중이라' (21:6).

그러나 이 두 개의 신적 자기 선포들은 예수 그리스도에 의한 자기 선포의 두 가지 경우와 일치한다. 그 패턴은 다음과 같다.

하나님	나는 알파와 오메가라(1:8)
그리스도	나는 처음이요 나중이니(1:17)
하나님	나는 알파와 오메가요(21:6)
그리스도	나는 알파와 오메가요 처음과 나중이요 시작과 끝이라 (22:13).

우리는 이러한 패턴이 의미하는 것이 무엇인지에 대해, 그리고 하나님에 의한 자기 칭호로서 요한계시록에서 나타나고 있는 신적 칭호 역시 그리스도에 의한 자기 칭호로서도 나타나고 있다는 주목할 만한 사실에 대해서는 다음 장에서 논의하겠다. 여기에서 우리는 이 논의를 단지 하나님에게 적용되는 칭호에 국한시킬 것이다. 그러나 네 개의 문장들은 세 개의 문구들이—알파와 오메가, 처음과 나중, 시작과 끝—동일한 의미를 갖는 것으로 사용될 수 있다는 것을 보여준다. 알파와 오메가는 헬라어 알파벳의 처음과 끝 글자이기 때문에 의미상으로 '처음과 나중' 그리고 '시작과 끝'을 동일한 것으로 보는 것은 어렵지 않다. 그리고 세 개의 문구가 동등한 것으로 여겨질 수 있을 때 그 패턴이 보여주고 있는 것은 하나님과 그리스도에 의한 자기 선포가 요한계시록에서 일곱 번 나타나고 있다는 것이다(2:8에서의 '처음과 나중'은 계산에서 제외시킨다. 왜냐하면

2:8은 1:17의 표현을 인용하는 것이기 때문이다).

이 일곱의 숫자는 우연히 발생한 것처럼 보이지는 않는다. 왜냐하면 우리가 앞으로 보게 되겠지만, 요한계시록에서 하나님에 대한 다른 세 개의 가장 중요한 칭호들 중 두 개가 일곱 번 나타나기 때문이다. 숫자적 패턴들은 요한계시록에서 신학적 의미를 갖는다. 일곱은 완전의 숫자이다. 요한계시록 전체에 걸쳐서 흩어져 있는 일곱 번의 축복이(1:3; 14:13; 16:15; 19:9; 20:6; 22:7; 22:14) 요한계시록의 메시지를 신실하게 순종하는 읽는 자와 듣는 자에게 내려주시는 축복의 충만함을 시사해주고 있는 것처럼, 그렇게 의미 있는 신적 칭호의 '칠중적 발생'은 그 칭호가 가리키고 있는 신적 존재의 충만함을 시사해 준다. 신학적 의미는 그래서 요한의 정교한 문학적 구성의 세세한 부분에서 드러나고 있다.

'처음과 나중'이라는 형식에서 이 칭호는 이사야에서 유래하고 있는데, 요한계시록에서처럼 신적 자기 칭호로 나타나고 있다. '나는 처음이요 나는 마지막이라, 나 외에 다른 신이 없느니라(44:6). '나는 처음이요 또 마지막이라(48:12; 참조, 41:4). 이사야의 이러한 장들에서(지금은 소위 제2 이사야[2]로서 알려진), 이러한 칭호는 이사야 40-66장이 그토록 장엄하게 설명하고 있고, 바벨론의 우상들에 대항하여 논쟁적으로 단언하는 모든 만물들의 유일한 창조주이시며, 역사의 주권을 가지신 주님이신 이스라엘의 하나님에 대한 이해를 축약하고 있다. 인간이 만든 신들과는 달리 이 하나님은 그의 목적이 아무에게도 알려질 수 없고, 모든 만국이 그에게 속해 있

2) 역자 주: 저자는 제2 이사야를 인정하므로서 이사야의 저자가 다른 두 사람이라는 사실을 인정한다기보다는 하나의 학문적 대화를 위해 이러한 표현을 사용하고 있다. 저자는 역자에게 이 표현을 단순히 '이사야' 혹은 '이사야 40-66' 장으로 번역하는 것을 기쁘게 허락하였다. 그러므로 다음부터는 구체적인 단락의 인식을 위해 '이사야' 보다는 '이사야 40-66' 장으로 번역하겠다.

는 철저하게 비교할 수 없는 분이시다(참조, 사 40:12-26).

요한계시록의 선지적 조망을 결정하는 것은 바로 이처럼 철저한 유일신적 신앙이다. 그러므로 '알파와 오메가' 라는 칭호는 매우 독특한 중요성을 갖는다. 하나님은 모든 만물의 창조주로서 그 모든 만물보다 앞 서 계신다. 그리고 그는 모든 만물들을 종말론적 성취로 이끄실 것이다. 그는 모든 역사의 원천이시며 목표이시다. 그는 창조에 있어서 처음 말씀을 가지셨고, 그리고 새로운 창조에서 마지막 말씀을 가지셨다. 그러므로 요한의 문학적 구조 안에서, 그는 두 번이나 자신을 '알파와 오메가' 라고 선포한다. 한 번은 요한이 환상을 보기 전(1:8)이었고, 그리고 두번째는 그의 피조 세계 전체에 대한 목적의 종말론적 성취를 '다 이루었다' 라고 선포할 때이다(21:6).

'처음과 나중' 이라는 형식은 헬라 철학적 전통에서 '지고신의 영원성' 을 나타내기 위해 사용되었고, 하나님을 '모든 만물의 처음과 나중' (*Ant.* 8.280; 참조, 필로, *Plant.* 93)이라고 일컬은 요세푸스와 같은 유대 저술가들에 의해 도입되었다. 요한이 '알파와 오메가' 와 동일한 의미로 사용되는 다른 두 경우보다 이것에 더욱 우선 순위를 두는 것은 그가 알파와 오메가라는 문구를 신적인 이름과 연결시키고 있기 때문일 것이다. 야웨 하나님이라는 성경적 이름은 때때로 Yahôh라고 발음되며, 헬라어로는 *IAW*(이오타, 알파, 오메가)[3]로서 음역된다(헬라어에는 'h' 에 해당하는 자음이 없다). 이 신적 이름을 유대교 신학적인 배경에서 숙고해 본다면 헬라어 알파벳의 처음과 마지막 철자가 등장하는 이러한 형태의 헬라식 이름은 하나님께서 처음과 나중이라는 의미를 이름 그 자체 안에 함축하고 있는

---

3) 참조, Hadrumetum magical text, vol. Ⅲ: Ⅰ(Edinburgh: T. &T. Clark,1986), 358 (E. Schürer의 *The History of the Jewish People in the Age of Jesus Christ*에 인용되어 있고, G. Vermes, F. Millar, M.Goodman에 의해 개정 편집되었다).

것으로도 생각될 수 있을 것이다. 다음으로 우리가 숙고해 볼 신적 칭호는 1장 8절에서도 나타나고 있는 것으로서 '알파와 오메가'라는 이름이 가지는 의미를 해석하려는 의도에서 주어지고 있음이 분명하다. 이점에서 그 신적 이름과의 연관성은 더욱 개연적인 것이 된다.

이제도 계시고 전에도 계시고 장차 오실 이

하나님에 대한 이 칭호는 다섯 번에 걸쳐 다양하게 나타나고 있다.

1:4	이제도 계시고 전에도 계시고 장차 오실 이
1:8	이제도 있고 전에도 있었고 장차 올 자
4:8	전에도 계셨고 이제도 계시고 장차 오실 자
11:17	옛적에도 계셨고 시방도 계신 주 하나님
16:5	전에도 계셨고 시방도 계신 거룩하신 이

다시금 여기에서 의도된 듯한 숫자적인 패턴이 나타나고 있다. 세 개의 시제를 사용한 형태가 세 번, 두 개 시제를 사용한 형태가 두 번 사용되고 있다.

이 칭호는 야웨(YHWH)라는 신적 이름에 대한 해석이다. 구약성경에서 이 이름에 대한 해석은 출애굽기 3장 14절에서 유일하게 발견된다. 이 구절은 그 이름을 연계동사(the verb 'to be')와 연결시키고 있으며, '나는 스스로 있는 자니라'는 수수께끼같은 문구로써 먼저 해석하고(혹은, 나는 스스로 있을 자니라 ['I will be who I will be']: אֶהְיֶה אֲשֶׁר אֶהְיֶה), 그 다음으로 '스스로 있는 자'라고 간단히 해석하고 있다. 후기 유대교 해석은 이들 해석들을 신적인 영원성에 대한 진술들로 이해하였다. 그리하여 필로(Philo)(*Mos.* Ⅰ.75)는 그 신적 이름을 '존재하는 자(the one who is)'(*ὁ ὤν*)로 이해했는데, 이것은 곧 헬레니즘적 철학 양식에 있어서는 영원한 존재로서의 신적 영원성을 의미했다.

달리 말해서 그 의미는 과거, 현재 그리고 미래의 존재라는 측면에서 해석될 수 있을 것이다. 다음은 팔레스타인 탈굼(PseudJonathan)이 그 신적 이름을 풀이하는 방식이다. '나는 과거에 있었고 앞으로도 있을 자다'(출 3:14). 혹은 '나는 지금도 있고 과거에도 있었고 앞으로도 있을 자다'(신 32:29; 참조, Sibylline Oracle 3:16). 세 개의 시제로써 신적 존재를 나타내는 형식문들은 그리스 신들이나 철학적 지고신을[4] 나타내는 때에도 역시 사용되고 있는데 이러한 사용은 아마도 당연히 신적 이름에 대한 유대적 해석에 영향을 미쳤을 것이다. 그런데 요한계시록은 바로 이 유대적 해석과 직접 관련되어 있음이 분명하다.

1장 4, 8절에서 요한이 사용하는 형식을 살펴볼 때(*ὁ ὢν καὶ. ὁ ἦν καὶ ὁ ἐρχόμενος*) 그가 하나님의 현재적 실존에 우선권을 두고 있다는 점에서 '탈굼'과 일치하고 있다. 그러나 요한은 의미심장하게도 유대의 탈굼이나 헬라식의 경우와는 달리 삼중적 시제 형식문에 있어서 연계동사의 미래형을 사용하는 대신, 연계동사의 현재분사형을 사용하고 있다('오실 자'). 영어와 마찬가지로 헬라어 연계동사의 현재분사형은 실제로 '미래'를 의미할 수 있다. 그러므로 예를 들어 '다가올 세대' 혹은 '다가오는 세대'(*ὁ αἰὼν ὁ ἐρχόμενος*)는 '미래의 세대'를 의미하는 것이다. 그런데 요한은 이러한 용법을 사용하여 하나님의 단순한 미래적 실존이 아닌 구원과 심판을 위해 이 세상에 도래하시는 것으로서의 미래를 묘사하는 효과를 얻게 되었다. 그는 틀림없이 하나님이 구원과 심판을 위해 '오실' 것

4) *TDNT* 2. 399; D. E. Aune, *Prophecy in Early Christianity and the Ancient Mediterranean World* (Grand Rapids: Eerdmans, 1983), 280-Ⅰ.

이라는 구약의 많은 예언적 메시지들을 염두에 두고 있다(참조, 시 96:13; 98:9; 사 40:10; 66:15; 슥 14:5). 초대 교회 그리스도인들은 이러한 구약의 메시지들을 세상을 향한 궁극적 목적을 성취하시기 위한 하나님의 종말론적 오심으로 이해했으며 이것을 곧 예수 그리스도의 재림과 동일한 것으로 여겼다.

이러한 해석은 그 칭호의 간략한 형태를 사용하고 있는 11장 17절, 16장 5절에 의해 더욱 확실해진다. '옛적에도 계셨고 시방도 계신 주.' 요한이 환상 가운데 있을 때에 하나님의 종말론적 오심은 이미 발생하고 있었다. 그것은 더 이상 미래가 아니다. 그 '신적 칭호'(역자 주: 옛적에도 계셨고 시방도 계신 주)를 언급하고 있는 노래들은 하나님의 종말론적인 목적이 이미 성취되고 있음을 찬양하고 있는 것이다. 이것은 특히 11장 17절에서 더욱 분명하게 드러난다. '가로되 감사하옵나니 옛적에도 계셨고 시방도 계신 주 하나님 곧 전능하신 이여 친히 큰 권능을 잡으시고 왕노릇 하시도다.' 하나님의 오심은 곧 세상에 대한 하나님의 종말론적인 통치의 성취이다. 그의 통치가 시작되었음에 대한 감사가 하나님의 칭호에 있는 미래적인 요소를 대신하고 있다.

따라서 요한은 이 세상과 따로 떨어져 스스로만 영원하신 하나님을 말하는 것이 아니라 이 세상과 관련하여 영원하신 하나님을 말하면서 동시에 이 신적 칭호를 해석하고 있는 것이다. 이것이 성경이 말하고 있는 하나님이다. 이분은 그가 만든 피조물에게 오시기로 자신의 미래를 결정하셨으며, 그의 피조물은 그분 안에서 자신의 미래를 발견하게 될 것이다(참조, 21:3). 더욱이 신적 칭호에 대한 이러한 해석은 출애굽기 3장 14절의 의미와 중요한 연관성을 지닌다. 출애굽기 3장 14절은 순전히 스스로만 자존하시는 하나님에 대해 말하고 있기보다는 자신의 역사 안에서 그의 백성들과 함께 계실 것을 천명하시는 하나님에 대해 말하는 것이 확실하기 때문이다. 하나님께서 자신의 백성을 위하여 역사 안에서 존재하신다는 이스라엘의 이 같은 초기의 신앙을 요한은 톡특하게 발전시켜, 마지막에 오셔서 하나님의 영원한 미래 안에서 모든 만물을 성취로 이끄실 것에 대한 종말론적 신앙이 되게 하였다.

주 하나님 곧 전능하신 이

이 칭호는 요한계시록에서 일곱 번 등장한다(1:8; 4:8; 11:17; 15:3; 16:7; 19:6; 21:22). 이 칭호에 깊이 관련되거나(1:8; 4:8; 11:17), 혹은 거의 근접하고 있는(16:5-7) 네 구절들에 대해서는 우리가 앞에서 논의하였다. 이 칭호의 간략한 형태인 '하나님 곧 전능하신 이'는 두 번 사용되고(16:14; 19:15), 완전한 형태의 표현으로는 정확하게 일곱 번(의미심장한 숫자인) 사용되었다.

이 칭호도 역시 신적인 이름과 관련이 있다. 왜냐하면 이것은 확장된 형태로서의 신적인 이름에 대한 표준적인 번역이기 때문이다: YHWH אֱלֹהֵי עְבָאוֹת (주, 만군의 하나님) (참조 삼하 5:10; 렘 5:14; 호 12:5; 암 3:13; 4:13). 요한도 역시 이것을 간략한 형태인 YHWH עְבָאוֹת (만군의 주)에 상응하는 것으로 사용하고 있는데(계 4:8을 사 6:3과 비교하면 알 수 있다) 이러한 형태는 구약성경 예언서에 있어서 매우 일반적이다. 왜냐하면 이것은 모든 만물과 역사 속의 사건들에 대한 야웨의 절대적인 권능과 주권을 나타내고 있기 때문이다. 요한계시록에서 이 칭호가 사용되었다는 것은 요한이 하나님께 대한 선지자적 믿음을 계승하려는 열망을 가지고 있음을 증언해주고 있는 것이다. 헬라어인 판토크라토르(*παντοκράτωρ*, '전능한')는 하나님의 추상적인 전능성을 말한다기보다는 모든 만물들에 대한 그의 실제적인 통제권을 가리키는 것이다.

보좌에 앉으신 이

이것은 요한계시록에서 나타나고 있는 네 개의 가장 중요한 칭호에서 마지막이다. 비록 이 칭호는 변형된 형태로 사용되고 있지만(4:2, 3; 7:10; 19:4; 참조, 20:11), 정확한 형태로는 일곱 번 나온다(4:9; 5:1; 5:7; 5:13; 6:16; 7:15; 21:5). 더욱이 하나님께서 앉아 계신 천상의 보좌는 매우 빈번하게 언급된다. 이것은 요한계시록 전체에 나타나는 중심적인 상징들 중 하나이기도 하다. 이것은 요한계시록의 신학적 전망에 있어서 모든 만물을 다스리시는 하나님의 주권에 대한 믿음이 얼마나 중요한 것인가를 가리키고 있는 것이다.

보좌의 이미지가 갖는 중요성은 특히 하늘의 보좌가 나타나고 있는 4장의 환상에서 강조되고 있다. 지상에서 자신의 백성들과 함께 일으킴을 받은 그리스도에 대한 환상(1:9-3:22) 후에 요한은 하늘 속으로 끌어올림을 받는다(4:1). 이것은 요한계시록 전체 예언에 두 가지 출발점을 부여하고 있다. 그리스도의 메시지 속에서 인지되어 언급되고 있는 일곱 교회들의 상황과 하나님의 천상적 주권에 대한 환상이다. 후자의 환상으로 인해 요한은 자신의 독자들로 하여금 그들이 처한 상황을 보다 넓은 시각에서 바라볼 수 있게 하였다. 여기에서 넓은 시각이란 곧 하나님의 통치에 반대하는 모든 대적들을 정복하여 자신의 통치 아래 두시고 이 세상 안에서 그분의 왕국을 세우게 되는 하나님의 우주적인 목적을 의미한다.

4장의 환상을 보면 이미 하늘에서 하나님의 주권이 완전히 인지되고 있다. 이것은 하나님의 주권을 종말에 땅에서도 역시 압도하게 될 진정한 실체로 세우고 있는 것이다. 땅 위에서 악의 권세들은 하나님의 통치에 도전할 뿐만 아니라 신적인 위상을 주장하면서 마치 모든 만물을 다스리는 궁극적인 권세인 것처럼 가장한다. 그러나 궁극적인 실재의 영역은 (땅이 아닌) 하늘이다. 하늘에서의 신성한 것은 땅에서도 진정한 것이 된다. 그러므로 요한이 하늘 안으로 올리워진 것은 하나님의 보좌야말로 모든 지상적인 현상들 뒤에 놓여 있는 궁극적인 실체라는 사실을 보기 위함이다. 천상에서 하나님의 주권을 보고 난 후에야 요한은 이것이 어떻게 지상에서 세워질 것인지를 볼 수 있었다.

신적 보좌에 대한 환상들은 구약성경의 선지적 전통에까지 거슬러 올라가며(왕상 22:19-23) 이것들은 또한 많은 유대 묵시들[5]이 가지고 있는 중요한 특징이기도 하다. 묵시록을 기록한 대부분이 그랬던 것처럼 요한은 이 전통 안에서 그리고 특별히 자신이 본 환상 안에서 요한계시록을 쓰고 있다. 이는 이사야 6장과 에스겔 1장에 나오는 신적 보좌에 관한 두 개의 위대한 선지적 환상을 기초로 쓰고 있는 것이다. 유대 묵시록을 쓴 자들처럼 요한도 하늘에 존재하는 하나님의 보좌를 바라본다. 하늘에는 천상적 존재들이 보좌를 둘러싸고 끊임없는 경배를 드리고 있다.

4장은 마치 비기독교 유대 환상가에 의해 쓰여진 것처럼 기독교적 요소를 찾아보기 어렵다. 그 환상이 계속 이어지고 있는 5장에 이르러서야 요한계시록이 갖고 있는 유대 기독교적인 색채의 신학이 분명하게 드러나고 있다. 우리가 다음 장에서 검토해 보겠지만, 5장에서는 어린양 예수 그리스도를 하나님의 통치가 이 땅 위에서 효력 있게 하실 자로 소개하고 있다.

그러나 4장이 독특한 기독교적 특징들을 결여했다고 해서 이것이 요한계시록의 중요한 신학적 토대를 약화시키는 것은 물론 아니다. 신약의 다른 책들과 마찬가지로 요한계시록에서도 기독교적 신앙은 유대 유일신론을 전제로 하고 있다. 이것은 구약과 후기 유대

---

5) 참조 단 7:9-10; 에녹 1서 14; 60:1-6; 71; 에녹 2서 20-1; 아브라함의 묵시록 15-18.

전통이 가지고 있는 중요한 특징들을 선택하여, 만약 그렇지 않았다면 이것은 이해할 수 없는 것이 되었을 것인데, 기독론에 의해 규정된 독특한 신학적 발전을 이루었다. 기독론적인 발전에 대해서는 다음 장에서 다룰 것인데 거기에서 우리는 요한계시록에 나타나는 유대 유일신론에 관한 중요한 표현들을 다루게 된다.

신적 보좌에 관한 대부분의 묵시적 환상들과 마찬가지로 요한의 환상은 보좌에 앉으신 이의 가시적인 형태에 강조점을 두지 않는다. 하나님 외형에 관해서는 그것이 마치 보석들과도 같았다고 한다(4:3). 이런 식의 표현은 천상적 존재의 장엄한 모습을 드러내는 전통적인 방식들 중 하나였다. 보좌와 그 주위에서 일어나는 일들에 초점을 맞춤으로써 인간에게는 인지될 수 없는 하나님의 초월성이 보존되고 있다. 하나님에 관해 알려질 수 있는 것에 대한 표현은 바로 이 환상의 특징들을 통해 가능하다. 네 생물들과 이십 사 장로들에 의해 끊임없이 드려지는 예배 장면은 이 환상의 두드러진 특징이다. 요한의 신앙을 공유하는 독자의 주의를 필연적으로 집중하게 만드는 것은 바로 이러한 예배 장면이다. 그러므로 하나님이 누구이신가에 관한 진정한 지식은 하나님께 대한 예배와 분리되어 논의될 수 없는 것임을 되새기게 된다. 살아 있는 네 생물들이 부르는 노래와 이십사 장로들이 부르는 찬양은 하나님에 대한 인식의 두 가지 가장 중요한 형태들을 표현해 주고 있다. 이분의 신비스런 거룩함을 대할 때 느끼게 되는 경외감(4:8; 참조, 사 6:3)과 모든 피조물들에게 본능적으로 잠재되어 있는 존재 자체에 있어서 하나님에 대한 철저한 의존감이다(4:11). 하나님에 대한 인지의 가장 기본적인 형태들은 예배에서 그 어떠한 표현도 요구하지 않는다. 그러나 예배를 통해서 언제나 진정으로 경험될 수 있는 것이다.

이 환상은 예배적인 이미지와 정치적인 이미지를 혼합하고 있다. 가장 중요한 이미지는 예배적인 이미지이다. 왜냐하면 보좌가 놓여진 곳은 천상의 성소이기 때문이며 (이것은 뒤에 가서 분명해진다. 11:19; 15:5-8), 동시에 지상적인 성전의 원형이기 때문이다. 생물들은 (이것들은 이사야가 본 스랍들[사 6:2]과 에스겔이 본 천사들[겔 1:5-14]을 합쳐놓은 모습인데) 지상적인 성전의 지성소에서 속죄소의 측면에 서 있는 두 천사들의 천상적 원형들이다(출 25:18-22). 이들은 하나님을 예배하는 일에 전적으로 일임된 천상적 존재들이다. 모든 실체의 중심에 서서 하나님의 보좌 주위를 둘러 행해지는 천사들의 끊임없는 예배는, 모든 실체들의 속성이 하나님 중심적이며 궁극적으로는 하나님을 영화롭게 하기 위해 존재하고 있음을 나타내 준다. 그러므로 이들은 하나님을 예배하는 자들 가운데 가장 중심에 서 있는 자들이며 그들의 예배에 더 큰 무리들이 동참하게 된다. 이 더 큰 무리들은—4장과 5장에 걸쳐—계속 확장되어 전 우주에 있는 모든 피조물들을 포함하게 된다(5:13). 전체 피조물에 의해 드려지는 하나님과 어린양을 향한 예배 모습 속에서(5:13) 자신의 피조물에 대한 하나님의 종말론적 목적은 이미 예견되고 있는 것이다.

그러므로 이 생물들은 이러한 목적을 내다보고 끊임없이 피조물의 예배를 표현하고 있으며, 적절하게도 이 목적이 이루어질 때에 그것에 '아멘!' 하는 것이다(5:14). 이러한 예배 모습이 인간 중심적인 것과는 얼마나 다른 것인가를 주목하는 것이 필요하다. 인간이란 존재가 본능적으로 만물의 중심에 서려고 했지만, 이 인간은 그 만물의 중심으로부터 완전히 추방되었다. 모든 피조물은 그것의 속성에 있어서 그리고 종말론적인 목적에서 하나님 중심적이며, 예배에 있어서는 창조주께로 향하여 있다. 그러나 이 예배자들 중에서 인간은 돋보이지 않는다. 전체 피조물의 예배를 주도하는 네 생물들은, 천사적 존재들이 종종 그런 것처럼, 인간 형상을 지닌 존재들로 묘사되고 있지 않다. 오직 세 번째 생물만이 사람의 얼굴을 닮은 형태를 지니고 있다. 다른 생물들은 사자, 송아지, 독수리를 닮았는데 각각 여섯 날개들과 무수한 눈들을 가지고 있고. 이것들은 모두 지상에 있는 피조물들에 대한 천상적 우월성을 가지고 있다(4:6-8). 이 생물들의 행위가 상징하는 것은 모든 피조물들을 대표하여 예배하는 것이며, 따라서 이것은 예배자의 무리가 인간뿐만 아니라 '하늘과 땅 위와 땅 아래와 바다에 있는 모든 피조물'에게로 확장될 때 비로소 성취된다(5:13).

예배적인 이미지 뿐만 아니라 정치적인 이미지도 있다. 보좌가 놓여진 곳은 하나님께서 세상의 통치를 행사하시는 장소이다. 이십 사 '장로들'—예배적인 용어라기보다는 정치적인 용어이다—은 천상적인 회의를 구성한다(참조, 사 24:23; 단 7:9; 에녹 2서 4:1; 레위의 유언서[T. Levi] 3:8). 그들의 보좌들과 면류관들이 말해주듯(4:4) 그들은 통치자들이다. 그들은 하나님을 대리해서 천상적 세계를 통치한다. 그들도 역시 하나님을 예배하는데, 의미심장하게도 복종의 행위를 통해서 예배한다. 이러한 복종의 행위에 있어서 그들은 자신들의 보좌에서 내려와 면류관을 벗어 하나님의 보좌 앞에 놓는다(4:10). 그러므로 이들은 자신들이 창조된 피조물들이며(4:11) 그들이 가진 권위는 하나님께로부터 주어진 것임을 인정하고 있다. 그분만이 모든 능력과 권위의 근원으로서 경배를 받으실 수 있다.

예배적인 이미지와 정치적인 이미지가 결합함으로 하나님께서는 모든 만물의 목적이자 근원인 분으로 묘사되고 있는데 이러한 두 이미지의 결합은 이미 하나님에 대한 묵시적인 환상들에 있어서 전통적인 것이었다. 그러나 이것은 또한 의미심장하게도 요한계시록의 종교-정치적인 상황과 일치하고 있다. 고대 세계 대부분의 정치적 강대국들과 마찬가지로 로마 제국은 국가의 권세를 종교적인 용어들로 나타내고 선전하였다. 신격화된 황제들과 로마의 전통적인 신들을 예배하는 것으로 특징된 로마의 국가 종교는 종교적인 예배를 매개로 정치적인 충성을 표현하였다. 로마는 이러한 방식으로 국가 권력을 절대화했으며 세상에 대한 궁극적이고도 신적인 주권을 주장했다. 따라서 사실상 로마는 4장에서 요한이 보고 있는 것과 같이 하늘에서 이미 인정된 신적 주권과 이 땅에서 충돌해야만 했던 것이다. 그러므로 하나님의 나라가 지상에 도래함으로써 로마의 가장된 신적 주권이 천상적 보좌에 앉으신 이의 진정한 신적 주권에 의하여 대체되어야 한다.

의미심장하게도 주권을 놓고 벌어지는 충돌은 요한계시록 중심부분의 예배에 관한 언급에서 종종 나타나고 있다. 신적 통치에 대한 로마의 주권 침해는 짐승에 대한 우주적인 경배를 통해 그려지고 있고(참조, 13:4, 8, 12), 반면에 도래할 하나님의 왕국은 하나님에 대한 우주적 경배를 통해서 그려지고 있다(15:4; 참조, 19:5-6). 주권을 놓고 벌어지는 충돌 속에서 짐승을 예배하는 자들과 하나님을 예배하는 자들 사이에 경계선이 그어지고 있다. 하나님이 승리하는 모든 국면마다—7-19장에 걸쳐서—천상에서의 예배가 뒤따르고 있다. 진정한 예배와 거짓된 예배에 관한 쟁점은 독자들이 살고 있는 세계의 권력 구조를 꿰뚫어보는 요한의 선지자적 통찰에 있어서 매우 중요하다. 결국 요한계시록은 4장에서 묘사되고 있는 배타적인 유일신론적 예배와 온갖 종류의 우상숭배—좀더 좁은 의미의 종교적 우상과 분리될 수 없는 정치적, 사회적, 경제적 우상숭배—가 함께 공존할 수 없음에 관해 이야기하고 있다.

로마 권력에 대한 비판

우리는 요한계시록에서 요한이 언급하고 있는 종교 정치적인 상황과 4장의 환상이 서로 어떻게 연관되어 있는지 간단히 진술하였다. 이 시점에서 4장에 대한 논의를 잠시 중단하고 요한계시록이 묘사하고 있는 상황을 그려보는 것이 좋겠다. 요한계시록의 신학은 매우 상황적이다. 4장의 환상이 언급하고 있는, 하나님이 누구신가 하는 문제는 요한의 독자들이 살고 있는 세계와 매우 밀접한 관련을 맺고 있다. 독자의 세계가 갖는 상황과, 요한이 하나님에 관해 갖고 있는 이해가 서로 밀접한 관련을 맺고 있다고 해서 전자가 후자를 결정한다고 말할 수는 없다. 왜냐하면 요한이 선지자로서 상황을 인식하는 방식 또한 후자에 의해 결정지어 진다고 마찬가지로 말할 수 있기 때문이다.

그러나 우리가 요한계시록이 갖고 있는 하나님에 대한 이해와 요한계시록이 견지하고 있는 로마 권력에 대한 비판, 양자 모두를 완전히 이해하려고 한다면 이 둘 사이의 연관성을 이해해야 할 필요가 있다. 문제는 어떻게 요한이 선지자적 통찰력을 가지고 로마 제국을 바라보고 있느냐는 것이다. 요한계시록 그 자체는 어떠한 중립적인 시각에도 서 있지 않다. 로마의 이데올로기를 가지고 로마가 선전하고 있는 제국의 모습을 바라보는 시각이든지, 아니면 천상적인 관점에서 바라보아 로마의 허울을 꿰뚫어보는 시각이든지 둘 중 하나이다. 요한계시록은 로마 제국을 정복에 의해 세워지고 폭력과 압제에 의해 유지되는 광포한 압제의 조직으로 묘사하고 있다. 이것은 정치적인 폭정과 경계적인 착취를 일삼는 조직이다.

로마에 대한 두 개의 주요한 상징은 바다 괴물('짐승' : 특히 13, 17장)과 바벨론 음녀이다(특히 17-18장). 이 짐승은 로마 제국의 군사적, 정치적 권세를 나타낸다. 바벨론은 로마의 도시로서 경제적 착취로 인한 번영을 누리고 있는 도시이다. 그러므로 13장에서의 비판은 주로 정치적 압제에 대한 비판이고, 17-18장에서의 비판은 경제적인 착취에 대한 비판인데, 양자의 경우에 있어서 매우 종교적인 분위기를 띠고 있다. 음녀는 짐승을 타고 있는데(17:3) 그 이유는 제국 전체를 희생시키면서까지 얻어진 로마 도시의 번영 그리고 이 제국 전체에 대한 음녀의 타락한 영향력이 그 기반으로 삼고 있는 것은 바로 제국의 군사력에 의해 획득되어 유지되는 권력 때문이다.

비록 제국이 폭정과 착취로 유지되는 조직이라 할지라도 그 대부분의 군신들은 제국에 대항하거나 반대하지 않고 있다는 것을 요한은 충분히 알고 있었다. 예를 들면 아시아 지역의 거대한 도시들의 경우 많은 군신들이 로마 통치에 열광적이었음을 잘 알고 있었다. 이렇게 된 이유는 부분적으로는 지방 관리들의 경우, 제국으로부터 개인적으로 유익을 얻고 있었기 때문이기도 하다. 이들은 요한계시록에서 특히 '땅의 왕들'이란 용어로 표현되고 있는데, 즉 로마의 통치에 함께 참여함으로 특권적인 지위를 보장받은 지방의 통치 계급들이다. 또한 '땅의 상고들'이란 용어는 로마의 경제적인 번영에 유착하여 유익을 누리는 자들을 뜻한다.

그러나 대부분의 군신들은 제국의 이데올로기에 의해 로마의 통치를 받아들이고 환영하도록 설복당한다. 요한은 이것을 짐승과 음녀에 상응하는 두 개의 또 다른 모습으로 묘사하고 있다. 먼저 후자(음녀)에 상응하는 것에 대해 말하자면, 음녀는 비록 그녀가 부리는 부하들의 희생으로 잘 살아가고 있지만 그녀 역시 부하들에게 어떤 것들을 제공하고 있다(17:4). 로마의 통치로부터 얻어질 수 있는 유익들이 있는데, 이것들은 의심할 바 없이 팍스 로마나(*pax Romana* 역자 주: 로마 지배하의 평화)[6]라는 이데올로기이다. 이 사상은 1세기에 걸쳐 왕성하게 장려되었던 것으로 이것에 따르면 로마가 세계에 끼친 유익은 곧 제국의 경계 안에 주어진 평화와 안녕이며 그것으로 말미암아 제국이 번영하게 된 토대가 형성되었다. 영원한 도시라고 자칭하는 로마는 군신들에게 안녕을 제공했고, 로마의 넘쳐나

6) 참조 K. Wengst, *Pax Romana and the Peace of Jesus Christ* (London: SCM Press, 1987), part Ⅰ.

는 부(富)는 군신들이 공유할 수 있는 번영처럼 보였다. 그러나 요한계시록은 이러한 이데올로기를 거짓된 망상으로 묘사하고 있다. 그 이데올로기는 바로 음녀가 만국을 취하게 한 포도주인데 이것을 담은 잔은 겉이 금으로 되어 있으나 그 안에는 가증한 물건이 가득 차 있다(17:2, 4). 로마의 이데올로기가 지닌 그럴듯한 매력, 이것은 요한의 예언이 드러내고자 하는 목표들 중 하나이다.[7]

이데올로기의 또 다른 면은 13장에서 묘사되고 있는데 곧 권세에 대한 숭배이다. 13장 3-4절에서 짐승은 그것의 일곱 머리들 중 하나에 치명적인 상처를 가졌으나 그 상처가 치유되자 온 땅의 사람들이 이상히 여기게 되었다: '용이 짐승에게 권세를 주므로 용에게 경배하며 짐승에게 경배하여 가로되, "누가 이 짐승과 같으뇨 누가 능히 이로 더불어 싸우리요" 하더라.' 짐승의 상한 머리는 칼로 자살한 네로 황제이다(13:14).[8] 짐승의 머리에 난 이 상처는 짐승 자신(제국의 권력)에게도 역시 치명적인 상처였으나 짐승은 이내 회복된다. 이러한 유비는 네로의 죽음 전후의 상황을 빗댄 것인데 그 당시 제국은 마치 붕괴될 것처럼 보였다. 네로의 폭정은 많은 군신들에게 있어 분명 혐오스러운 것이었다: 그의 치세 기간 동안에 짐승의 진정한 속성은 여느 때보다도 더욱 여실히 드러났다. 네로의 통치가 끝나갈 즈음에 변방에서는 심각한 반란들이 있었다. 그의 죽음 이후에는 혼란스러운 '네 황제들의 시대'가 뒤따랐다.

그러나 제국의 권세는 플라비아 왕조가 들어서면서 회복되었다. 붕괴 직전에 제국은 명실공히 막강한 강국으로 부상했다. 따라서 요

7) 이것에 관하여는 다음을 참조하라. R. Bauckham의 "The Economic Critique of Rome in Revelation 18' in L. Alexander, ed., *Images of Empire* (JSOTSS 122: Sheffield: JSOT Press, 1991), 47-90. 이 글은 Bauckham의 책 *The Climax of Prophecy*, 제10장에 있다.

8) 다음을 참조하라. Bauckham의 책 *The Climax of Prophecy* 중에서 제11장('네로와 짐승').

한의 환상에서처럼 온 세상은 '누가 이 짐승과 같으뇨 누가 능히 이로 더불어 싸우리요' 라고 떠들어댔다. 이 말들은 모세의 노래에서 하나님의 능력을 찬양하는 대목을 풍자한 것이다(출 15:11; '여호와여 주와 같은 자 누구니이까?'). 이것은 곧 절대적으로 강화된 정치, 군사적 권세를 가리키는 말로서 요한의 환상에서는 로마와 로마 황제들에 대한 경배에서 표현되고 있다.

13장에서 요한은 제국의 종교 의식이 가지고 있는 두 가지 측면을 발견한다. 첫째, 그 짐승은 하나님을 모독하고 있었다는 것이다. 짐승은 스스로에게 신적인 이름을 증여하고 그리고 신성을 요구했다(13:1, 5). 바꿔 말하자면 짐승은 하나님의 절대적 권능에로 마땅히 돌려져야 할 종교적 충성을 요구함으로써 스스로를 절대화하고 있는 것이다. 그런데 요한이 발견한 또 한 가지 사실은 군신들이 이 제국의 종교 의식을 대할 때에 마지못한 태도로 받아들이지 않고 있었다는 것이다. 그것은 명실상부한 로마의 절대 권력 앞에서 보이는 자발적인 반응이었다(13: 3-4). 두번째, 짐승, 곧 땅에서 올라온 또 다른 짐승(13:11)은 요한계시록의 다른 구절들에서는 거짓 선지자라 부르고 있다(16:13; 19:20). 이는 짐승의 상을 세우고 그것에 신과 같은 특성들을 부여함으로써 경배드리게 하는 등 제국의 종교 의식을 고취시킨 자로서 아마도 아시아 지방의 도시들에 있는 제국의 사제직을 나타내고 있다. 이들 도시들에서 행해진 제국의 종교 의식은 그 도시들 자체에서 자생적으로 발생하여 비롯된 것이다.

그러나 요한의 선지자적 관점에서 볼 때 이것은 그럼에도 불구하고 위험스런 우상숭배였다. 왜냐하면 그것은 정치, 군사적인 권력을 신격화했기 때문이다. 짐승을 경배하는 자로서 공인받은 자들에게만 모든 경제적 거래 행위를 허락하는 13장 16-17절의 이미지들은 의심할 것 없이 당시 관행을 좀더 과장하여 표현한 것인데, 그것은 정치적인 종교에 있어서 권력의 절대화란 결국 전체주의적인 속성으로 귀결될 수밖에 없음을 강조하기 위함이다.

따라서 요한계시록이 로마 제국을 반대하는 이유가 단순히 로마 제국의 기독교 박해 때문이라고 추측한다면 이것은 중대한 실수를 하는 것이다. 오히려 요한계시록은 로마 제국의 권력 구조에 대하여 주도면밀하게 선지자적 비판을 전개시키고 있다. 이 선지자적 비판은 요한계시록으로 하여금 제국의 초기에 쓰여진 저항 문학작품들 중 가장 강력한 것이 되게 하였다. 기독교인들이 로마를 대항해야 하는 이유는 단지 로마가 기독교인들을 핍박하는 것 때문만은 아니다. 오히려 기독교인들은 로마 조직이라는 악으로부터 자신들을 단절시켜야 하기 때문에 기꺼이 박해를 감수하는 것이다. 사실 요한이 요한계시록을 기록할 당시에, 요한이 예언한 전면적인 기독교 박해는 아직 일어나지 않고 있었다. 비록 그때에도 순교는 있었지만 (2:13; 6:9-10; 16:6; 17:6) 교회들에 보내진 일곱 개의 메시지를 살펴볼 때 박해는 아직 산발적이고 지역적인 수준에 그쳐 있었다. 그러나 요한은 로마 권력의 속성상 만일 기독교인들이 하나님의 신실한 증인들이 되어 참 하나님을 증거하게 될 경우에는 거짓된 하나님 노릇을 하는 로마와의 충돌을 피할 수 없게 될 것임을 간파하고 있었다.

요한의 선지자적 전망을 통해 볼 때 로마의 악은 본질적으로 자신의 권세와 번영을 절대화시킨 것에 있다. 그 필연적인 결과로서 로마는 자국민의 희생을 대가로 권세와 번영을 추구하고 유지시켰다. 18장 24절에 의하면 로마가 심판을 받게 되는 이유는 단지 기독교 순교자들 때문만이 아니라 죄 없이 학살당한 모든 희생자들 때문이기도 하다. '선지자들과 성도들과 및 땅 위에서 죽임을 당한 모든 자의 피가 이 성중에서 보였느니라 하더라.' 그러므로 어떤 의미에서 요한계시록은 '역사의 또 다른 이면'을 바라보는 시각, 즉 로마의 권세와 영광 뒤에 감추어진 희생자들을 바라보는 시각에서 쓰여진 책이다. 이러한 시각을 취하는 이유는 요한과 그의 독자들이 로마의 권력과 번영을 나누어 갖는 계층에 속하지 못하고 오히려 고통받는 계층에 속했기 때문이 아니다. 요한계시록이 이러한 시각을 취하는 이유는 기독교인들이 참 하나님의 신실한 증인들로서 로마의 압제를 반대하고 로마의 악으로부터 자신들을 단절시키는 일들을 행할 때 이들은 로마에 의한 다른 희생자들과 함께 로마의 희생자들이 될 것이기 때문이다. 기독교인들의 순교는 이러한 쟁점을 더욱 분명히 했다는 점에서 보다 특별한 의미를 가지고 있다. 모든 정치적인 권세가 종속하는 한 분뿐인 참 하나님, 곧 유일한 참 절대자를 증거하는 자들이야말로 곧 로마의 우상숭배적인 자아 신격화를 폭로하여 있는 그대로를 드러내는 자들이다.

이것이 의미하는 바는 로마에 대항하는 힘이 한 분이신 참 하나님께 대한 믿음에서 나왔다는 사실이다. 로마의 권세에 굴복하지 않고 그것의 폭력과 그것이 가져다주는 이익을 영광스럽게 여기지 않기 위해서는 당시의 사회 속에 만연했던 로마의 이데올로기와는 다른 시들각을 가져야 했다. 요한에게 있어서, 그리고 그의 선지자적 통찰을 나누어 가졌던 자들에게 있어서 그 시각이란, 곧 전능한 하나님, 모든 지상적 권세보다 위에 계신 하나님께서 보여주시는 기독교적 환상이었다. 그분께서는 로마의 절대적 권세를 상대적인 것으로 만드셨고 신적 위상을 가장했던 로마의 허울이 위험한 망상임을 드러내셨다. 요한계시록의 구조에 있어서 로마에 대한 비판이 4장의 신적 통치와 심판에 대한 환상 뒤에 나오는 것은 이와 같은 이유 때문이다. 하나님의 의로운 빛 아래에서 볼 때 로마의 압제와 착취는 정죄받았으며, 역사를 주관하시는 하나님의 주되심의 빛 아래에서 볼 때 로마는 궁극적인 권세를 갖지 못하며, 불의한 통치를 무한히 지속시킬 수 없음이 분명해진다. 그러므로 요한계시록이 '역사의 또 다른 이면'을 바라보는 관점을 채택하고 있다면 그것은 바로 천상적인 관점인데, 곧 하나님의 천상의 보좌에 대한 환상에서 주어졌고 이러한 시각을 가능케 한 관점이다.

심판에 있어서의 신적 거룩함

요한계시록 전체는 주기도문의 세 가지 간구가 성취되는 환상으로 볼 수 있을 것이다. '(당신의) 이름이 거룩히 여김을 받으시오며, 나라이 임하옵시며, 뜻이 하늘에서 이룬 것 같이 땅에서도 이루어지이다'(마 6:9-10). 요한과 독자들은 하나님의 이름이 거룩히 여김을 받지 않았던 세계에 살았다. 그의 뜻이 이루어지지도 않았고 오히려 로마 조직 권력의 압제와 착취를 통해 악이 통치하고 있었다.

그러나 4장에서 요한은 궁극적인 실체의 영역이라고 할 수 있는 하늘에 올라가 하나님의 절대적인 거룩함과 의로움과 주권을 보았다. 하나님의 이름이 거룩히 여김을 받고 하나님의 뜻이 하늘에서 이루어지는 이러한 환상를 보았으므로 이제 그의 왕국은 지상에 도래해야 한다. 이런 까닭에 4장의 환상은 5장으로 이어지는 기독론적인 내용과 더불어 요한계시록의 전체 내용에 있어서 토대가 되고 있다. 문학적인 맥락에서 그리고 주제적인 연관성에서 볼 때 4장은 그 이후의 환상들과 연결되고 있다. 특히 이러한 맥락들에서 볼 때 4장은 악의 권세와 세상의 심판에 관한 환상과 연결이 되고 있다. 하나님의 거룩하심과 의로우심은 지상의 불의에 대한 정죄를, 그리고 하나님의 통치에 반립하는 악의 권세들에 대한 분쇄를 요구한다. 왜냐하면 그렇게 함으로써 악인들의 통치는 지상에 도래하는 하나님의 왕국에 의해 대체되어야 하기 때문이다.

심판에는 세 가지 시리즈가 있다. 첫째, 인곱 인을 떼는 것(6:1-17; 8:1, 3-5), 첫둘째, 일곱 나팔들(8:2, 6-21; 11:14-19), 그리고 일곱 대접들(15:1, 5 21)이다. 일곱이 완전을 의미하는 숫자이듯이, 어떤 의미에서 각각의 시리즈들은 불의한 세상에 대한 하나님의 심판을 완전하게 한다. 바꿔 말하자면 각 시리즈의 일곱 번째는 최종적인 심판 행위를 나타나는데 이로써 악이 분쇄되고 하나님 나라가 도래하게 된다. 그러나 이 세 시리즈들은 밀접하게 연관되어 있어서, 일곱 번째 인이 일곱 나팔들을 포함하고 있으며 일곱 나팔들은 일곱 대접들을 포함한다. 그래서 각각의 시리즈는 동일한 결과에 이르게 되지만, 그러나 시작 단계에서부터 마지막에 이르기까지 그 진행은 점진적으로 이루어진다. 이것이 심판의 세 시리즈가 점차적으로 혹독해지는 이유이다. 인을 떼는 심판들은 땅의 사분의 일(6:8), 나팔의 심판들은 땅의 삼분의 일(8:7-12; 9:18)을 멸망시키지만 대접의 심판들은 제한이 없다. 혹 악인들이 경고를 받아 회개할까 하여 완화되었던 심판들은(참조, 9:1-20) 최종적 징벌에 의해 마지막 시리즈로 이어진다(참조, 16:5-7). 물론 심판들에 대한 이러한 매우 도식적인 묘사는 그것들 각각의 신학적 의미를 서술하는 것으로 보아야 한다. 사건들이 문자 그대로 일어날 것을 예언하는 것으로 풀이될 수는 없다.

이 시점에서 우리에게 한 가지 흥미로운 것은 일련의 심판들이 4장의 신적 보좌 환상과 연결되고 있는 방식이다. 각 시리즈들은 신적 보좌로부터 발생되는 것으로 묘사되고 있다. 말을 탄 자들은 처음 네 개 인을 떼게 되는데, 이들을 불러낸 자는 살아 있는 네 생물들이다(6:1, 3, 5, 7). 일곱 나팔들은 천상에서 하나님 앞에 서 있는 일곱 천사들에 의해 불려진다(8:2, 6). '하나님의 진노가 종결되는' 마지막 일곱 재앙들(15:1)이 4장에서 그려진 신적 보좌의 처소로부터 발생하는 것으로 묘사되는 방식은 가장 정교하고 자세하다. 하늘의 성전이 열린다(15:5). 진노의 대접을 땅에 쏟을 천사들이 그곳으로부터 나온다(15:6). 그리고 생물들 중 하나가 그들에게 '세세에 계신 하나님의 진노를 가득히 담은 대접들' 을 건네준다(15:7). 이 마지막 문구는 4장 9-10절에서 하나님께서 묘사되고 있는 방법을 연상하게 한다(참조, 10:6도 보라). 그분만이 오직 영원하신 분이다: 악은 그의 심판 아래서 멸망해야 한다.

마지막으로 15장 8절에서는 ('하나님의 영광과 능력을 인하여 성전에 연기가 차게 되매 일곱 천사의 일곱 재앙이 마치기까지는 성전에 능히 들어갈 자가 없더라') 이사야 6장 4절('집에 연기가 충만한지라')이 반영되고 있다. 이것은 생물들의 찬양과 함께 4장에서 시작된 보좌에 계신 하나님에 대한 이사야의 환상이 암시하는 바를 완전히 마무리 짓는다 (4:8; '거룩하다 거룩하다 거룩하다 주 하나님 곧 전능하신 이여' 는 사 6:3을 반복하는 것이다). 심판의 마지막 시리즈에서 영광과 권능을 나타내시는 분은 바로 생물들이 끊임없이 찬양하고 있는 바 엄위하신 하나님이시다.

그러나 더욱 중요한 것은 4장 5a절과 심판의 세 시리즈 사이에 놓여진 문학적인 연계성이다. 4장 5a절('보좌로부터 번개와 음성과 뇌성이 나고')에서 요한은 에스겔의 신적 보좌 환상(겔 1:13)의 특징을 좀 더 발전시켜, 시내산에서 하나님의 자아 출현 때 나타난 뇌우 현상에 대한 인유(allusion)로 발전시켰다(출 19:16; 20:18). 그러므로 요한의 환상의 이러한 특징은 자신의 의로운 뜻에 복종할 것을 요구하신 시내산 언약에서의 거룩하신 하나님과 동일한 보좌에 앉아 계신 분을 드러내고 있다. 그런데 4장 5a절에서 사용된 형식문은 일곱번째 인을 떼는 순간(8:5)과 일곱번째 나팔이 울려퍼지는 순간(11:19), 그리고 일곱번 째 대접을 쏟는 순간(16:18-21)에 다음과 같이 반복되고 있다:

4:5: '번개와 음성과 뇌성'
8:5: '뇌성과 음성과 번개와 지진'

11:19: '번개와 음성들과 뇌성과 지진과 큰 우박'
16:18-21: '번개와 음성들과 뇌성이 있고 또 큰 지진이 있어 … 또 큰 우박이'

4장 5a절에서 이 형식문은 하나님의 거룩하심이 천상에서 현현되고 있음을 가리킨다. 다른 구절들에서 보여지는 이 형식문의 확장된 형태는 땅에 대한 심판이 이제 다가왔음을 가리킨다 (각각의 문맥이 이를 분명히 나타내고 있다). 악에 대한 심판에서 하나님의 거룩하심이 현현되고 있다. 이러한 방식으로 심판의 전체 과정은 4장 5절의 신적 현현 속에서 계시된 바로 그 신적 거룩함이 나타나는 과정으로 묘사되고 있다.

4장의 신적 보좌 환상과 심판의 세 시리즈 사이에 놓여진 이러한 모든 연결점들 중에서도 특히 주목할 만한 점은 하나님의 초월성이 보존되고 있다는 것과 신인동형적 묘사가 나오지 않는다는 것이다. 이것은 4장이 보여주고 있는 매우 괄목할 만한 특징이다. 하나님은 심판주로서 직접적으로 묘사되지 않는다. 하나님의 보좌를 섬기는 생물들(4:6)이 심판들을 명령하고 있으며(6:1, 3, 5, 7; 15:7) 천사들은 그 명령들을 수행한다. 하나님의 영광과 권능과 거룩함은 연기와 뇌우, 지진 속에서 현현되고 있으나—이런 것들은 신적 현현에 전통적으로 수반되는 것들인데—하나님 자신은 보이지도 들리지도 아니하신다. 요한이 일곱 번째 대접을 쏟을 때 심판의 완성을 선포하는 커다란 음성을 언급할 때조차도, 그는 일종의 간접적 방법을 사용한다. 초기 유대 문헌의 저자들은 이러한 방법을 사용함으로써 하나님 자신의 목소리에 대한 언급의 신인 동형적 표현들을 회피하려고 하였다. 그 목소리가 하나님의 것이라고 하지 않고 '보좌로부터' 나온다고 하였다(16:17). 그리하여 요한이 심판을 묘사하는 방식은 전횡적인 권세를 휘두르는 인간 독재자의 이미지로부터 가급적 거리를 두고 있다.

이러한 점은 우리가 다음과 같은 사실, 즉 요한의 목적은 하늘의 신적 주권과 땅 위의 인간 통치자가 지닌 절대적 권세를 비교하는 데 결코 놓여 있지 않다는 사실을 상기할 때에 매우 중요하다. 오히려 아주 정반대이다: 그의 목적은 이 양자를 적대시켜 놓는 것이다. 땅 위의 절대적 권세는 그 착상에 있어서 마귀로부터 영감받았으며 그 결과에 있어서는 파괴적이고, 궁극적인 충성을 요구하므로 우상숭배적이다. 비록 그것은 신적인 위상을 자칭하나 신적 주권과는 전혀 다른 것이다. 그러므로 만약 요한이 신적 주권을 묘사함에 있어서 땅위의 인간 통치자들이 주장하는 절대적 권세를 천상적 차원에서 투영하는 방식으로 묘사하고 있다고 보게 된다면 이것은 요한의 환상이 의도하는 바를 완전히 뒤엎는 격이 된다. 이러한 위험은 이미지에 있어서 일종의 '어포파티시즘'[9]을 통해 피할 수 있다. 이것을 사용함으로써 신인동형성의 위험을 제거함과 동시에 하나님의 주권의 탁월성을 제시할 수 있다. 그분의 심판은 참되고 정의롭다(16:7; 19:2; 참조, 15:3). 바꿔 말하면 그분의 심판은 곧 도덕적 진리이다. 그분은 유일하게 거룩하신 분으로서 주권자 되신다(15:4). 모든 가치의 기준점이 되시는 창조주로서, 그리고 자기 자신이 곧 진리요 의로움이신 그분에게 돌려져야 할 절대적 주권은 땅 위의 유한한 피조물들이 주장하는 바 절대적 주권과는 전혀 다르다. 이러한 차이점에 대해 요한보다 더 잘 인식한 성경의 저자는 없다.

---

9) Apophaticism(혹은 negative theology)이란, 부정하는 용어들(negative terms)을 사용하여 하나님을 모든 피조물적 존재로부터 철저하게 구분시키는 것을 말한다: 그는 피조물들이 아니다.(역자 주: 하나님에 관한 참지식을 획득하기 위한 일종의 접근법으로서 먼저 우리 안에 이미 형성되어져 있는 신에 대한 개념이나 결정들을 철저히 부정[negation] 시키는 방법을 Apophaticism이라 한다. 이를 통하여 철저한 무지로 빠지는 것을 막을 수 있다.)

신적인 주권과 초월성

초월적인 통치자이자 심판주로서 묘사된 하나님의 이미지는 최근의 많은 신학적 논의들에서 종종 가혹한 비평을 받는다. 여성 신학자들은 그러한 이미지에 반대해 왔을 뿐만 아니라 가부장적 우월주의에 대한 종교적인 투영으로 간주하여 맹렬히 혹평해왔다.[10] 우리가 특히 다음 두 장에서 살펴보게 되겠지만 이러한 이미지가 요한계시록이 갖고 있는 하나님에 대한 모든 이해를 말하는 것은 아니다. 이 이미지는 요한계시록의 하나님 이해에 있어서 단지 어떤 특별한 일면을 담당할 뿐이다. 따라서 요한계시록이 사용하고 있는 이러한 이미지에 대해 여성 신학자들이나 혹은 다른 현대의 신학자들이 가하고 있는 그같은 비판이 과연 정당한 것인지 반문해 보아야 할 것이다.

두 가지 유형의 비판이 숙고해 볼 가치가 있다. 첫째로, 하나님을 주권자로 묘사한 이미지들은 권력과 계급으로 이루어진 인간 사회의 권위주의적 구조들에 대한 종교적 재가로서 기능하고 있다는 비판이다. 물론 종종 그래온 것이 사실이다. 로마 제국이 크리스찬 황제의 통치 하에서 자연스럽게 기독교화 되었을 때에, 기독교는 요한계시록이 묘사했던 바 우상숭배적으로 자아 신격화된 로마의 국가 종교와 크게 다를 바 없는 종교로서 기능하게 되었는데 이것은 기독교 역사가 지닌 심각한 아이러니들 중 하나이다. 크리스챤 황제의 통치는 곧 하나님의 직접적인 통치를 상징하는 것으로 보여졌으며 이것은 다시, 하나님께서 황제에게 부여한 책임이라는 개념을 포함하는 동시에 절대 군주정치에 대해 종교적 정당성을 부여하기도 하였다. 그런데 이것은 요한계시록에서 신적 주권의 이미지가 기능하

10) 참조, D. Hampson, *Theology and Feminism* (Oxford: Blackwell, 1990), 151-3.

는 방식과는 정반대의 것이다. 요한계시록에서는 인간 독재권을 결코 합법화하지 않고 있으며 오히려 신적 통치가 인간 독재권을 철저히 비합법화 한다. 절대 권력은 그 의미를 정의해 볼 때 오직 하나님께만 속한 것이다. 그리고 정확히 말하자면 그것은 모든 인간 권세를 상대화시키는 하나님의 절대적 권세이다. 하나님의 주권 이미지는 17세기 잉글랜드에서 이와 다소 비슷하게 기능했는데, 거기서에서 근대 민주주의의 종교적 기원을 이루는데 한 부분을 담당하였다. 하나님께서 왕이시기 때문에 모든 남자들과 여자들은 똑같이 그의 군신들이라고 할 수 있었고 어느 누구도 자신을 왕으로 사칭하여 그의 동료들을 통치하지 못하였다.[11]

우리는 요한계시록이 '신인동형화'를 피하면서 어떻게 하나님의 주권의 절대성을 나타내고 있는가를 이미 살펴보았다. 사실상 주권에 대한 이미지는 인간들 사이의 관계에 대한 모델을 제공하기 위해 사용된 것이 아니라, 하나님과 그의 피조물 사이의 관계를 표현하기 위해 사용되고 있다는 점에서 독특하다. 물론 보좌에 대한 이미지는 인간 세계로부터 이끌어 낸 것이다. 그러나 이것은 신적 주권과 인간적 주권 사이의 유사점보다는 그 차이점을 강조하기 위해 사용되고 있다. 달리 말하자면 그것은 초월성을 표현하기 위해 사용되고 있다. 이런 종류의 이미지들에 대한 현대의 많은 비평들은 진정한 초월성을 이해하지 못하고 있는 듯하다. 보좌 이미지는 하나님과 세상의 관계가 반드시 피조물들간의 관계를 통해서만이 비유될 수 있을 것이라는 사실을 가정한다. 그리고 하나님에 관한 모든 이미지는 틀림없이 인간 행동에 대한 모델로서 기능하고 있을 것이라고 가정한다. 보좌 이미지는 하나님의 주권과 같은 초월성을 나타내

---

11) D. Nicholls, *Deity and Domination* (London and New York: Routledge, 1989), 236. (이 책은 19세기와 20세기의 종교적이고 정치적인 사상에 관련하여 이러한 쟁점을 탁월하게 다루었다.)

주는 이미지들에 매우 중요하다. 그런데 보좌의 이미지가 취하고 있는 초월성이 의미하는 바는 하나님이 어떤 초인간적 존재로서 다른 존재들 곁에 계신다는 사실이다. 물론 진정한 초월성은 하나님께서 모든 피조물적 존재들을 초월하여 계심을 의미한다. 모든 피조물적 존재들의 근원, 기반 그리고 목적으로서, 모든 유한한 존재들이 의지하고 있는 무한한 신비로서, 그분과 우리의 관계는 독특한 것이다. 우리는 그것을 오직 언어와 상징들을 사용함으로써 표현할 수 있는데, 즉 피조물적 재료들에 관한 언어와 상징들을 사용함으로써 그것들을 초월하여 있는 아주 절대적인 어떤 것을 가리키는 기묘한 방식으로써 표현할 수 있는 것이다.

우리는 초월성을 가리키는 하나님 - 언어가 필요하다는 사실을 고찰하였다. 따라서 이제 요한이 종교적 분위기를 자아내고 있는 언어를 매우 적절히 선택하여 성공적으로 초월성을 표현하고 있다는 사실을 알 수 있다. 신적인 이름에 대한 그의 독특한 해석들은—알파와 오메가, 이제도 계시고 전에도 계시고 장차 오실 이—모든 존재의 근원이자 목적으로서 그것에 밀접하게 관련되어 있음과 동시에 모든 무한한 존재를 앞서고 능가하는 이를 명명하기 위한 시도이다. 하나님에 관한 이러한 칭호들은 또한 주목할 만하게도 '비신인동형' 적이어서 세상과 하나님의 관계가 인간의 유비들을 초월하고 있음을 나타내고 있다. 보좌 이미지에 대해 이야기하자면, 요한이 그것을 사용하고 있는 방식은 초월성을 이끌어 낼 뿐만 아니라 매우 논쟁적으로 인간 권세의 신격화에 대항하고 있다.

결론적으로 말해서 요한의 환상은 독자로 하여금 유일한 창조주이시자 유일하게 거룩하신 분을 경배하도록 이끌면서 하나님의 초월성을 인지하도록 일깨우고 있다. 요한이 하늘의 환상 가운데 묘사하고 있는 참 예배를 통해서 우리 자신은 하나님의 초월적 신비 앞에서 유한한 존재임을 깨닫게 된다. 요한이 짐승의 예배를 통하여 묘사하고 있듯이 거짓 예배는 예배의 대상이 초월적 신비가 아닌 단지 유한한 어떤 존재를 신비화시킨 것이기 때문에 거짓된 것이다. 그러므로 신적인 초월성을 자아내는 요한계시록의 환상이 가지고 있는 능력은 참 예배와 우상숭배를, 그리고 참 하나님과 거짓 하나님을 구분하는 선지자적 목적과 불가분의 관계에 있다.

주권적인 통치자로서 하나님의 이미지에 관한 두번째 유형의 비평은 이러한 이미지는 하나님을 그의 피조 세계와 함께 계시고 그것에 관여하고 계신 분으로 나타내기보다는 세상으로부터 멀리 떨어져 계신 분으로 나타내고 있다는 것이다.[12] 그러나 초월성을 이런 식으로 이해하여 위와 같이 비평한다면 초월성에 대한 개념을 오해하고 있는 것이다. 초월성은 하나님과 유한한 피조물들 사이의 절대적 구분을 요구한다. 그러나 그것이 피조물들로부터 멀리 떨어져 있는 것을 의미하는 것은 결코 아니다. 초월적인 하나님께서는 다른 존재들과는 달리 유한한 존재가 아니시기 때문에 모든 만물에게 절대적으로 존재하실 수 있으며, 만물 자신들보다 만물들에 더 가깝게 계실 수 있다. 이 점은 요한계시록에 있어서 더욱 그러하다. 왜냐하면 요한계시록에서 하나님의 초월성이 그런 방식으로 강조되고 있으며 이 하나님께서 어떻게 새로운 창조물 안에서 인간들과 함께 거하실 수 있는지를 설명하고 있기 때문이다(21:3). 21장 3-4절에서의 표현대로 하나님의 함께 거하심은 4장의 환상에서 보여진 초월성 만큼이나 놀라운 것이다. 더욱이 새 예루살렘에서는 보좌 이미지조차도 자신의 백성에 가까이 계시는 하나님을 상징하게 된다(22:3-4; 참조, 7:15-17).

그러므로 우리는 요한의 환상이 현재와 종말론적 미래 사이의 차

---

12) 참조, S. McFague, *Models of God: Theology for an Ecological, Nuclear Age* (London: SCM Press, 1987), 63-9.

이점을 묘사하고 있다는 사실을 알게 된다. 보좌에 앉아 계신 이로서의 하나님은 현재 하늘에 계시며 천사적 중개자들을 통하여 땅 위에서 일하신다. 마침내 하나님께서 그의 백성에게 종말론적으로 오실 때에, 그리고 하늘로부터 새 예루살렘이 내려올 때에야 비로소 하나님께서는 그의 백성들과 함께 거하시게 될 것이다. 생물들의 노래와(4:8) 그것의 원형이 되는 구약의 본문 사이의 차이점을 고찰해 볼 때 하나님께서는 어떤 의미에서 현재 지상에 계시지 않는다는 느낌이 더욱 확실해진다. 이사야 6장 3절. 이사야서에서 스랍들은 '거룩하다 거룩하다 거룩하다 만군의 여호와여 그 영광이 온 땅에 충만하도다' 라고 노래한다. 요한의 환상에서는 마지막 절을 하나님의 칭호가 대신하고 있다. '전에도 계셨고 이제도 계시고 장차 오실 자라.' 우리는 4장이 하늘에서의 하나님의 통치를 아직 지상에 도래해야 할 것으로 묘사하고 있음을 기억한다. 하나님의 영광은 불의에 의해 지배되는 세상에 아직 나타나지 않고 있다. 그러나 이것은 또 다른 세계를 상정하고 있는 이원론이 아니다. 이러한 이원론은 또 다른 세계를 위해 이 세상을 거부한다. 요한의 환상은 이 세상에서 하냐님의 영광을 가리우고 있는 악을 있는 그대로 인식하고 있지만 또한 이 세상이 악으로부터 구원받아 하나님의 광채로 가득 채워질 것을 소망한다.

현재와 종말론적인 미래를 매우 단색적인 용어들로 묘사하는 것은 묵시적 전망에 있어서 본질적인 것이다. 의심할 것 없이 대부분의 현대 기독교인들은 인간의 불의로 가득찬 듯한 세상에서조차 하나님의 영광의 자취를 발견하기 원할 것이다. 그러나 요한계시록은 단번에 모든 것을 말할 수 없는 이미지들을 다루고 있다. 여기서 요점은 하나님의 세계 안에 하나님의 의가 부재하고 있는 것에 대한 압도적인 관심인데 이것은 요한이 유대 묵시 전통과 공유하고 있는 관심사이기도 하다. 짐승이 지배력을 쥐고 있는 동안에는 하나님께서 그의 영광 안에 현존해 계신다고 말할 수 없다. 짐승조차도 신적인 허락이 있어야만 권세를 쥐고 있을 수 있다는 것이 사실이지만(13:7) 그러나 하나님의 뜻이 모든 악을 평정할 때에야 비로소 그의 왕국은 지상에 도래했다고 말할 수 있다(11:15). 오직 그때에 그는 자신의 피조물과 함께 거하실 수 있게 될 것이다(21:3).

그러나 만약 보좌에 앉아 계신 이가 어떤 의미에서 이 세상으로부터 모습을 감추어 버릴 때 요한계시록은 이 세상에서의 하나님 현존을 현재적으로 악에 의해 지배되는 것으로서 묘사하고 있는 것이다. 우리가 다음의 두 장에서 보게 될 것이지만 어린양의 이미지는 세상 속에서의 하나님의 희생적인 고난을 나타낸다. 그리고 성령은 교회의 희생적인 진리 증거에 함께하시는 그의 현존을 나타낸다.

창조주 하나님

우리는 4장에서 묘사되고 있는 하나님의 주권에 대해 충분히 숙고해 보았다. 이와 동일하게 중요하고 또 밀접하게 연관되어 있는 것은 창조주 하나님께 대한 고백인데 이것은 이십 사 장로들의 찬양 속에 표현되어 있다:

> 우리 주 하나님이여
> 　영광과 존귀와 능력을 받으시는 것이 합당하오니
> 주께서 만물을 지으신지라
> 　만물이 주의 뜻대로 있었고 또 지으심을 받았나이다

이것은 창조주로서의 하나님에 대한 이해인데 이러한 이해는 유대교에 있어서 특징적이며 또 초대 기독교가 명백히 공유하고 있던 것이다. 한 분 하나님은 모든 만물을 존재하게 한 분으로 정의된다.

창조주로서 그분만이 만물에 대한 궁극적 권세를 가지신다. 창조주로서 그분으로부터 모든 피조물들의 존재가 기인하며 그분만이 경배를 받으실 수 있다. 요한계시록에서 4장이 스스로 설명하고 있듯이 유대 유일신론은 다수의 천상적 존재들에 대한 보편적 믿음에 의해 타협되지 않았다. 왜냐하면 여기서 장로들은 그들 자신이 명확히 피조물인 것과 그들의 존재가 하나님께로부터 기인했음을 고백하고 있기 때문이다. 신약시대에서 유대 유일신론은 창조의 교리와 예배 의식에 의해 명시되어졌다. 모든 만물의 창조주는 하나님 한 분이시며 그분만이 경배를 받으실 수 있을 것이다.

따라서 한 천사가 '영원한 복음'을 지상의 모든 백성들에게 선포하며 닥쳐올 마지막 심판을 위해 회개할 것을 촉구할 때 이 복음의 내용은 그분을 경배함으로써 그들의 창조주를 인정하라는 요청이다. '하나님을 두려워 하며 그에게 영광을 돌리라 이는 그의 심판하실 시간이 이르렀음이니 하늘과 땅과 바다와 물들의 근원을 만드신 이를 경배하라'(14:7). 온 땅이 짐승에게 드리고 있는(13:8) 경배는 진정 하나님께 드려져야 한다. 왜냐하면 짐승이 아닌 그분이야말로 모든 만물의 창조주이기 때문이다.

창조주로서의 하나님에 관한 이해는 유대교와 기독교 유일신론에 있어서 필수적인 것이었다. 뿐만 아니라 이것은 유대교와 기독교 종말론의 발전에 있어서도 역시 중요한 것이었다. 만약 하나님께서 모든 만물의 초월적인 근원이 아니시라면 그분은 미래에 있어서도 그의 피조물에 대한 새로운 가능성의 근원이 될 수 없을 것이다. 창조물은 그것 자체의 내재적 가능성들에만 영원히 제한되어 있지는 않다. 창조물은 그것을 만든 창조주의 새로운 창조 가능성에로 열려 있다. 이것은 부활의 소망이 가능했던 방식이다. 부활에 대한 유대인의 소망은 죽음을 극복하는 인간 본성의 생득적 능력에 대한 믿음에 기초하고 있지 않다 (비록 모종의 생존력은 종종 기대되었지만 말이다). 이것은 근본적으로 창조주 하나님을 신뢰하는 하나의 형태였는데, 즉 그분은 죽음으로 끝이 나는 생명을 주셨듯이 또한 죽은 자에게 다시 생명을 주실 수 있다고 믿는 것이다. 좀더 부연하자면 그는 새로운 생명을 주실 수 있다. 그 새로운 생명은 죽음의 위협을 영원히 넘어서 종말론적으로 새로워진 생명인 것이다. 인간의 생명은 그것의 근원에서 끊기어 죽음으로 끝나는 반면, 하나님께서는 자신의 영원한 생명에 연합되어서 그로 말미암아 그의 영원함을 공유할 수 있는 새로운 생명을 주실 수 있다.[13]

그러나 유대의 종말론적 소망은 단지 개인의 부활에서 그치지 않았다. 그것은 하나님의 전체 피조 세계의 미래에 관한 소망이었다. 그것은 새 창조에 관한 소망이었다(참조, 에녹 1서 72:1; 91:16; 바룩 2서 44:12; 제2 필로[*LAB*] 3:10; 벧후 3:13, 이 모든 것들은 사 65:17; 66:22에 의해 영감되었다). 이것은 이 창조 세계가 다른 세계에 의해 대체되는 것을 의미하지 않는데, 이것에 관한 다른 병행 구절들은 창조 세계의 새롭게 함에 대해 언급하고 있음을 우리는 볼 수 있다(희년서 1:29; 바룩 2서 32:6; 에즈라 4서[4 Ezra] 7:75; 참조, 에녹 1서 45:5). 요한계시록 21장 1절은 이사야서의 말씀을 직접적으로 반복하고 있는데(43:18-19; 65:17), 언뜻 보기에 이것은 다른 구절들과 마찬가지로 이 세상이 완전히 다른 세계에 의해 대체될 것임을 암시하는 것처럼 생각되어 질 수 있다:

> 또 내가 새 하늘과 새 땅을 보니; 처음 하늘과 처음 땅이 없어졌고 …

여기서 '처음'과 '새'라는 단어들는 거의 기술적으로 쓰여진 묵시

13) 이것에 관하여는 다음을 참조하라. R. Bauckham, 'God Who Raises the Dead: The Resurrection of Jesus in Relation to Early Christian Faith in God', in P. Avis, ed., *The Resurrection of Jesus Christ* (Edinburgh: T.&T. Clark).

적 언급으로써 소멸해가는 현시대의 창조 세계와 종말론적인 새 세계, 즉 다가올 영원한 시대가 가져올 질적으로 완전히 다른 삶과의 차이점을 나타내고 있다. 우주적 차원에서 볼 때 그 불연속성은 인간 신체의 경우에 있어서의 불연속성, 즉 이 죽을 육신의 생명과 종말론적으로 새로워진 부활의 생명 사이의 불연속성과 유사하다. 첫 번 째 창조 세계는 그 속성상 퇴보하여 없어지고 만다. 그것은 하나님의 새로운 창조 행위, 즉 문자 그대로 완전히 새로운 존재 형태, 다시 말하면 모든 악과 파괴의 위협을 벗어나서 그분 자신의 영광이 거주하고 또 그분 자신의 영원에 참여하는 존재 형태를 필요로 한다. 21장 4절이 명시하듯이 '처음 것들'은 '다 지나갔다'고 요한계시록이 말할 때에 이것은 인간의 고통과 사망도 끝이 남을 의미한다. '처음 하늘과 처음 땅' 그리고 그것에 대조되는 '새 하늘과 새 땅'이 의미하는 바는 또 다른 것에 의한 대체가 아니라 이 세상이 종말론적으로 새롭게 되는 것이다. 이것은 다음과 같은 관찰을 통하여 더욱 확증된다. 즉 유대교와 기독교 저자들은 홍수로 멸망한 땅과 홍수 후에 나타난 새로운 세계에 관해 상당히 비슷하게 말할 수 있었는데(참조, 벧후 3:6) 이것은 홍수를 처음 창조될 때의 상태인 혼돈에로의 반전으로서 이해하였기 때문이다. 홍수 내러티브와의 관련성에 대해선 잠시 후에 다시 다루도록 하겠다.

21장 5절에서는 1장 8절 이후 처음으로 그리고 유일하게 보좌에 앉아계신 이가 직접적으로 말씀하신다. 그분은 엄숙하게 '보라 내가 만물을 새롭게 하노라'라고 선포하신다. 이사야 65장 17절(참조, 43:19)을 반복하고 있는 이 말씀의 핵심적인 중요성은 요한에게 계속 이어지는 하나님의 말씀, 즉 이 말씀을 기록하라는 하나님의 직접적인 명령에 의해 강조된다. 이 말씀(역자 주: 21:5)은 4장 11절에 상응한다. '주께서 만물을 지으신지라.' 종말론적인 새로운 시작이 갖는 보편성은, 곧 하나님 고유의 창조 행위로부터 모든 것들이 파생되어 나오는 것을 의미한다. 창조와 새 창조 사이의 이러한 연관성은 요한의 신학적 지평이 우주적인 범위를 포함함을 강조한다. 인간 세계에 관한 그의 주된 관심사는 이 우주적인 범위 안에서 놓여지고 있는 것이다.

창조에 관한 성경적 이해는 모든 유한한 실체가 오직 창조주 하나님에 의해서만 존재한다는 개념인데, 주권 이미지에 대해 비평적인 현대신학의 경향 속에서 이러한 개념은 의심을 받아왔다.[14] 부분적으로 이것은 피조물과 창조주 사이에 놓여 있는 전적인 불균형적 관계에 대한 혐오를 나타낸다. 즉 피조물이 창조주의 뜻에 절대적으로 의존하고 있는 것에 대한 혐오이며 그것은 피조물과 하나님 사이의 어떤 상호의존 관계를 선호함에서 주어진 것이다.

그러나 요한계시록의 신학은 우리로 하여금 그러한 경향들이 귀결하는 두 가지 피할 수 없는 결과들을 깨닫도록 도울 것이다. 첫째로, 이러한 경향들은 하나님의 유일성이라는 종교적인 이해의 뿌리들 중 하나를 거부하고 있다: 피조물의 모든 상호 의존 너머에 만물이 그 존재함의 근거를 두고 있는 유일한 분이 존재하고 있다는 의식. 이 의식은 유일신론적인 예배와 따로 떼어놓을 수 없는 것이다. 이 의식 안에서 예배는 곧 창조주의 궁극성과 절대성에 대한 고백이 되며 그러므로 다른 유한한 존재들에게 예배가 드려지지 않게 된다. 왜냐하면 다른 존재들은 결국 한 분 창조주가 창조하신 동등한 피조물들이기 때문이다(참조, 계 19:9-10; 22:8-9). 그러한 의식과 예배(4:11에 표현되어 있는)는 결코 피조물들 스스로의 상대적인 독립성과 창조성을 부인하거나 감소시키지 않으며 또한 하나님과 피조물 사이의 진정한 상호의존적 관계를 부인하거나 감소시

---

14) 참조 D. Hampson, *Theology and Feminism* (Oxford: Blackwell, 1990), 131-2; S. McFague, *Models of God: Theology for an Ecological, Nuclear Age* (London: SCM Press, 1987), 109-10.

키지도 않는다. 단지 이것들 (독립성과 창조성, 진정한 상호의존적 관계: 역자 주)도 역시 창조주에 의해 주어졌음을 깨닫게 한다.

둘째로, 창조주의 진정한 초월성을 감소시키는 것은 곧 그분의 종말론적인 새 창조에로의 가능성을 감소시키는 것이다. 모든 만물의 초월적인 기원이 아니라, 우주 자체에 내재하는 창조적 가능성을 말하는 방법으로써의 신은 피조물의 미래에 대한 궁극적 소망의 근거가 될 수 없다. 창조주 하나님에 대한 믿음이 약해지면 새 창조는 말할 것도 없고, 불가피하게 부활에 대한 소망도 약해지게 된다. 왜냐하면 오메가가 되실 알파이신 분이 바로 그 하나님이시기 때문이다.

피조물에 대한 창조주의 신실함

요한계시록의 종말론적 소망은 실제로 창조주로서의 하나님에 대한 이해 뿐만이 아니라 자신의 피조물을 향한 창조주에 대한 믿음에 그 기초를 둔다. 만약 창조주로서의 하나님께 대한 믿음이 새 창조의 가능성을 초래한다면 새 창조에 대한 소망을 주는 것은 자신의 피조물을 향한 그분의 신실함에 대한 신뢰이다. 자신의 피조물을 향한 창조주의 이러한 신실함은 창세기 홍수 내러티브의 신학적 주제이며 그것은 노아 언약 (보통 소위 노아 언약이라고 하지만 실제로 창세기에 의하면 하나님께서는 노아뿐 아니라 모든 피조물과 더불어 언약을 세우셨다) 속에서 표현되었다. 요한계시록 4장 3절에는 아마도 노아 언약에 대한 암시가 있는 듯하다. 보좌를 두르고 있는 무지개는 분명히 에스겔의 신적 보좌 환상에서도 나타났는데 거기에서 보좌 위에 있는 광채의 모양은 무지개 같다고 기록하고 있다(겔 1:28). 그런데 요한은 에스겔 환상에 등장하는 번개에서 시내산 신적 현현의 암시를 발견했던 것처럼(겔 1:13; 계 4:5) 에스겔의 환상(역자 주: 겔 1:28)에서 노아 언약의 상징인 무지개에 대한 암시를 보았던 것 같다. 그러므로 에스겔이 신적인 광채를 '무지개 같으니'라고 묘사한 반면에 요한은 보좌 주변에서 '그 모양이 녹보석 같은 무지개'를 보고 있다. 그것이 하나님께서 세상과의 언약의 증거로 삼아 홍수 후에 하늘에 놓으신 무지개가 되었던 것처럼(창 9:13-17), 그 무지개는 직유로부터 실체로 옮겨간 것이다.

요한계시록 11장 18절에 나오는 창세기의 홍수 이야기에 관한 의미심장한 암시를 주목해 본다면 자신의 피조물을 향한 창조주의 신실함이 요한계시록에서 어느 정도로 중요한 주제가 되고 있는지를 알 수 있다. 종말은—심판과 하나님 나라의 공식적 개시—무엇보다도 '땅을 망하게 하는 자들을 멸망시키실 때'로 일컬어지고 있다. 이것은 종말론적인 jus talionis(역자 주: 죄를 범한 그대로—눈에는 눈으로 이에는 이로— 범죄자에게 가하는 형벌)의 한 예로서, 말하자면 하나님의 종말론적인 심판인데 여기서 심판의 내용은 문자 그대로 죄의 내용에 해당한다(참조, 다른 예를 보면 16:6; 18:6; 22:18-19). 이것은 하나님의 심판의 절대적인 공의를 나타내는 문학적인 표현 방식이다. 징벌은 죄에 필적한다. 이 경우 헬라어 동사(διαφθείρω)를 사용함으로써 문자적인 일치가 성립되는데 그것은 멸망을 가져온다는 의미에서 '파괴하다' 혹은 악의 부패라는 의미에서 '황폐화시키다를 모두 의미할 수 있다.[15] '땅을 망하게 하는 자들'은 악의 권세들이다: 용, 짐승, 바벨론의 음녀(19:2에서는 '음행으로 땅을 더럽게—혹은 파괴—하였다'고 말해진다). 그들은 폭력과 압제와 우상숭배적인 종교로써 하나님의 피조 세계를 황폐하게

---

15) 참조, 종말론적인 *jus talionis*를 말하고 있는 그 밖의 문장에서 이와 비슷한 용법으로 쓰인 *φθείρω*로는 고전 3:17을 보라.

하고 있다. 자신의 피조물을 향한 그분의 신실함은 악의 권세들을 파괴함으로써 그의 피조 세계를 악으로부터 구원할 것을 요구한다.

그러나 이 구절은—'땅을 망하게 하는 자들을 멸망시키실'—또한 창세기 6장 11-13, 17절의 언어 유희를 연상케 하는데 거기서 히브리어 동사 솨하트(שָׁחַת)는 동일한 이중 의미를 가진다. 거기에서 하나님께서는 악한 방법으로 땅을 더럽히는 자들을 땅과 함께 멸절하시기로 결정하신다. 그분은 이것을 홍수로써 행하셨는데 그것은 곧 땅의 거주자들의 파괴적인 폭력으로부터 하나님의 피조 세계를 구원하기 위해 목적된 신적인 심판이었다.

노아 홍수와 요한계시록 11장 18절이 언급하고 있는 종말론적 심판과의 이러한 병행은 언뜻 보기에 노아 언약에 대한 하나님의 신실함을 나타내기보다는 오히려 모순적인 모습을 보이고 있는 듯하다. 노아 언약에 있어서 하나님께서는 '다시는 모든 생물을 홍수로 멸하지 아니할 것이라'고 약속하셨다(창 9:11). 그러나 우리는 땅이 홍수로 인해 멸망했던 방식을 기억해야 한다. 홍수의 물은 혼돈 가운데 있던 태초의 물로서 혹은 깊음의 샘들에서 나온 물로서 이해되고 있는데(창 1:2; 7:11) 하나님께서는 창조시 그 물들을 없애지 않으시고 물과 물로 나뉘어 있게 하셨다(창 1:6-7). 이 물들은 창조를 무효화시키는 '무'(nothingness)의 힘을 상징한다. 이것은 피조된 우주를 다시 혼돈 상태로 복귀시킬 수 있는 힘으로써 위협하고 있는 파괴적인 잠재력이다. 홍수 내러티브에서 하나님은 이 세상의 홍수에 깊음의 샘들에 있던 물을 허락하심으로써 다시 혼돈 가운데로 복귀시킨 분으로 보여지고 있다 (참조, 에녹 1서 83:4).

이 혼돈의 물들은 곧 바다인데 이로부터 짐승이 그의 파괴적인 폭력성을 가지고 나타난다(계 13:1; 참조, 단 7:2-3). 재림 때 그 짐승은 제거되지만(19:20) 악의 잠재력은 아직 남아 있다. 마귀, 사망과 음부—땅을 망하게 하는 최후의 세력들—가 멸망당한 후에

(20:10, 14) 새 창조는 그것을 종말론적으로 새롭게 하는 한 가지 중요한 특징에 의해서 표현된다. '바다도 다시 있지 않더라'(21:1). 파괴적인 악의 근원 곧 창조가 혼돈으로 복귀될 가능성을 의미하는 태초에 깊음의 샘들에 있던 물들은 더 이상 존재하지 않게 되었다. 옛 창조에 대한 심판과 새로운 새 창조의 시작은 두 번째 홍수가 아닌, 또 다른 홍수의 위협에 대한 최종적인 제거이다. 새로운 창조를 통하여 하나님께서는 그의 창조 세계를 모든 악의 파괴적인 위협으로부터 영원히 안전하게 하셨다.

이러한 방식으로 요한계시록은 하나님을 노아 언약에 신실하신 분일 뿐만 아니라 실제로 피조물에 대한 그분의 신실하심에 있어서 그 노아 언약을 훨씬 능가하시는 분으로 묘사하고 있다: 먼저는 땅을 망하게 하는 자들을 멸하심으로, 마지막으로는 악의 위협으로부터 피조 세계를 완전히 구원하심으로 그러하다. 그리고 나서야 비로서 피조 세계는 그분께서 신적인 영광의 광채로 거주하시는 집이 된다(21:3, 22, 23).

제3장 보좌 위 어린양

기독교 교의학은 전통적으로 '그리스도의 인격'과 '그리스도의 사역'을 두 개의 교리적인 주제들로 나누어 구분해왔다. 물론 이 두 주제는 서로 밀접하게 연관되어 있지만 우리는 이 구분을 통하여 3장에서 요한계시록이 예수 그리스도를 하나님과 동일시하고 있음을 연구하게 될 것이다. 그리고 다음 장에서는 땅 위에 하나님의 왕국을 세워나가는 예수 그리스도의 사역에 관해 요한계시록이 이해하고 있는 바를 살펴보게 될 것이다.

처음과 나중

요한의 환상은 그리스도의 현현으로 시작한다. 부활하신 그리스도께서 영광스러운 천상적 존재로서 나타나셔서(1:12-16) 자신이 누구인가를 다음과 같이 선포하신다.

> 나는 처음이요 나중이니 곧 산자라 내가 전에 죽었었노라 볼지어다 이제 세세토록 살아 있어; 사망과 음부의 열쇠를 가졌노니(1:17-18).

지난 장에서 우리는 '나는 처음이요 나중이니' 라는 자기 선포에 대해 살펴보았는데 이는 '나는 알파와 오메가라'(1:8)라는 신적 자기 선포에 상응하는 것이다. 요한계시록 전체에 있어서 하나님에 의한 그리고 그리스도에 의한 자기 선포는 다음의 두 가지 패턴을 취하고 있다:

> 하나님: 나는 알파와 오메가라(1:8)
> 그리스도: 나는 처음이요 나중이니(1:17)
> 하나님: 나는 알파와 오메가요 처음과 나중이라(21:6)
> 그리스도: 나는 알파와 오메가요 처음과 나중이요 시작과 끝이라 (22:13)

이 패턴에 대해 자세히 연구하면 요한계시록이 예수 그리스도와 하나님을 놀라울 정도로 동일시하고 있음을 발견하게 된다.

우리가 본 대로 이 두 이름 '알파와 오메가' 와 '시작과 끝' 은 하나님을 이 세상과 관련하여 영원하신 분으로 지칭하고 있다. 그분은 만물의 창조주로서 모든 것들에 우선하시며 그 기원이 되신다. 그리고 그분은 모든 것들을 종말론적인 성취로 이끄실 것이다. 그 이름들이 22장 13절에서 그리스도에 의해 쓰이고 있을 때에도 그 의미하는 바는 동일하다. 비록 1장 8절과 17절에 나타나 있는 두 개의 서로 다른 자기 선포들을 볼 때에 언뜻 하나님과 그리스도는 어떤 면에서 구분되고 있는 듯 보이지만, 22장 13절에서 그리스도에 의해서만 사용되고 있는 이름('처음과 나중')은 지금까지 하나님에 의해서만 사용되던 이름들 사이에 놓임으로써 이 세 이름들을 동등한 것으로 다루어 의도적으로 배열하고 있는 것으로 보인다. 더욱이 요한계시록의 다른 이름이 가지고 있는 동일한 의미로 '처음과 나중'이라는 이름은 이사야 40-66장(사 44:6; 48:12)의 신적 자기 선포에서 나타나고 있다. 그러므로 만약 분명하게 이 이름이 요한계시록의 나머지 두 이름들과 다른 어떤 것을 의미한다면 그것은 매우 어색한 것이 된다.

그러나 그 이름의 의미가 다른 것이라고 가끔 주장되어 왔다. 일곱 교회들과 그리스도의 관계를 다루고 있는 요한의 환상 시작 부분에서 그 이름이 나오게 된 전후 문맥과, 1장 17-18절에서 언급되고 있는 부활과의 관련성, 그리고 2장 8절에서 반복되고 있는 관련성을 볼 때에 그 이름이 언급하고 있는 것은 모든 창조 세계에 관련하여 처음과 나중이 되신 그리스도가 아니라 교회에 관련하여 처음과 나중이 되신 그리스도임을 암시하고 있는 것일 수 있다. '죽은 자들 가운데서 먼저 나신 자'(1:5)로서 부활하신 그리스도는 교회의 기원이시며 또한 그의 재림의 날에 교회를 그의 성취 가운데로 이끄실 것이다.

그러나 그것이 1장 17-18절에 대한 유일한 해석은 아니다. 그 선포는 그리스도가 하나님의 영원한 존재에 참여하셨음과 모든 만물의 기원과 목적이 되심('나는 처음이요 나중이니')을 단언함으로써 시작하고 있으며 그리고 나서, 그가 "산 자"(1:18)로서 하나님의 영원한 생기를 공유하는 특별한 —사실 엄청난— 방식을 단언함으로써 그 선포는 계속되어진다. 반면 하나님에 관해서는 '이제도 있고 전에도 있었고 장차 올 자'(1:8) 혹은 '세세토록 사시는 이'(4:9, 10; 10:6; 15:7)라고 말해지고 있는 한편, 그리스도는 다음과 같이 말씀하신다. '곧 산 자라 내가 전에 죽었었노라 볼지어다 이제 세세토록 살아 있어'(1:18). 그의 영원한 생기는 죽음의 경험에 의해 잠시 중단되었으나 사망을 이기심으로써 하나님의 영원한 생명을 공유하시게 되었다. 그러므로 역시 1장 8절의 신적 자기 선포가 신적 주되심을 진술하여 만물에 대한 그의 권세를 나타내고 있다면 이에 어울리는 1장 18절은 그리스도가 신적 주권에 참여함을 진술함으로써 죽음과 부활을 통해 얻으신 사망과 음부에 대한 그의 권세를 나타내고 있는 것이다. '사망과 음부의 권세를 가졌노니.'

'처음과 나중'이 이사야 40-66장에 기원을 두고 있다는 점과 그것이 22장 13절에서 사용된 방식을 살펴볼 때 1장 17-18절에 대한 위와 같은 해석은 적절한 것이 된다. 교회들을 향하여 메시지를 전하고 있는 문맥에서 그리스도가 하나님의 만물 창조 사역에 참여하셨음을 언급하는 것이 어색하지 않다는 사실은 3장 14절을 보아 더욱 분명해진다. 이 구절에서 라오디게아 교회를 향한 메시지의 시작 부분은 그리스도를 다음과 같이 칭하고 있다. '하나님의 창조의 근본(ἀρχή)이신 이.' 이것은 그리스도가 첫 번째 피조물이라든가 혹은 부활에 있어서 하나님의 새 창조 사역의 시작임을 의미하지 않는다. 그것은 분명 하나님(21:6)과 그리스도(22:13) 모두에 의해 사용되고 있는 이름인 '시작(ἀρχή)과 끝'과 동일한 의미임에 틀림 없다. 그리스도께서는 만물의 근원으로서 그것들에 우선하신다. 창조 사역에 있어서 그리스도가 가지는 이러한 역할에 대한 믿음은 요한계시록 뿐만 아니라 바울 서신(고전 8:6; 골 1:15-17), 히브리서(1:2), 그리고 요한복음(1:1-3)에서도 동일하게 나타나고 있다.

이러한 믿음은 세상을 창조하신 하나님의 지혜 혹은 말씀을 그리스도와 동일시 여김으로써 발생된 것이며 이러한 동일시 여김은 요한계시록 이외의 다른 구절들에서 그리스도의 창조시 역할을 언

---

1) 참조, J. D. G. Dunn, *Christology in the Making* (London: SCM Press, 1980), chapter Ⅵ-Ⅶ; J. F. Balchin, 'Paul, Wisdom and Christ,' in H. H. Rowdon, ed., *Christ the Lord: Studies in Christology presented to Donald Guthrie* (Leicester: Inter-Varsity Press, 1982), 204-19.

급히는 방식 가운데 분명히 확인될 수 있다.[1] 이러한 신앙과 함께 요한계시록에서 하나님의 종말론적 오심과 고대하던 예수 그리스도의 재림을 동일시하는 믿음은 초대교회의 기독론 발전에 있어서 아주 초기 단계에 형성되었다. 이들 두 신앙의 발전은 결과적으로 그리스도를 하나님의 만물 창조 사역과 만물에 대한 종말론적 성취 사역 모두에 있어서 신적인 행위자로 보게 끔한다. 그러므로 그리스도는 '알파와 오메가, 처음과 나중, 시작과 끝'이 되신다. 예수 그리스도가 하나님의 영원한 존재하심의 충만함 가운데 속했다고 명확하게 진술하는 곳은 요한계시록 이외에 신약 어디에도 없다.

이와 같은 사실은 하나님과 그리스도에 의한 자기 칭호로서 이들 세 이름이 사용되고 있는 네 구절들(1:8, 17; 21:6; 22:13)의 패턴을 자세히 살펴볼 때 더욱 확실하다. 요한계시록의 구조에 있어서 요한의 환상(1:9-22:9)은 서언(1:1-8)과 끝맺음 말(22:6-21: 환상의 끝과 끝맺음 말의 시작이 겹쳐이기 때문에 22:6-9은 환상의 끝이면서 동시에 끝맺음 말의 시작이다)로 그 테두리가 짜여진다. 서언과 끝맺음 말 사이에 서로 일치되는 다양한 문학적 표현들이 있다. 그 중의 하나는 서언의 마지막(1:8)에 나오는 신적 자기 칭호가 끝맺음 말의 시작 부분(22:13) 쯤에서 그리스도에 의한 자기 칭호와 일치한다는 것이다. 이들 두 구절들은 각각 재림의 언급(1:7; '볼지어다 구름을 타고 오시리라 …'; 22:12; '보라, 내가 속히 오리니 …') 뒤에 나오고 있다는 점에서 더욱 일치하고 있다. 만약 1장 8절과 22장 13절이 이런 방식으로 일치하고 있다면, 환상의 시작과 끝부분에 각각 위치하고 있는 1장 17절과 21장 6절도 또한 (이런 방식으로) 일치하고 있어서 이들 네 구절들은 교차대조법적인 배열을 형성하게 된다(A-B-B^1-A^1).

더욱이 1장 17절과 21장 6절 사이에는 어떤 주제적인 유사성이 있게 되는 데 양자의 경우에 있어서 자신을 '처음과 나중' 혹은

'알파와 오메가'라고 선포하는 자는 역시 자신을 종말론적 새로운 생명의 근원으로서도 선포하고 있다: 그리스도는 부활을 통해 그러하다고 선포하고 있으며(1:18) 하나님께서는 만물에 대한 새 창조와 생명수 샘물을 주심으로 그러하시다고 선포하고 있다(21:1-6).

교차법적 패턴은 다음과 같이 펼쳐 놓을 수 있다:

A	B	B[1]	A[1]
1:8	1:17	21:6	22:13
서언의 끝부분	환상의 시작 부분	환상의 끝 부분	끝맺음 말의 시작 부분
하나님	그리스도	하나님	그리스도
알파와 오메가		알파와 오메가	알파와 오메가
	처음과 나중		처음과 나중
		시작과 끝	시작과 끝
재림과 관련하여 (1:7)	새생명과 관련하여 (1:18)	새생명과 관련하여 (21:5-6)	재림과 관련하여 (22:12)

이러한 패턴은 그 이름들이 스스로 나타내고 있듯이 그리스도를 하나님과 동일시하도록 강조한다. 이것은 또한 우리가 기대하는 대로, 이 이름들이 갖고 있는 종말론적인 참된 의미가 어떻게 요한에게 매우 비중있는 관심사가 되고 있는가를 보여주고 있다. 만물의 시작이신 하나님께서 역시 만물의 끝이 되실 수 있는 것은 그리스도의 재림을 통해서이다. 그리스도께서 부활하셨을 때 들어가신 종말론적 생명은 곧 모든 구속받은 피조물들이 하나님의 새 창조 안에서 공유하게 될 생명인 것이다. 그러나 만약 하나님과 그리스도에 의해 사용되고 있는 그러한 이름들의 종말론적인 측면이 요한의 주된 관심사라면, 기원적인 측면 역시 기독론적으로 중요하다. 이 기원적 측면은 그리스도를 하나님과 동일시함이 양자(養子) 기독론에 의한 결과가 아님을 보여주고 있다. 양자 기독론에 따르면 예수는 단

지 인간에 불과했으나 그의 부활로 인해 신적인 위상에까지 승귀되었다고 주장된다. 부활과 마찬가지로 중요한 것은 하나님의 주되심에 참여하시는 그리스도이다(참조, 2:28; 3:21). 그리스도가 하나님과 공유하고 있는 이들 이름들은 그가 창조 이전부터 하나님의 영원한 존재하심에 동참했음을 시사해 준다.

이사야 40-66장에서 '처음과 마지막'이란 이름은 이사야 메시지의 특징인 배타적 유일신론과도 밀접하게 연관된다. 야훼는 다음과 같이 선포하신다. '나는 처음이요 마지막이라; 나 외에 다른 신이 없느니라'(사 44:6). 그러므로 이 이름을 가지고 그리스도가 요한계시록 1장 17절에서 그의 정체성을 선포하고 있다는 사실은 더욱 주목할만 하다. 그것은 그리스도를 두 번째 신으로 지칭하고 있지 않고 오히려 만물의 유일한 근원이고 목적이 되신 이스라엘의 한 분 하나님의 영원한 존재하심 속에 포함시킨다. 우리는 요한이 예수를 한 분 하나님의 신격에 포함시키고 있는 한편 역시 조심스럽게 다른 방식을 통하여 유대 유일신론적 신앙을 보호하고 있음을 보게 될 것이다.

예수께 드려지는 예배

우리는 요한계시록에 있어서 예배가 얼마나 중요한 의미를 지니고 있는가를 지난 장에서 살펴보았다. 요한계시록 안에서 예배는 매우 정교한 신학적 의미를 갖고 있다. 유대 유일신론에 있어서 그것은 만물의 창조주이시며 경배를 받으셔야 할 하나님과 경배를 받을 수 없는 피조물 사이를 구분짓는다. 이러한 구분은 종교적인 예배 의식 안에서 생기기 때문에 예배는 하나님의 단일성에 관한 사색적인 숙고라기보다는 유대교와 초기 기독교 유일신론의 참된 의미를 나타내는 중요한 지표가 된다. 현대의 어떤 저자들은 예배 안에서 표현되어지는 것이 신학적으로 진지하게 다루어질 수 없다고 가정하는데 이러한 경향은 적어도 이 문맥에서는 거부되어져야 한다. 이 문맥에서 한 분 하나님께 제한된 예배와 또 그 예배와 밀접하게 연결되어 있는 창조의 교리는 정확히 유대교와 초기 기독교 저자들이 그들의 유일신론을 이교적 우상숭배로 대치시키는 데 있어서 강조했던 점들이다.

요한계시록에 있어서 예배는 논쟁적 의미를 가지고 있음이 분명하다. 다시 말해서 요한계시록은 로마 제국의 악의 뿌리가 단순한 인간 권세에게 드려지는 우상숭배적 예배에 놓여져 있음을 보고 있으며 짐승을 예배하는 자들과 한 분이신 참 하나님을 예배하는 자들 사이에 놓여진 갈등을 잘 나타내주고 있다. 유일신론적 예배의 문제에 관한 한 요한의 높은 관심은 요한계시록 마지막 장의 어느 한 사건에서 더욱 잘 나타나고 있다. 거기에서 두 번의 중요한 광경이 나오고 있는데 요한은 이 때 그에게 계시를 전달해 준 천사 앞에 엎드리고 있다.[2] 그 천사는 자신이 하나님의 종들 중 하나에 불과함을 확언하면서 요한에게 하나님을 예배하도록 안내한다(19:10; 22:8-9). 이들 구절들은 그 밖의 다른 묵시 문헌에서 발견되는 전통적 모티브를 사용한다.[3] 묵시를 보는 자들이 접하게 된 천사의 천상적 영광과 초자연적 권위라 할지라도 경배로서 반응할 것을 무리하게 이끌어 내지 않는다. 오히려 유일신론적 예배가 드려져야 함

2) 이것과 그 다음에 나오는 세 개의 문단에 관한 논의는 다음을 참조하라. R. Bauckham, 'The Worship of Jesus in Apocalyptic Christianity,' *NTS* 27 (1980-1), 322-41; revised version: chapter 4('The Worship of Jesus'), in Bauckham, *The Climax of Prophecy*.

3) 스바냐의 묵시록 6:11-15; 이사야의 승천서 7:21-2; 8:5; 바울의 묵시록(*Coptic ending*); 참조 도빗의 책 12:16-22; 요셉과 아세나(*Jos. As.*) 15:12; 제2 마태복음 3:3; 야곱의 사다리 3:3-5; 에녹 3서 16:2-5).

이 강하게 제시되며 이 때에는 가장 존귀한 천상적 존재라 할지라도 자신에게 드려지는 경배를 거절하고 오직 하나님만이 경배를 받아야 함을 주장한다. 요한계시록의 본 구절들에 있어서 요점은, 요한에게 환상을 보여주고 있는 천사는 계시의 원천이 아니라 단지 그것을 요한에게 전달해 주는 도구에 불과하다는 것이다. 그러나 예수는 계시의 원천으로서 제시되고 있다(22:16). 이것이 함축하는 바는 예수가 천사의 경우처럼 유일신론적인 경배로부터 제외되지 않으며 오히려 그러한 예배의 대상에 동등하게 포함되고 있다는 것이다. 이러한 암시는 예수께 명백하게 드려지는 예배가 요한계시록의 다른 곳에서도 나타나고 있음을 볼 때 더욱 확실해진다.

요한계시록에서 유일신론적인 예배의 문제는 너무도 분명하기 때문에 예수께 드려지는 예배가 이 문제와 별 상관없이 나타난다는 것은 있을 수 없다. 오히려 예수께 대한 예배는 유일신론적인 예배에 의해 분명하게 밝혀지는 한 분 하나님의 존재에 예수를 포함시킬 것을 지시해 주는 것으로서 이해되어져야 한다. 4-5장의 천상적 예배 장면에서 이 논점은 더욱 분명해진다. 우리는 지난 장에서 4장의 천상적 방백들에 의해 하나님께 드려지는 예배가 만물의 창조주로서의 하나님에 관한 지식(4:11)과 어떻게 연관되고 있는지 살펴보았다. 5장에서 죽음과 부활을 통해 승리하시고 신적 보좌에 서 계신 것으로 보여지는 어린양 그리스도는(아마도 5:6의 의미가 그러할 것이다. 참조, 7:17) 지금 천상적 예배의 무리들 중앙에 서시게 되었고 생물들과 장로들의 경배를 받으시는 것으로 나타난다(5:8). 그리고 나서 예배의 무리가 이루고 있는 원은 더 확대되어 무수한 천사들이 생물들과 장로들에 합류함으로써(5:12) 하나님께 드려진 예배와 똑같은 모습을 형성하고 있다(4:11). 하나님과 어린양 모두에게 돌려지는 찬미(5:13)에서는 마침내 그 예배의 무리가 더 확대되어 전 피조 세계를 포함시키고 있다. 어린양께 대한 예배(5:8-12)

가 하나님과 어린양 모두에게 드려지는 예배(5:13)로 바뀌어졌을 때 그 장면은 어떤 구조를 띠게 되었는가를 주목하는 것이 중요하다. 요한은 예수를 하나님 곁에서 대신 예배를 받으실 수 있는 분으로 묘사하기를 원치 않고 오히려 하나님께 돌려져야 할 영광에 참여하시는 분으로 묘사하기를 원하고 있다. 그분은 신적인 예배를 받으시기에 합당하다. 왜냐하면 예수께 대한 예배도 한 분이신 하나님께 대한 예배에 포함될 수 있기 때문이다.

요한계시록의 다른 곳에서는 하나님과 그리스도를 함께 언급할 때 단수 동사를 사용하거나(11:15) 혹은 단수 대명사를 사용하고 있는데(22:3-4; 그리고 6:17, 여기서도 단수 대명사로 보는 것이 더 바람직한 독법이다) 이런 특이한 문법 용례는 아마도 예수를 유일신론적 예배에 포함시키려는 관심사와 관련되어 있을 것이다. 이들 경우에 있어서 단수가 하나님만 언급하고 있는 것인지 아니면 하나님과 그리스도를 단일적으로 함께 지칭하는 것인지는 분명하지 않다. 요한은 언어가 지니는 신학적 암시에 매우 민감하며, 신학적 이유 때문이라면 문법마저 파괴할 준비가 되어 있기 때문에 당연히 후자를 의도했을 것이다.

그러나 각각의 경우에 있어서 그는 하나님과 그리스도를 함께 복수로 언급하기를 꺼려했다는 것이 명백하다. 그는 절대로 하나님과 그리스도를 복수 동사의 주어가 되지 않게 했으며 혹은 그 두 분을 언급하기 위해 복수 대명사를 사용하지도 않았다. 그 이유는 분명하다. 그는 하나님과 피조물 사이의 구분점에서 그리스도를 신적인 편에 놓았으며 그리고 그에게 있어 다신론적으로 느껴지게 하는 화법들을 피하기를 원했다. 요한의 이러한 일관성 있는 문법 사용은 그가 유일신론을 염두에 두고 기독론을 조심스럽게 숙고했다는 것을 보여주는 것이다. 문제의 구절들(22:3-4) 중 하나가 다시 예배에 관련되어 있다는 것은 의미심장하다.

5장 8-14절과 22장 3-4절에서 예배는 천상적이고 종말론적이다. 1장 5b-6절의 그리스도께로만 돌려지는 찬미의 시는 신약성경에 나오고 있는 그와 비슷한 세개의 송영들 (나머지 둘은 딤후 4:18와 벧후 3:18) 중 하나인데, 이것은 요한과 그의 교회들이 예수께 대한 예배를 행하였음을 보여준다. 영광이 그 받으시는 분께 영원하리라고 하는 그들의 고백을 내용으로한 그 찬미의 시들은 한 분 하나님을 찬양하는 유대적인 형식이다. 하나님께 돌려져야 할 예배를 이보다 더 확실하게 예수께 귀속시키는 방식은 없을 것이다.

비교적 이른 시기부터 이미 초대 기독교 종교 예배 의식에서 예수를 경배하고 있었다는 것과 또한 그것이 유대 유일신론과 예배 사이의 관련성에 높은 관심을 가졌던 유대 기독교 내에서 발전되었다는 유력한 증거가 요한계시록 외에서도 발견된다.[4] 그 증거는 유일신론적 예배의 필요성에 민감하지 못했던 이방인 기독교에서 발견될 수 없다. 그것은 유대 유일신론의 전통 내에서 발전된 것으로서 인정되어야 하는데 이 전통에 의하면 유대 기독교인들은 암묵적으로 예수를 한 분 하나님의 실체에 포함시켰던 것이다. 요한계시록 저자는 이 유대 기독교적 전통 안에 서 있으며 더욱이 전적인 유대 기독교적 사고의 틀 안에 서서 기독론이 유일신론에 대하여 갖는 관계성을 신중하게 숙고하였다.

지난 단락과 본 단락에서 우리는 요한이 다소 정교한 언어를 구사하여 그에게는 너무나도 자명한 유대 유일신론을 벗어나지 않은 채 예수를 하나님의 영원한 존재하심에 포함시키고 있다는 증거를 살펴보았다. 이 유대 유일신론은 선지자적이며 묵시적인 전통에 있어서 중요하게 자리매김하고 있으며 요한은 그 자신이 선지자로서

4) R. Bauckham, 'Jesus, Worship of', in D. N. Freedman, ed., The Anchor Bible Dictionary (Garden City, New York: Doubleday, 1992) vol. 3, 812-19; L. W. Hurtado, One God, One Lord (Philadelphia: Fortress, 1988).

이 전통 안에 서 있음을 잊지 않고 있다. 요한이 추상적인 개념을 사용하지 않았던 반면 후기 기독교 신학자들은 추상화된 개념들을 가지고 헬라 철학을 끌어들임으로써 하나님의 아들이 그의 아버지의 신적 속성을 나누어 가진다고 말할 수 있었다. 요한은 하나님의 지혜라는 유대적 개념마저도 사용하지 않고 있지만 어떤 유대 기독교인들은 이 개념을 빌어서 그리스도를 한 분이신 하나님의 존재에 포함시킬 수 있었다. 요한이 사용하고 있는 신학적 관용어구는 매우 난해한 것으로서 신적 보좌의 묵시적 이미지들, 예배 의식, 정교한 문법 용례, 문학적인 연결 장치들과 구조들을 포함하고 있는데 특히 문학적인 연결 장치들과 구조들을 통하여 그는 철학자라기보다는 문학자로서 그의 많은 신학적 표현들을 담아내고 있다. 요한의 작품이 기독론에 있어서 비교적 덜 주목받고 있는 까닭은 아마도 그의 관용어구들이 후기 교부들의 기독론적 사색과 매우 다르기 때문일 것이다.

그리스도께 돌려지는 송영(1:5b-6)과, 그와 매우 비슷하게 어린 양께 돌려지는 천상적 찬양(5:9-10)의 용어에서 본래 예수님의 예배에 이르게 했음이 틀림없던 운동력의 일부를 최소한 인식할 수 있다. 거기서 그분은 그의 구속의 사역으로 인해 찬양을 받으신다. 그분이 경배를 받으신 것은 기독교인들이 예수 그리스도께 구원의 빚을 지고 있기 때문이다. 천상에서 살아 계실 뿐만 아니라 또한 실제로 기독교 공동체에서 경험되는 현존으로서 여겨진 분에게 말할 수 없는(구원의) 빚을 지고 있음이 자연스럽게 예배 가운데에서 표현되어졌다. 하나님의 구원 사역을 찬양하는 예배에 있어서 도저히 예수 그리스도를 제쳐둘 수 없을 정도로 구원은 매우 밀접하게 예수님 자신과 연결되어 있다.

그러나 동시에 예수 그리스도가 준 것은 바로 하나님께로부터 온 구원이기 때문에 예수님은 하나님 옆에서 대신 경배를 받으시는 대체적인 예배 대상으로 다루지 않으셨다. 예수는 하나님께 드려지는 예배에 포함되어졌다. 좀더 일반적으로 그것이 께서 예배를 받으셨던 초대 교회 내에서 하나님으로서 직무를 수행하셨기 때문이라고 말할 수 있다. 이 세상과 관련한 모든 신적인 직임들은—구원자, 주, 그리고 심판주로서—예수에 의해 행사되었는데 물론 하나님을 대신해서 그렇게 하신 것이다. 하나님으로서의 직무를 행하시는 분은 당연히 신적인 예배를 받으신다. 그러므로 예수께 대한 예배가 직무적 신성에 관련되어 있음은 사실인데, 직무적인 신성은 유대 기독교가 예수께 귀속시키는 유일한 종류의 신성이라고 종종 말해지고 있다. 그러나 일단 예수께 대하여 예배가 행해졌을 때에 유대 유일신론자들이 단순히 직무적인 신성에만 오랫동안 만족할 수 있었겠는지 의심스럽다. 오직 하나님께만 드려져야 할 예배를 받으실 수 있는 분은 어떤 식으로든 한 분 하나님의 실체에 속해야 한다.

확실히 요한계시록의 저자는 이러한 생각에 도달했음이 분명하다. 요한은 예수가 하나님께 대해 가지는 관계를 설명함에 있어서 세상으로부터 멀리 떨어져 있는 하나님의 존재에 대해 사색하지 않는다. 오히려 그의 설명은 하나님과 예수가 이 세상과 어떠한 관계를 맺고 있는가에 대한 종교적인 주된 관심사에 가까이 놓여 있다. 하지만 그럼에도 불구하고 우리가 이전 단락과 본 단락에서 살펴본 바에 의하면 요한의 설명은 예수의 존재론적 신성 (즉, 단순히 신적인 직무라기보다는 그의 신적인 존재)에 관한 진술로 귀결되고 있음이 분명하다. 요한이 예수에 대해 '하나님'이라는 말을 사용하지 않는 이유는 기독교 예배를 확립해 가는데 있어서 이 용례가 일반적으로 더디게 사용되었던 이유와 동일하다. 요한은 예수님이 단지 아무런 구별없이 하나님과 아버지라고 (요한은 1:6; 2:27; 3:5, 12, 21에서 그 용례를 밝히고 있다) 불리우는 하나님 예수님(the God Jesus)이라고 말하기를 원치 않았으며, 또한 두개의 신들을 말하는 것처럼 보이기도 원치 않았다. 그러나 그가 하나님에 대해 매우 의도적으로 말하고 있는 많은 경우에 그 하나님을 '하나님'이라고 일컫지 않고 있음은 역시 주목할 만 하다. 요한은 하나님의 신성에 관하여 말할 때에 그를 '하나님'이라고 부르기보다는 '알파와 오메가'라고 더욱 많이 칭하고 있는 것이다. 그리고 그는 또한 예수를 '알파와 오메가'라고 부른다.

그리스도가 하시는 것을 하나님께서 하신다

요한계시록 메시지에서 요한이 현저하게 강한 기독론은 그것이 그리스도가 하시는 바를 하나님께서 하신다는 것을 분명히 했다는 점에서 중요성을 가진다. 그리스도는 한 분 하나님의 영원한 존재를 공유하시기 때문에, 구원과 심판에 있어서 그리스도가 행하도록 분부받은 바는 곧 '보좌에 앉아 계신 이'에 의해 수행되어졌다고 선포된 것 못지 않게 참으로 그리고 직접적으로 신적인 것이다.

이것은 재림과 관련하여 쉽게 발견될 수 있다. 지난 장에서 우리는 세 시제로 쓰인 하나님의 칭호—'이제도 계시고 전에도 계시고 장차 오실 이'(1:4, 8; 참조, 4:8)—에 있어서 하나님의 미래가 '오실'(*ὁ ἐρχόμενος*)이라는 동사를 통해 의도적으로 표현되고 있음을 살펴보았다. 왜냐하면 하나님의 미래는 구원과 심판을 위해 이 세상에 임하시는 종말론적인 오심으로서 이해되고 있기 때문이다.

그러나 자신의 피조물에 대한 목적을 성취하기 위한 하나님의 이러한 '오심'은 곧 그리스도의 오심이다. 미래에 영광 가운데 임하실 그리스도의 오심에 대해 요한계시록은 신약의 다른 곳에서 흔히 쓰이는 파루시아(*παρουσία*)라는 용어를 사용하지 않는다. 그대신 일관성 있게 '오실'이라는 동사를 사용한다. 그리스도의 임박한 재림에 대한 소망과 예고는 요한계시록 전체에 퍼져있다(1:7; 2:5, 16; 3:3, 11; 16:15; 22:7, 12, 20). 요한계시록에서 그리스도는 일곱 번에 걸쳐서 '내가 속히 임하리라'고 친히 선포하신다(ἔρχομαι: 2:5, 16; 3:11; 16:15; 22:6, 12, 20).

그가 다시 오셔서 행하실 심판은 바로 하나님의 심판이다. 예를 들면 요한계시록 22장 12절은 심판을 위해 임하시는 하나님에 관한 구약 예언(사 40:10; 62:11)을 인용함에 있어서 일반적인 초기 기독교적 관행을 따라 그리스도의 재림에 관한 언급을 함께 하고 있으며, 또한 잘 알려진 신적 심판의 원리('각 사람의 행위대로 보응하는 것')를 가지고 그것을 확장시키고 있는데 여기서는 그 원리를 잠언 24장 12절에서 이끌어 내고 있다(참조, 마 16:27; 클레멘트 1서 34:3; 클레멘트 2서 17:4). 그러나 만약 재림 때 이루어질 그리스도의 심판이 신적인 심판이라면 그의 희생적인 죽음에 대해서도 역시 동일한 것이 언급되어야 한다. 우리가 곧 살펴보게 되겠지만 이것은 요한계시록의 신학에 있어서 중심을 이루고 있는 것이기도 하다. 죽임을 당하신 어린양이 천상의 신적 보좌 '가운데에' 계심(5:6; 참조, 7:17)은 곧 하나님께서 그리스도의 희생적 죽음을 세상 통치하는 방법으로 삼으셨음을 의미한다. 어린양의 상징은 '보좌에 앉아 계신 이'의 상징과 다름없는 신적 상징이다.

지난 장에서 우리는 천상의 '보좌에 앉아 계신 이'가 악의 권세에 의해 지배되는 세상으로부터 초월해 있음을 주목했다. 악이 세상을 지배하는 동안 '보좌에 앉아 계신 이'로서의 하나님은 오직 천상에 계신 것으로 묘사되어야 한다. 그의 심판들은 그의 거룩한 천상의 임재로부터 나와서 악을 멸망시키고 지상에 그의 통치를 실현시키는 것을 목적으로 하지만 이것조차도 천사적 중개자들을 통하여 단지 간접적으로 나타나고 있을 뿐이다.

그러나 만약 하나님께서 '보좌에 앉아 계신 이'로서 세상에 임재해 계시지 않는다면 그는 고난을 통해 세상을 정복하시는 어린양으로서 이 세상에 임재해 계시는 것이다. 우리가 곧 보게 될 것이지만 그리스도의 고난을 통한 증거와 희생적 죽음은 사실상 하나님께서 악을 정복하시고 그의 나라를 지상에 세우심에 있어서 결정적인 사건이다. 천상적 보좌로부터 나오는 심판들보다도 더욱 더, 그것들은 지상에서의 하나님의 통치를 세우고 있다. 더욱이 그리스도에 대한 증거와 희생을 계속 감내하고 있는 그의 백성들에게 있어서 그들과 함께 하시는 그리스도의 임재는 곧 하나님의 임재이기도 하다.

그러므로 요한계시록의 기독론은 우리가 이전 장에서 살펴 본 요한계시록의 하나님에 대한 이해에 관한 우리의 논의에 더하여 그 내용을 보충해주고 있음에 틀림이 없다. 하나님께서는 단지 초월적인 거룩한 존재로서 뿐만 아니라 죽임을 당하신 어린양으로서도 세상에 관련하고 계신다.

제4장 어린양과 그를 따르는 자들의 승리

통계(Statistics)

우리는 제2장에서, 신적인 칭호들이 요한계시록 안에 일곱 번 나타나고 있음은 곧 요한이 그 칭호들의 의미를 강조하고 있는 방식임을 확인하였다. 요한계시록에 나타난 그리스도의 사역을 연구하기에 앞서 몇몇 기독론적 칭호들에 대한 통계를 살펴보는 것이 좋을 것 같다.

그리스도를 하나님과 동일시하는 것이 곧 그의 인성이 중요하지 않다는 것을 암시하는 것은 아니다. 이러한 사실은 요한이 그의 독특한 인간적 이름인 '예수'를 사용하고 있음을 통해 나타난다. 이 이름은 요한계시록에서 열네 번 등장한다. 이중 일곱 번은 '예수의 증거'라는 문구(1:2, 9; 12:17; 19:10(두 번); 20:4)와 '예수의 증인들'이란 문구(17:6)로 등장한다. 우리가 곧 살펴보겠지만, 요한계시록에 있어서 예수의 인성에 관한 가장 중요한 것은 그가 감당했고 그를 따르는 자들이 계속하고 있는 증거이다.

'그리스도'(메시야)라는 말은 일곱 번 나타난다('예수 그리스도'를 포함해서). 우리가 곧 보겠지만, 예수는 다윗적 메시야에 대한 유대인의 소망을 성취하고 있는데 이는 요한계시록에서 두드러진 것이다.

'어린양'이라는 단어는 그리스도를 지칭하고 있는데 스물 여덟 번(7×4) 나타난다. 그중 일곱 번은 하나님과 어린양이 짝을 이루어 나온다(5:13; 6:16; 7:10; 14:4; 21:22; 22:1, 3). 일곱이라는 숫자와 마찬가지로 넷이라는 숫자 역시 요한계시록에서 매우 평범하고도 일관성 있게 사용되고 있는 상징적인 숫자이다. 일곱이 완전의 숫자이듯이 넷은 세상 전체를 나타내는 숫자이다(네 모퉁이들(7:1; 20:8) 혹은 넷으로 구분된 영역들(5:13; 14:7). 각각의 일곱 시리즈 심판에서 처음 네 번째 심판들은 세상을 황폐화시킨다(6:8; 8:7-12; 16:2-9). 그러므로 '어린양'이 7×4번 나타남은 곧 그의 완전한 승리가 그 범위에 있어서 전 세계에 미치고 있음을 가리킨다. 이것은 요한이 세계 만국을 지칭하고 있는 문구가 사중적이라는 점과 ('각 족속과 방언과 백성과 나라들': 이 문구는 매번 다르게 변형되어 나타나고 있지만 묘사에 있어서는 항상 사중적이다) 또한 일곱 번 나타나고 있다는 점(5:9; 7:9; 10:11; 11:9; 13:7; 14:6; 17:15)에 상응한다. 이 문구의 첫번째 등장은 그것이 어린양의 승리와 관련을 맺고 있음을 확증하고 있다(5:9).

주요한 상징적 주제들

요한계시록에서 그리스도의 역할은 하나님의 나라를 지상에 세우는 것이다: 11장 15절의 표현대로, '세상의 왕국'(현재 악에 의해 지배받고 있는 왕국)을 바꾸어 '우리 주와 그 그리스도의 나라가 되게 하는 것이다. 이것은 구원의 사역이자 동시에 심판의 사역이다. 우리가 곧 보게 되겠지만 구원과 심판은 필연적으로 동전의 양면과 같다. 이것은 또한 그의 지상적 삶과 죽음으로 시작하여 재림으로 끝나는 과정이기도 하다. 그의 죽음과 부활로 인해 그가 이미 성취해 놓은 승리는 결정적인 것이다. 그러나 그 승리는 현재에 있어서도 그리스도를 따르는 자들에 의해 지속되어야 하며 미래에 있어서는 그의 재림에 이르러 완성되어야 하는 승리이다. 우리에게 있어서 이들 세 국면들을 구별하는 것은 중요하다.

그러나 또한 이들 국면들 간에 맺고 있는 상호 관계들을 이해하는 것 역시 중요하다. 그리스도의 사역에 대한 요한의 이해를 표현하고 있는 다소 복합적인 이미지들을 통찰해 내기 위해서는 그리스도의 사역의 세 단계 모두에 대해 사용된 세 개의 주요한 상징적 주제들—혹은 복합적인 상징들—을 우선 고찰해 보는 것이 유용할 것이다. 그 각각의 세 주제들은 우리로 하여금 십자가에서 재림에 이르기까지 전체 그리스도 사역의 본질을 볼 수 있게 도와준다. 이 세 주제들은 요한계시록이 갖고 있는 그리스도의 사역에 관한 독특한 신학적 해석을—전부는 아니지만—거의 대부분 전달해 준다.

첫 번째는 **메시아적 전쟁**에 관한 주제이다. 이것은 메시야가 다윗의 후손 중에서 나타나 하나님에 의해 왕으로 기름부음을 받고 그 백성의 전사적 지도자가 되어주기를 기다리는 유대적 메시야에 대한 소망과 관련된다. 그는 이방의 압제자들을 대항하여 싸울 것이며 이스라엘을 해방하여 하나님의 통치를 세울 것이다. 이 하나님의 통치는 또한 하나님의 메시야 통치이자 세상의 만국에 대한 이스라엘 백성의 통치이기도 하다.[1] 나중에 살펴보겠지만 이러한 개념에 있

1) 메시야적 전쟁에 대해서는 다음을 참조하라. E. Schurer, *The History of the Jewish People in the Age of Jesus Christ*, revised and ed. G. Vermes, F. Millar, M. Black, vol. Ⅱ(Edinburgh: T.&T. Clark, 1979), 517-35; M. Hengel, *The Zealots*

어서 핵심적인 것은 메시야가 전쟁을 혼자 수행하지 않는다는 것이다: 그는 이스라엘의 적들에 대항하여 이스라엘 군대를 이끈다. 1세기 유대인들은 많은 구약의 예언들이 바로 이러한 다윗의 메시야를 언급하고 있는 것으로 흔히 해석하였다. 예수와 다윗적 메시야를 동일시 여기는 것은 초기 기독교에 있어서 물론 매우 보편적인 것이었다. 이것은 요한계시록에 있어서도 매우 중요하다. 그 이유는 부분적이기는 하지만 요한에게 있어서 그러한 동일시는 유대 기독교 선지자로서 구약의 선지자적 전통이 가지고 있는 소망들을 수집하여 그의 종말론적 환상을 예수께 집중시킬 수 있는 방법 중 하나이기 때문이다.

그러나 또 다른 중요한 이유는 예수와 다윗적 메시야를 동일시함으로써, 하나님의 통치에 대항하는 이방 권세들을 물리치고 지상에 하나님의 나라을 세우게 될 인물을 효과적으로 묘사할 수 있기 때문이다. 우리가 보게 되겠지만 요한은(구약) 전통을 조심스럽게 재해석 하고 있다. 그의 메시야 예수는 전쟁을 통한 정복을 방편으로 하여 승리를 얻지 않으신다. 그리고 그의 승리와 그의 통치에 참여하는 자들은 국가적 이스라엘이 아닌 하나님의 초 국가적인 백성이다. 그러나 여전히 그것은 악에 대한 승리이다. 단지 영적인 승리일 뿐만 아니라 하나님의 나라를 지상에 세우기 위한 세상적 권세들에 대한 정치적인 승리이기도 하다. 다윗적 메시야 소망이 하나님의 이러한 승리에 관한 소망인 한, 요한계시록은 그리스도의 사역을 전통적인 유대적 소망의 연장선상에서 묘사하고 있는 것이다.

이러한 요한계시록의 두드러진 메시야 사상은 우리가 이미 살펴

(Edinburgh: T.&T. Clark, 1989), 271-319; A. Yarbro Collins, 'The Political Perspective of the Revelation to John', JBL 96 (1977), 241-56; R. Bauckham, 'The Book of Revelation as a Christian War Scroll', Neot.22 (1988), 17-40, 이것은 Bauckham의 책 *The Climax of Prophecy* 중 제8장에 나와 있다.

본 그리스도에 의한 두 개의 자기 선포(1:17-18; 22:13)에서 뿐만 아니라 다음과 같은 세 번째 자기 선포를 통해서도 드러나고 있다: '나는 다윗의 뿌리요 자손이니 곧 광명한 새벽 별이라'(22:16). 이 구절에 등장하는 두 칭호 중 첫번째 것은 이사야 11장 10절에서 비롯되며 ('이새의 뿌리') 다윗적 메시야를 의미하기 위해 사용되고 있다('자손'은 '뿌리'의 의미를 해석해주고 있는데 그것은 이사야 11장 1절의 '줄기' 혹은 '가지'와 똑같은 의미를 부여하고 있으며 메시야적 칭호로서 더욱 보편적으로 사용되었던 말이다). 두 번째 칭호는 민수기 24장 17절의 별을 지칭하는데 그것은(24:17-19의 문맥에서) 흔히 이스라엘의 적들을 정복했던 다윗 메시야를 상징하는 것으로 이해되었다. '다윗의 뿌리'는 요한계시록 5장 5절에서도 발견되는데 이 때 군사적 힘으로 나라들을 무찌를 왕적 메시야의 이미지를 떠올리는 또다른 칭호가 나란히 등장한다: '유다의 사자'(창 49:9; 에즈라 4서 12:31-2). 만국을 치게 될(19:15; 참조, 사 11:4; 49:2) 그리스도의 입으로부터 나오는 검(1:16; 2:12, 16; 19:21)과 그가 공의로 심판한다는 진술(19:11; 참조, 사 11:4)은 다윗적 메시야의 개념을 가장 적절하게 나타내고 있는 이사야 11장에 묘사된 메시야에 대한 더 추가된 암시들이다.

요한이 매우 중요하게 여기고 있는 구약 본문 중 하나는 시편 2편인데 요한계시록 전체에 걸쳐 시편 2편에 대한 암시들이 나타나고 있다. 거기서는 '열방'과 '세상의 군왕들'이 서로 꾀하여 '여호와와 그 기름받은 자'를 대적하는 것으로 묘사되고 있다(1-2절). 메시야는 하나님의 아들이다(7절). 하나님께서는 그를 시온산 위에 왕으로 세우셨고(6절) 거기서 반역하는 만국을 격퇴시키시고 정복하신다. 하나님께서는 이 왕적 메시야에게 열방을 유업으로 주시기로 약속하신다(8절). 또한 메시야가 그들을 철장으로 깨어 부수실 것이라고 말씀하신다(9절). 만국에 대한 이와 같은 메시야의 승리를 떠올리게 하는 암시들이 요한계시록 2장 18, 26-8절, 11장 15, 18절, 12장 5, 10절, 14장 1절, 16장 14, 16절, 19장 15절에서도 발견된다. 시편과 비교해 볼 때 요한이 메시야의 군대(14:1에 보면 메시야와 함께 시온산 위에 있다)를 추가시키고 있다는 사실은 주목할 만하다. 이 군대는 메시야의 승리를 함께 나누게 될 것이다(2:26-7). 요한은 '세상의 군왕들'이란 문구를 하나님을 대적하고 결국에는 그리스도에 의해 정복될 정치적인 권세들을 가리키는 표준적인 용어로 사용하고 있는데 아마도 이것 역시 시편으로부터 이끌어 왔을 것이다(1:5; 6:15; 17:2, 18; 18:3, 9; 19:19; 21:24; 참조, 16:14).

또한 요한계시록에 있어서 정복에 대한 핵심적 개념은 시편의 전투적인 메시야 사상으로부터 유래한다. 이것은 메시야 자신(3:21; 5:5; 17:14)과 그의 승리를 함께 나눌 그의 백성들(2:7, 11, 17, 28; 3:5, 12, 21; 12:11; 15:2; 21:7) 모두에 해당된다. 다시 한 번 우리는 요한계시록에서 메시야의 군대가 갖는 중요성을 주목하게 된다. 비록 요한계시록의 해석자들이 이것을 제대로 인정하지 않을지라도, 정복의 이미지가 군사적이라는 것은 틀림이 없다. 그것은 전투의 용어와 밀접하게 연결된다(11:7; 12:7-8, 17; 13:7; 16:14; 17:14; 19:11). 또한 그리스도를 따르는 자들이 짐승을 물리칠 뿐만 아니라(15:2) 짐승 역시 그리스도를 따르는 자들을 물리치고 있다는 것(11:7; 13:7)은 주목할 만하다. 따라서 이 전쟁은 궁극적인 승리가 그리스도께 속했다 할지라도 그리스도의 대적자들이 승리를 취하고 있는 전쟁임은 분명하다. 우리는 또한 정복 용어가 그리스도 사역의 세 국면 모두에서 사용되고 있음을 주목하게 된다: 그리스도는 그의 죽음과 부활에서 이기며(3:21; 5:5) 그를 따르는 자들은 종말 전에 이 세상에서 이기며(12:11; 15:2). 그리고 그리스도는 재림 때에 이길 것이다(17:14). 그러므로 메시야적 전쟁의 이미지는 요한계시록이 묘사하고 있듯이, 하나님의 나라가 세워지는 전체 과정을 묘사하고 있음이 분명하다. 요한계시록에서 이러한 이미지를 사용하므로서 유대적인 종말론에서 유대 기독교적인 종말론으로 그 시간적 관점의 근본적 전환을 꾀하고 있다. 메시야적 전쟁은 순전히 미래에만 국한된 것이 아니다. 결정적인 승리는 사실상 그리스도에 의해 이미 성취되었다. 그를 따르는 자들은 현재에 있어서 그 전투를 지속하도록 부름받는다. 그렇지만 궁극적 승리는 여전히 미래에 놓여 있다.

세 개의 주요한 상징적 주제들 중 두번째는 종말론적 출애굽에 관한 주제이다. 이스라엘의 역사에 있어서 출애굽은 하나님께서 그의 백성들을 애굽의 압제로부터 해방시키고 그들의 압제자들을 멸하며, 이스라엘을 그의 친 백성으로 만들어 그들 자신의 땅에서 신정적인 독립국이 되도록 인도하신 핵심적인 구원 사건이다. 따라서 출애굽 사건은 자연스럽게 미래에 있어서 또 다른 위대한 구원 사건을 바라보는 선지자적이고 묵시적인 소망들의 본보기가 되었다. 어떤 유대 묵시에 있어서 하나님의 종말론적인 개입은 악의 권세들을 궁극적으로 심판하여 그의 백성에게 확고한 구원을 가져다 주게 되는데 이는, 마치 종말이 역사를 능가하듯이, 첫 번째 출애굽을 능가하는 종말론적인 출애굽으로서 생각되어졌다.[2] 예수 그리스도의 구원 사역을 종말론적 출애굽을 가져오는 사역으로서 해석했던 흔적은 신약의 여러 군데에서 발견될 수 있다. 그러나 이러한 개념을 가장 완전하게 발전시키고 있는 것은 요한계시록이다.

이러한 복합체에 있어서 중심적인 이미지는 유월절 어린양으로서 예수 자신의 이미지다(5:6, 9-10에서 처음 소개되고 있다). 요한

2) 사 11:11-12:6; 43:14-21; 51:10-11; 에녹 1서 1:4; 쿰란 제1동굴의 전쟁 두루마리 (1QM) 1-2; 아브라함의 묵시록 30:2-31:1; 참조 요세푸스, 《고대 유다》 (*Antiquitates Judaicae*) 20:97-8; 선지자들의 생애들 2:11-19; 12:12-13.

계시록의 어린양 이미지가 유월절에 희생당한 어린양을 가리킨다는 것은 특히 5장 9-10절을 볼 때 분명하다. 거기에서 어린양이 그의 피로 사람들을 '사서' 저희로 우리 하나님을 섬기는 나라와 제사장으로 삼으셨다고 말하고 있다. 후자의 문구는 시내산 언약(출 19:5-6)의 잘 알려진 구절을 반영한다. 그 구절에 의하면 하나님께서는 애굽에서 이끌어 내신 백성을 자신의 친백성으로 삼으셨다. 하나님께서 그의 백성을 애굽으로부터 해방시키심은 종종 그들을 노예 상태에서 그의 친백성이 되게 한 그의 속량하심(참조, 신 7:8; 13:5)으로 언급되었다. 이 동일한 이미지가 미래의 새 출애굽으로 사용될 수도 있을 것이다(사 35:10; 51:11).

요한계시록이 어린양의 피를 속죄의 대가로 취급할 때 이것은 실제로 유월절 어린양의 피가 출애굽에서 작용했던 역할 그 이상의 것이다. 유월절 어린양은 새 출애굽에 대한 유대적 소망에 있어서 아무런 역할도 하지 않는다. 그러나 요한계시록 5장 6, 9절에서 요한이 암시하고 있는 바는 유월절 어린양 뿐만이 아니라 이사야 53장 7절을 암시하고 있는 것일 수도 있다. 이사야 53장 7절에서 고난받는 종은 희생제물로 드려지는 어린양으로 묘사되고 있다.[3] 그가 이 구절을 이사야 40-66장의 새 출애굽 용어와 관련지어서 이사야 53장의 고난받는 종을 새 출애굽의 유월절 어린양으로 본 것은 당연한 일이다. 어떠한 경우든 속죄에 대한 기독교적 이해는 요한계시록의 새 출애굽 모티프의 중심을 어린양에 두고 있는데 여기서 예수의 죽음은 중심적인 역할을 담당한다.

15장 2-4절에서 기독교 순교자들은 천상에서 승리를 얻은 새 출애굽의 백성들로서 보여지며 그들이 건너온 천상적 홍해 옆에 서

---

3) 참조 그리스도의 수난에 관한 언급과 함께 이사야 53장을 암시하는 그밖의 신약 본문으로는 특히 눅 22:37; 히 9:28; 벧전 2:22 등이 있다.

있다. 또한 모세와 그의 백성들이 홍해에서 바로에게서의 구원을 경험한 후에 하나님께 불렀던 찬양의 노래(출 15장)와 같은 것을 부르고 있다. 더욱이 본 문맥에서(15:1, 5-16:21) 대적자들에게 하나님의 심판으로서 내려진 재앙들은 출애굽 당시 애굽의 재앙들을 본뜨고 있다. 우리가 앞서 제2장에서 이미 살펴보았듯이 이 마지막 심판은 시내산의 신적 현현(16:18)을 회상케 한다. 출애굽 내러티브를 떠올리는 그밖의 암시들은 11장 6절과 8절에 나와 있다. 6절에서는 두 증인들의 사역이 부분적으로 모세와 애굽의 재앙들을 본뜨고 있으며 8절에서는 증인들이 순교당할 곳으로 예언되는 도시들 중 하나가 애굽으로 나오고 있다. 이미 2장 14절에서는 버가모 교회의 거짓 교사들이 그리스도인들을 설득하여 이교의 관습과 타협하도록 하고 있는데 그들은 이스라엘을 우상숭배에 빠뜨려 출애굽의 목적인 약속의 땅에 들어가지 못하도록 만든 거짓 선지자 발람에 비유되고 있다.

메시야적 전쟁의 경우처럼 요한이 새 출애굽 이미지를 사용하고 있다는 것은, 곧 그에게 있어서 결정적인 종말론적 사건은 이미 일어났음을 보여주고 있는 것이다: 새 유월절 어린양은 이미 죽임을 당하였고 하나님을 위하여 한 백성을 속량하였다. 약속의 땅에서 신정적인 독립을 얻게 되므로써, 그리스도의 백성이 그와 함께 지상에서 제사장으로서 다스리게 될 것이며(20:4-6; 22:3-5) 그 때 비로소 새 출애굽의 목적은 이루어지게 될 것이다. 그러나 요한계시록의 새 출애굽은 구약 내러티브가 갖는 순서를 일관성 있게 따르지 않는다. 그 이미지는 융통성 있게—문자적인 용어들에 있어서 일관적이지 않게—사용되어 요한계시록이 묘사하고 있듯이 그리스도 사역의 세 국면들을 특징짓고 있다.

그리스도의 사역을 특징짓기 위해 사용되고 있는 세 번째 주제는 증인의 이미지이다. 예수 그 자신이 '충성되고 참된 증인' 이시다(3:

14; 참조, 1:5). 이 칭호는 주로 예수가 그의 지상에서의 기간 동안 하나님을 증거한 것과 생명을 희생하면서까지 그 증거를 지속한 그의 신실함을 가리킨다. 그러나 요한계시록에 있어서 '증인' 은 '순교자' (죽음으로써 믿음을 증거하는 자)라는 전문적인 기독교적 의미를 아직 전달하지 않고 있다. 이것은 죽음 그 자체를 증거로 지칭하지 않으며 오히려 하나님의 진리에 대한 구두적인 증거를 지칭하거나(참조, '하나님의 말씀' 과 증거 사이의 연관성: 1:2, 9; 6:9; 20:4; 참조, 12:11) 혹은 이와 함께 하나님의 계명에 대한 살아 있는 순종을 지칭한다(참조, 증거와 계명들을 지키는 것 사이의 연관성: 12:17). 그러나 신실한 증거는 반대를 야기하고 죽음을 초래할 것이라는 점이 강하게 암시되고 있다(2:13; 11:7; 12:17). 예수의 증거가 그의 죽음을 초래한다는 것은 1장 5절에 나오는 칭호에 의해 암시되고 있다.

예수의 증거 사역은 그를 따르는 자들에 의해 지속된다. 그들은 그의 증인들이라고 일컬어지고(17:6; 참조, 2:13) '예수의 증거' 를 가진 자들이라고 일컬었는데(12:17; 19:10) 이것은 곧 '저희의 가진 증거' 와 같은 것이었다(6:9; 12:11). '예수의 증거' 란 예수를 증거하는 것을 의미하는 것이 아니라 예수 자신이 감당했고, 또 그의 신실한 추종자들이 계속 감당하는 증거를 의미한다. 그것은 주로 예수와 그를 따르는 자들이 참 하나님과 그의 의로움에 대해 지닌 증거로서 우상숭배의 거짓됨과 짐승을 숭배하는 자들의 악을 폭로한다. 증거의 주제는 진리와 거짓에 관한 요한계시록의 지배적인 관심사와 연관된다. 이 세상은 누가 참 하나님인가에 관한 문제가 결정되고 있는 일종의 법정과도 같다. 이러한 법정적인 논쟁에 있어서 예수와 그를 따르는 자들은 진리에 대한 증거를 소유하고 있다. 그 논쟁의 결말에 이르러 그들의 증거는 참된 것으로 드러나며 이 증거로 인해 그 판결은 진리를 거부한 자들—짐승과 그의 숭배자들—에게 불리하게 내려진다. 따라서 그리스도 사역의 세번째 국면인 재림에서 그 증인은 심판관이 된다. 충성되고 참된 증인으로서 그는(3:14) 이제 그의 심판의 행동에 있어서 신실하고 참된 자로 불리워진다(19:11).

만약 '충성된 증인'이라는 그리스도의 칭호(1:5)가 시편 89편 37절에 기초하고 있다면 여기에는 다윗적 메시야 사상과의 어떤 연관성이 있다. 그러나 요한은 분명히 증인의 주제를 법정적 이미지로 발전시켜 그가 또 한편으로 사용하고 있는 메시야적 전쟁의 전사적 이미지와 나란히 놓고 있다. 이러한 사용은 아마도 이사야 40-66장의 예언들에 의해 영감되었을 것이다. 이 예언들은 한 법정적인 논쟁을 묘사하고 있는데 거기서는 야웨께서 열방의 신들에 대항하여 자신이 유일한 참 하나님이고 창조주이자 역사의 주관자라고 주장하신다. 그 문맥에서 이스라엘 백성은 '나의 증인들'(사 43:10, 12; 44:8)로 일컬어지며 모든 열방에게 야웨만이 참 하나님이시고 구원자이심을 증거하도록 부름받는다. 그 주제들은 요한계시록의 주제들과도 가깝다. 우리가 곧 보게 될 것이지만 요한계시록에서는 모든 만국을 향하여 하나님만이 유일한 참 하나님 되심을 증거하는 교회 역할에 그 초점이 놓여져 있다.

그리스도의 죽음

그리스도가 그의 죽음과 부활을 통해 악에 대해 이미 결정적인 승리을 취하셨다는 확신은 그리스도가 하나님의 나라를 지상에 세워나가는 방식에 대해 요한계시록이 갖고 있는 전체 이해에 있어서 그 기초를 이루고 있다. 이러한 확신은 5장에서 묘사되고 있으며 그 5장은 4장에 나타난 하나님의 천상적 통치의 기본적 환상을 계속

이어가고 있다. 우리가 제2장에서 관찰했듯이 천상에서 하나님 주권의 계시 이후에 어떻게 그의 주권이 지상에서 효과있게 될 것인가의 문제가 제기된다. 요한은 보좌에 앉아 계신 이의 오른손에 인봉된 책이 있음을 본다(5:1). 이것에는 그의 나라를 세우시기 위한 하나님의 비밀스런 목적이 기록되어 있다. 이 내용은 사실상 교회들을 위하여 예언할 내용으로서 요한에게 계시될 것들이다. 그러나 오직 한 사람만이 그 인봉된 책을 열어서 그 내용을 밝힐 수 있도록 되어 있다. 우리는 뒤에 가서 그 책의 내용을 확인해야 할 것이다. 여기서 우리가 관심을 두는 것은 무엇이 예수 그리스도로 하여금 그것을 열어볼 유일한 자가 되게끔 하느냐 하는 것이다.

죽임당한 어린양에 관한 요한의 환상에 있어서 핵심적인 것은 그가 듣고 있는 것(5:5)과 보고 있는 것(5:6) 사이에 놓여진 대조를 깨닫는 것이다. 그는 '유다 지파의 사자 다윗의 뿌리가 이기었으니' 라고 말하는 것을 듣게 된다. 이 두 메시야적 칭호들은 군사적이고 민족주의적 이미지를 강력하게 떠올리어 다윗 메시야를 열방의 정복자이자 하나님의 백성의 대적자들을 무찌르는 자로 부각시킨다(참조, 쿰란 제1동굴로부터의 축복들[1QSb] 5:20-9).

그러나 이런이미지는 요한이 보고 있는 것에 의해 재해석되고 있다: 어린양, 그의 희생적 죽음(5:6)은 사람들을 모든 나라들 가운데서 속량해 낸다(5:9-10). 그 두 대조적인 이미지들을 나란히 놓음으로써 요한은 희생적 죽음에 의한 정복이라는 새로운 상징을 만들어 놓았다. 5장 5절에서 떠올려진 메시야적 소망들은 부인되지 않는다: 예수는 참으로 기대되어 온 다윗의 메시야다(22:16). 그러나 후자가 군사적인 물리력과 편협한 민족주의에 연관되어 있는 한에 있어서 그것은 어린양 이미지에 의해 재해석된다. 그 메시야는 분명히 승리를 얻었다. 그러나 그는 희생에 의해 그렇게 한 것이며 그것도 (혈통적 이스라엘 백성만이 아닌) 모든 나라들로부터 사람들을 얻기 위해서 그렇게 한 것이다(5:9). 그러므로 다윗적 메시야가 어떻게 승리를 얻게 되는가 하는 것은 어린양 이미지에 의해 설명되고 있다. 이제 어린양의 이미지는 그의 희생적 죽음이 곧 악에 대한 승리였다는 사실을 의미하고 있는 것이다.

어린양이 누구를 혹은 무엇을 정복했는가에 관한 것은 설명되지 않고 있다(참조, 3:21) (아마도 우리는 12:7-9에서 미가엘에 의한 사단의 패배를 어린양의 승리에 대한 상징으로써 보게 될 것이지만). 5장에서 정복의 대상은 정의되지 않고 있으므로 승리는 그 범위에 있어서 제한되어서는 안 된다. 하나님의 통치에 반대하는 모든 것이 어린양에 의해 무너졌음을 우리는 이해하게 될 것이다. 결과적으로 승리를 거둔 어린양에 대한 환호는 그의 승리가 가져올 종말론적 열매들에 대한 기대 속에서 보좌에 앉으신 이와 어린양께 드려지는 예배 가운데 전체 피조 세계로 확장되고 있다(5:13). 요한계시록의 나머지는 악에 대한 하나님의 지속적이고 궁극적인 승리를 묘사하고 있는데 이는 곧 다름아닌 어린양이 십자가 위에서 성취한 결정적인 승리이다.

그러나 요한이 주로 관심을 갖고 있는 것은 이러한 성취의 기초가 되고 있는 어린양의 승리에 관한 것이다. 그는 그리스도의 희생적 죽음이 그리스도인들을 죄로부터 해방시켰고(1:5) 하나님의 종말론적인 백성이 되게 하였다고 여긴다(1:5; 5:9-10). 중요한 것은 요한계시록의 문맥에 있어 교회와 관련한 것으로서— '우리 하나님을 섬기는 왕국과 제사장들' 로 세워진 교회—왕국의 우주적인 도래에 있어서 교회가 담당해야 할 역할이다. 요한계시록이 지닌 우주적인 관점에서 볼 때 이미 교회 안에서 실현된 하나님의 통치는 그리스도가 쟁취한 승리의 궁극적인 목적이 될 수 없다. 하나님을 대적하는 악의 권세들이 지상을 지배하는 한 그 승리는 아직 그 목적에 다다르지 못한 것이다. 그러나 우리가 보게 되겠지만 이미 하나님의 통치를 인정하는 자들은 어린양의 완전한 승리의 성취에 있어서 그들이 담당해야 할 필수적인 역할을 가지고 있다.

요한계시록 5장에서 이미 성취된 그리스도 사역은 메시야 전쟁과 새 출애굽이라는 두 모티프를 통해 묘사되고 있다. 그리스도를 충성된 증인으로 나타내고 있는 세 번째 주요한 모티프는 그리스도의 과거 사역에 관한 묘사에 있어서 나머지 두 모티프들과 명확히 연관되어 있지는 않다. 그러나 우리는 세 모티프 모두가 그리스도인들이 그리스도의 승리에 동참하는 방식에 관련하고 있음을 볼 수 있다:

> 또 여러 형제가 어린양의 피와
> 자기의 증거하는 말을 인하여 저 [사단]를 이기었으니
> 그들은 죽기까지 자기 생명을 아끼지 아니하였도다(12:11).

이 구절 전체로 보아서 '어린양의 피'에 관한 언급은 단지 그리스도의 죽음만을 가리킬 뿐만 아니라 그리스도의 모범을 본받아 죽기까지 자기 생명을 아끼지 않고 증거한 기독교 순교자들의 죽음도 가리키고 있다고 보아야 한다.[4] 그러나 이러한 증거는 죽음에 있어서조차 그 스스로의 독립적인 가치를 갖지 않는다. 그것의 가치는 이것이 예수의 증거를 이어받고 있는가에 달려 있다. 그리하여 그들이 이기는 것은 어린양의 피로써 이기는 것이다. 그들의 죽음이 사단을 물리칠 수 있는 것은 오직 십자가의 죽음으로써 사단을 물리친 어린양의 승리에 참여함으로써만이 가능한 일이다. 12장 11절의 이러한 설명을 통해 우리는 이미 그리스도 사역의 두 번째 국면에

---

4) 이러한 해석에 관하여는 다음을 참조하라. H. B. Swete, *The Apocalypse of St John* (London: Macmillan, second edn, 1907), 156; G. B. Caird, *The Revelation of St John the Divine* (London: A. & C. Black, 1966), 156-7.

접어들었다—두 번째 국면에서 그리스도의 사역은 그리스도를 따르는 자들에 의해 계속된다. 그러나 이 구절은 그리스도의 승리가 이 세상에서 그리스도인들의 신실한 제자도를 통하여 어떻게 효과 있게 될 것인가를 이해하는데 필수적인 것은 신실한 증거의 요소라는 것을 보여준다.

순교자들의 군대

5장 5-9절에서 그리스도의 승리가 묘사되고 또한 설명될 때에, 요한계시록을 읽는 자들과 듣는 자들은 그리스도인들도 그리스도가 승리한 방식을 따라 이기도록 기대하고 있음을 이미 알고 있다. 요한계시록 2-3장에서 일곱 교회들에게 전해지는 각 메시지들은 '이기는 자'에게 약속된 종말론적인 보상을 이야기하고 있다(2:7, 11, 17, 26-8; 3:5, 12, 21). 그리고 그 마지막 구절은 5장 5-6절을 기대하도록 전략적으로 놓여졌는데 즉 다음과 같다: '이기는 그에게는 내가 내 보좌에 함께 앉게 하여 주기를 내가 이기고 아버지 보좌에 함께 앉은 것과 같이 하리라'(3:21). 우리는 이 승리를 거둔 그리스도를 따르는 자들을 7장에서 처음 만나게 된다. 7장은 그들을 다윗적 메시야의 군대로 묘사함으로써 메시야적 전쟁의 주제를 계속 이끌어 나가고 있다.[5)]

7장 4-14절 단락은 5장 5-6절에서 사용된 것과 동일한 기법을 사용하고 있다: 요한이 듣고 있는 바(7:4)와 그가 보고 있는 바(7:9)를 대조시켜 놓는 기법, 즉 이스라엘의 열두 지파들로부터 나온

5) 이 단락에 관한 좀더 자세한 논의에 대해서는 다음을 참조하라. Bauckham, 'The Book of Revelation as a Christian War Scroll' (n. I above).

144,000(7:4-8)은 모든 나라들로부터 나온 아무라도 능히 셀 수 없는 무리(7:9)와 대조를 이룬다. 그러나 두 이미지들은 하나의 동일한 실체를 묘사하고 있다. 이것은 5장 5-6절에서 보여지는 그리스도의 두 대조적인 이미지들과 병행을 이룬다: 144,000의 이스라엘인들은 유다의 사자인 (유다 지파가 맨 앞서 소개되고 있음에 주목하라) 다윗적 메시야를 따르는 자들인 반면 셀 수 없는 큰 무리들은 모든 나라들로부터 속량받은 죽임당한 어린양의 백성이다(5:9). 다윗적 메시야에 대한 기대가 유월절 어린양의 구약적 이미지에 의해 재해석된 것과 같이 그를 따르는 자들이 보이고 있는 철저한 민족주의적 이미지는 그 족장들에게 주어지는 구약의 약속들로부터 이끌어온 이미지에 의해 재해석되고 있다. 이 약속들에 의하면 족장들의 후손들은 셀 수 없을 정도의 무리가 될 것이었다(창 13:16; 15:5; 32:12). 그러므로 1세기 후반의 그리스도인들이 실제로 셀 수 없을 정도로 많았기 때문이 아니라, 그리스도를 통하여 하나님의 모든 약속들이 성취되리라는 요한의 믿음 때문에 교회는 모든 나라들로부터 나온 셀 수 없는 무리로 묘사되고 있는 것이다.

그러나 144,000의 이스라엘인들과 셀 수 없는 무리들 사이에 놓인 대조는 이에서 더 나아가 5장 5-6절의 병행을 더욱 정교하게 만들고 있다. 144,000은 하나의 군대이다. 이것은 7장 4-8절이 이스라엘 지파들에 대한 인구조사라는 사실에 내포되어 있다. 구약에 있어서 인구조사는 항상 국가의 군사적 병력에 대한 계수였다. 따라서 오직 군사적 연령에 속한 남자들만이 계수되었다. 열두 지파들에 동일하게 딸려 있는 열두 무리는 전통적인 종말론적 소망을 따라 마지막 날들에 재연합된 모든 이스라엘의 군대로서 이방의 압제자들을 무찌르기 위해 유다의 사자 지휘 아래 소집되었다. 그런데 그들의 승리를 천상에서 찬양하면서 그 승리를 하나님과 어린양께 돌리고 있는 무리들(7:7-10)은 '어린양의 피에 그 옷을 씻어' 희게 한 자들(7:14)이었다. 이것은 그들이 자신들의 죽음을 통하여 어린양의 희생적 죽음에 동참함으로써 승리한 순교자들임을 의미한다. 대부분의 주석가들은 의심의 여지없이 7장 14절이 그리스도인들을 죄로부터 구원한 어린양의 속죄를 지칭하는 것으로 이해해 왔다. 그러나 우리는 12장 11절에서 언급되고 있는 어린양의 피가 틀림없이 순교를 지칭하고 있음을 이미 확인하였다. 7장 14절은 어린양을 따르는 자들이 그 주체가 되는 행위를 언급하고 있다는 점에서 12장 11절에 병행을 이루고 있다. 반면에 그리스도의 피로 그리스도인들을 대속했음을 언급하는 구절들에 있어서 그들은 그리스도의 사역의 객체가 된다(1:5; 5:9).

그러므로 5장 5-6절이 예수 그리스도를 군사적 힘이 아닌 희생적 죽음으로써 승리하신 메시야로 묘사하고 있는 것과 마찬가지로 7장 4-14절은 그를 따르는 자들을 군사적 물리력이 아닌 희생적 죽음으로써 그의 승리에 동참하고 있는 메시야 백성으로 묘사하고 있다. 이러한 해석은 144,000이 다시 등장하고 있는 14장 1-5절에 의해 더욱 확고해진다. 요한계시록 12-14장은 메시야적 전쟁에서 싸우고 있는 전사들을 묘사한다. 12-13장에서 용과 짐승, 그리고 두 번째 짐승은 하나님의 백성을 대항하여 성공적으로 전쟁을 수행하고 있는 것으로 묘사된다(12:17; 13:7).

그러나 14장 1절에서 어린양과 그의 군대는 이들에 대항하여 시온산 위에 서 있다. 이곳은 메시야적 왕이 모든 적대적인 나라들을 제압한 승리의 장소이기도 하다(시 2:6). 144,000의 정절에 관한 언급(14:4a)은 많은 오해를 하게 하는데 사실 이것은 군대 이미지와 관련되어 있다. 그리스도를 따르는 자들은 성인 남자들로 구성된 군대로 상징화되고 있다. 그들은 거룩한 전쟁에 임하는 자들에게 요구되는 고대의 정결의식에 따라서(신 23:9-14; 삼상 21:5; 삼하 11:9-13; 쿰란 제1 동굴의 전쟁 두루마리[1QM] 7:3-6) 성교를 통하여 초래되는 제사적 불결을 피해야 한다. 이러한 정결 의식은 군대의 이미지가 지닌 속성 중 하나이다: 요한이 교회에 대하여 가지고 있는 목적에서 볼 때 그것의 문자적 동의어는 성적 금욕주의가 아닌 도덕적 정결이다.

그러나 5장 5-6절에서 군사적 이미지와 희생적 이미지가 그리스도와 관련하여 사용되고 있는 것과 마찬가지로 14장 4b-5절에서도 군대의 이미지가 희생의 이미지로 전환되고 있다. 이로써 주님의 군대가 지닌 정결 의식의 이미지는 희생제물에 있어 요구되는 흠 없음의 이미지로 전환되고 있는 것이다. NRSV가 '흠 없는' (ἄμωμοι)으로 번역하고 있는 단어는 희생제물로 드려지는 동물의 육체적 흠 없음을 가리키는 제사적 용어이다(출 29:38; 레 1:3; 3:1).

제사적 이미지는 그러므로 다음과 같은 문자적 동의어로 번역된다: '그 입에 거짓말이 없고 흠이 없는 자들이더라' (14:5). 이것은 요한계시록에서 매우 중요하게 부각되고 있는 진리와 거짓의 주제에 관련되어 있으며, 또한 그리스도 사역에 관한 요한계시록의 설명에 있어서 세번째 주요한 모티프를 이끌어내고 있다: 진리에 대한 충성된 증인의 모티프. 그런데 '그 입에 거짓말이 없고 흠이 없는 자들이더라' 는 문구를 사용함에 있어서 요한은 다시 의미심장한 구약 본문을 반영하고 있다: 스바냐 3장 13절은 하나님의 종말론적 백성이 '입에 궤휼한 혀가 없다' 고 말하고 있으며, 이사야 53장 9절은 고난받는 종이 마치 '도수장으로 끌려 가는 어린양' (53:7)과 같았으며 '그 입에 궤사가 없었다' 고 말한다. 요한은 유대적 주해 방식으로 이들 본문들간의 일치점을 활용하고 있다. 어린양을 따르는 자들은 '그가 어디로 가든 간에' 자신들이 따르고 있는 자를 본받는다(14:4). 이러한 따름은 '충성된 증인' 으로서의 신실함과, 그 신실함이 초래하는 희생적 죽음 모두를 본받는 것임을 의미한다. 그러므로 어린양의 군대의 승리는 곧 희생적인 죽음에까지 이르는 신실한 증인의 승리이다. 12장 11절에서와 마찬가지로 세 가지 이미지, 즉 메시아적 전쟁, 유월절 희생제물 그리고 충성된 증인은 함께 사용되며 서로를 상호적으로 해석해주고 있다.

요한계시록 7장으로 돌아가 보면 거기에는 어린양을 따르는 자들이 순교를 통해 승리했음이 처음으로 묘사된다. 여기에서 우리가 주목해 보아야 할 것은 요한의 환상이 지니는 구조에 있어서 이 승리의 장면이 어디에 위치하고 있는가 하는 점이다. 세 개의 일곱 심판 시리즈 중 첫 번째 것(인을 떼는 심판)의 여섯 번째 심판과 일곱 번째 심판 사이에 삽입되어 있다. 여섯 번째 인을 뗄 때에는 최종적인 심판이 곧 임할 것이라는 기대가 보인다(6:12-17). 그러나 이 심판은 하나님의 종들이 그 이마에 인쳐지는 동안 연기되는데(7:1-3), 그 인이 상징하는 바는 그들이 순교자로서 구별되고 있음을 나타내는 것이다. 이제 우리는 인을 떼는 심판과 7장이 어떻게 연관되고 있는지 알 수 있다. 다섯 번째 인이 떼어졌을 때에 먼저 죽은 기독교 순교자들은 자신들의 피를 신원해 달라고 소리친다. 그러나 그들은 기독교 순교자들의 완전한 수가 찰 때까지 기다려야 한다는 말을 듣게 된다. 다시 말하면 순교자들을 신원해 줄 악에 대한 최종적 심판은 어린양을 따르는 나머지 추종자들이 순교할 때까지 연기된 것이다. 그들의 승리가 여섯 번째와 일곱 번째 인을 떼는 것 사이에 놓여 묘사되고 있는 것은 바로 이러한 이유 때문이다. 우리는 아마도 이에 상응하는 그 다음의 심판 시리즈에서 동일한 주제에 관한 좀더 구체적인 설명을 얻으리라 기대해 볼 수 있을 것이다: 여섯 번째 나팔과 일곱 번째 나팔 사이.

순교가 의미하는 것은 무엇인가? 그리스도를 따르는 자들이 순교를 통해 그리스도의 사역을 지속한다고 함은 어떤 의미이며, 어떻게 그것이 그리스도가 죽음으로써 얻은 승리를 완성하는 것이 되는가? 7장까지만 읽었을 때에, 순교는 단순히 순교자들 스스로를 위한 것처럼 보인다. 순교의 의미가 가장 분명하게 드러나 있는 새 출애굽의 이미지를 고찰해 볼 때, 모든 나라들로부터 그의 친백성으로 속량된(5:9) 하나님의 백성은 순교를 통하여 악한 세상으로부터 구원함을 받는 것처럼 보인다. 그들이 하늘에서 승리하고 있는 반면 땅에 있는 그들의 원수들은 마지막 심판을 맞이해야 할 운명에 처해진다. 심판이 연기된 이유는 오직 그들이 순교로써 악한 세상을 빠져나올 수 있기 위함이다. 이것이 바로 7장까지 요한의 설명이 우리에게 말해줄 수 있는 모든 것이다. 그러나 지금까지는 하나님의 나라를 지상에 세움에 있어서 교회의 역할에 대해 하나님께서 목적하시는 바의 실제 비밀이 요한에게 아직 계시되지 아니하였다. 그 비밀은 오직 나팔 시리즈의 여섯 번째와 일곱 번째 심판 사이에서 밝혀진다(10:1-11:13).

인이 떼어진 두루마리

우리는 어린양만이—그의 승리 때문에—인을 떼기에 합당하다고 선포되는(5:1-9) 그 책에 집중할 필요가 있다.[6] 그 책은 하나님의 비밀한 목적을 따라, 세상에 하나님의 통치를 세우는데 있어서 어린양의 승리가 어떻게 효력을 발생하게 되는가를 드러낸다. 오직 어린양만이 그 책을 열어서 내용을 계시할 수 있다. 왜냐하면 그 책에 기록된 하나님의 목적을 성취하도록 가능하게 하는 것은 그의 승리이기 때문이다. 우리가 보게 되겠지만 더욱 특별히 이 책은 그리스도를 따르는 자들이 증거와 희생과 승리에 있어서 그리스도를 따름

6) 이 단락과 다음 단락에 대한 좀더 자세한 논의를 위해서는 다음을 참고하라. Bauckham의 책, *The Climax of Prophecy*, 제9장 ('The Conversion of the Nation').

으로 하나님 나라의 도래에 어떻게 참여하게 될 것인가를 드러낼 것이다. 어린양은 이미 승리하였다. 그렇기 때문에 그는 자신을 따르는 자들이 어떻게 승리하게 될 것인가도 나타낼 수 있다.

그 책은 일곱 인으로 봉해져 있다(5:1). 그리고 6장 1절에서 8장 1절에 걸쳐 어린양이 그 인을 차례로 떼게 된다. 그러나 그 인들을 뗄 때에 발생하게 되는 사건들은 그 책의 내용이 아니다. 요한계시록 해석자들은 너무나 자주 이점을 이해하지 못했다. 단지 인을 떼었다고 해서 그 안의 내용이 자동적으로 드러나게 된다면 그것은 매우 이상한 책이 될 것이다. 일곱 인을 뗄 때에 일어나는 사건들은 단지 인을 뗌과 동시에 수반되어 나타나는 사건일 뿐이다. 인들을 차례로 떼는 것은 요한으로 하여금 이 책 내용의 계시를 예비하는 일련의 환상들을 전개하도록 도와주는 하나의 문학적 장치인 것이다. 인을 떼는 것에 수반되는 일곱 심판들이나 혹은 일곱 번째 마지막 인(참조, 8:1-6)을 뗌과 동시에 시작되는 일곱 나팔의 울려퍼짐들은 모두 그 책의 내용에 해당되지 않는다.

그 책은 이제 인이 떼어진 상태로 10장 2절, 8-10절에서 다시 등장하고 있다. 대부분의 해석자들은 10장 2, 9-10절에서 사용되고 있는 단어(비블라리디온[βιβλαρίδιον]은 [역자 주: βίβλιον과 비교해서] 크기에 있어서 매우 작은 책을 의미한다. 그러나 당시 헬라어의 많은 소형의 의미들과 마찬가지로[7] 비블리온[βίβλιον]과 의미의 차이를 둘 필요는 없다)를 잘못 오해하여 10장에 등장하는 책이 5장의 책과는 다른 것이라고 가정해 왔다. 그러나 요한은 그 책들이 동일한 것임을 주의깊게 암시한다.[8] 이 책을 하늘로부터 가지고 내려

---

7) 역자 주: θηρίον은 모양에 있어서 θήρ의 축소된 형태이다. 즉 엄밀히 말하면 후자는 동물이고 전자는 작은 동물이란 의미를 갖는다. 그러나 이 당시 이 두 단어는 서로 구별없이 사용되었다.

8) 이점은 다음의 책에서 설득력 있게 주장되고 있다. F. D. Mazzaferri, *The Genre of*

온 천사(10:1-2)는 '힘센 다른 천사'로 불리워짐으로써 첫 번째 '힘 있는 천사'가 언급되고 있는(5:2) 5장 1-9절과 문학적인 연결고리를 형성하고 있다. 더욱 의미심장하게도 4, 5장과 10장에 걸쳐서 요한은 에스겔의 첫 환상을 가깝게 따르고 있다(겔 1:1-3:11). 에스겔과 마찬가지로 그는 신적 보좌의 환상을 보게 되는데(계 4장; 참조, 겔 1장) 그 환상은 선지자에게 전할 예언적 메시지를 준비한다. 요한은 하나님의 손 안에 책이 있음을 묘사하고 있는데(5:1) 이는 에스겔의 묘사(겔 2:9-10)를 비슷하게 본뜨고 있는 것이다. 에스겔의 경우 하나님께서 직접 그 책을 펴신 후(2:10) 선지자에게 주면서 먹으라고 명령하신다(3:1-2). 책을 먹는다는 것은 선지자가 자신이 전하게 될 신적 메시지에 몰입함을 상징한다. 에스겔이 그것을 먹었을 때 이것은 선지자의 입에서 달기가 꿀과 같았다(겔 3:3).

우리가 앞에서 지적하였듯이, 요한계시록에서 구약의 본문을 떠올리는 암시들은 5장 1절에서 시작한 후 10장 2, 8-10절에서 계속된다. 여기서 천사는 펼쳐진 책을 요한에게 주어 요한이 그것을 먹게 되는데 그는 이것이 그의 입에서는 꿀처럼 달고 배에서는 쓰다는 것을 발견한다. 에스겔과 요한계시록의 차이점은 그 책이 펼쳐지는 장면에 놓여 있다. 요한계시록에서는 그 책이 어린양에 의해 먼저 펼쳐진 후에야 요한이 그것을 받아 먹을 수 있다. 따라서 그 책은 어린양에 의해 하나님의 손에서 취해지며(5:7), 어린양이 그것을 펼치게 된다(6:1, 3, 5, 7, 9, 12; 8:1). 그 후에 그것은 한 천사에 의해 하늘에서부터 땅으로 취해져(10:1-2) 요한이 그것을 받아 먹게 된다(10:8-10).

하나님으로부터 선지자 요한에게 전해진 이러한 일련의 계시들은 1장 1절에서 말한 것과 정확히 일치하고 있다. 1장 1절은 이 책

---

the Book of Revelation from a Source-Critical Perspective (Berlin and New York: de Gruyter, 1989), 265-79.

의 내용인 바 그 계시들이 하나님께서 당신의 종들에게 보이시려고 예수 그리스도에게 계시하신 것이며 이로써 예수 그리스도는 그의 천사를 자신의 종 요한에게 보내어 알려주셨다고 진술한다(참조, 22:16). 우리는 이제 이러한 일련의 계시에 필연적인 관련 인물로 여겨지는 천사가 왜 이 책의 10장 1절까지 나타나고 있지 않은 지 이해할 수 있다(역자 주: 힘센 천사는 5:2; 10:1; 18:21에 등장한다). 요한이 그의 책에서 전달하고 있는 예언적 계시의 주된 내용은 10장에 이르기까지 그에게 주어지지 않고 있다. 그 이전까지의 모든 것은 서두에 불과하다—그것은 이 계시를 이해하는 데 있어 긴요한 것이지만 그것 자체가 계시는 아니다. 많은 사람들은 바로 이러한 점을 간과하고 있다. 하지만 사실 이 점을 인식하는 것이야말로 요한계시록을 이해하는 데에 있어서 매우 핵심적인 것이다.

책의 내용이 요한에게 알려지는 시점은 여섯 번째와 일곱 번째 나팔의 울림 사이에 길게 놓여진 삽입 단락 시작 부분이다(10:1-11:13). 9장 12절과 11장 14절에서 경계를 긋고 있는 표시들은 이 삽입 단락을 일곱 번째 나팔이 아닌 여섯 번째 나팔과 확고하게 연관시키고 있음이 주목된다. 왜 이 책은 일곱 심판들 중 두 번째 시리즈 마지막에 가까운 이 시점에서 요한에게 주어진 것일까? 우리는 앞서 제2장에서 세 시리즈의 심판들 모두가 4장에 나오는 하나님의 환상, 즉 거룩하시고 주권자되신 하나님에 관한 환상과 밀접하게 연관되어 있음을 살펴보았다. 그 심판들은 하나님의 거룩한 뜻을 악한 세상에 쏟아 부었다. 그러나 여섯째 나팔의 심판을 포함해서 지금까지의 심판들은 엄격히 제한되어 있다(참조, 6:8; 8:7-12; 9:5, 15, 18). 그것들은 인류로 하여금 회개하도록 이끄는 경고성의 심판들이다. 그러나 삽입한 단락 직전인 9장 20-21절에서 그것들은 사실상 그러한 효과를 갖지 않는 것으로 명백히 진술된다. 그 심판들에서 살아남은 자들은 회개하지 않는다. 암시되고 있듯이 심판들만으로는 회개와 믿음을 이끌어 낼 수 없다.

삽입 단락 초반부에서 나머지 심판 시리즈들—일곱 우뢰들(10:3-4)—이 분명히 나타났다가 철회된 것은 바로 이러한 이유 때문이다. 이 책과는 달리 일곱 우뢰들은 인봉된 채로 남아 있게 되었고, 요한은 이 내용들을 그의 예언에 포함시키지 않았다(10:4). 달리 말하자면 점차 가혹하지만 경고성에 지나지 않는 심판들의 전개는 더 이상 확장되지 않게 된 것이다. 그것은 하나님의 인내가 다했다는 것이 아니라 그러한 심판들은 회개를 이끌어 낼 수 없다는 것이다. 따라서 심판 시리즈는 땅의 사분의 일을 황폐화시키고(6:8) 그리고 땅의 삼분의 일을 황폐화시키는 시리즈(8:7-12; 9:15, 18) 후에, 우리의 예상을 뒤엎고, 땅의 절반을 황폐화시키는 시리즈가 뒤따르지 않는다. 의심할 나위 없이 일곱 우뢰들도 그러한 심판 시리즈였을 것이다. 그러나 이제 남은 것은 오직 마지막 심판, 즉 일곱 번째 나팔의 심판 뿐이다(10:7). 일곱 번째 나팔의 내용은 일곱 대접들로써 자세히 설명되고 있는데(15:1) 그것들은 제한되지 않는 완전한 심판들이며(16:2-21) 회개하지 않는 자들을 궁극적으로 파멸시키는 심판이다.

만약 일곱 우뢰들이 일어나지 않아 그 결과 인봉된 채로 남아 있게 될 때에(10:4) 요한에게 계시되고 있는 것은 그 책의 내용 뿐이다. 이것은 심판들만으로는 성취할 수 없었던 것을 성취하기 위한 하나님의 아직 계시되지 않은 목적이다: 세상이 회개하는 것. 그 책을 먹은 후 요한은 그것의 내용을 예언함으로 밝히도록 지시받는다: '네가 많은 백성과 나라와 방언과 임금에게 다시 예언하여야 하리라'(10:11). '다시'라는 말은 이 예언을 단지 선지자로서의 요한의 이전 행위뿐만이 아니라, 10장 7절이 언급하고 있는 이전의 모든 선지자들이 말했던 계시들과도 대조시키고 있는 것이다. 요한이 지금껏 자신의 환상에서 묘사해온 모든 것을 포함하여 땅 위에 하나님의 나라를 궁극적으로 세울 그분의 목적에 대해 하나님께서는 구약과 신약 시대의 선지자들에게 이미 계시하셨다. 이제까지 계시되지 않은 것이 있다면 그것은 어린양을 따르는 자들이 자신들의 증거와 죽음을 통해 이 세상이 회개하고 믿음을 가지도록 이끄는 데 있어서 어떠한 역할을 하게 될 것인가에 관한 것이다. 조금 전 10장 11절에서 인용된 문장이 '네가 … 와 많은 백성에 관하여 다시 예언하여야 하리라'고 번역되어야 하는지 혹은 '네가 … 와 많은 백성에게 다시 예언하여야 하리라'라고 번역되어야 하는지의 여부는 아직 논란의 여지가 있다. 둘 중 어떠한 해석도 그 뜻은 통한다. 원래 요한의 예언은 만국을 향한 선지적 증인들로서 교회들이 담당해야 할 역할에 관하여 교회들에게 주어진 계시이다. 그러나 또한 간접적으로 그것은 만국을 향한 교회들의 선지적 증거를 그 내용으로 하고 있다.

그 책의 내용은 즉각적으로 요약해서 계시된다. 11장 1-13절에서. 그러므로 이 단락은 요한의 전체 예언에 있어서 중심적인 메시지가 된다. 이 본문이 여기에 놓임으로써 만국을 향한 교회의 증거가 어떻게 마지막 심판 전에 오게 되는지를 나타내주고 있다. 하나님의 나라는 그 마지막 심판인 일곱 번째 나팔과 함께 궁극적으로 도래한다(11:15-19). 그 다음 12-15장에서는 교회가 악의 권세들과 갖게 되는 승리적 투쟁이 좀더 확대되어 다루어지며 이것은 이후 이어지는 마지막 심판과 그 결과들에 대한 상세한 설명(15-22장)과 연결된다. 11장 1-13절과 12-15장 사이의 관계는 11장 1-13절에서 일련의 새로운 이미지들이 도입되는 방식을 통해 관찰되어질 수 있다. 이 이미지들은 간결하면서도 난해하여 뒤따르는 장들에서 상세히 다루어지게 될 것을 예측하게 한다: 큰 성(11:8), 짐승 그리고 그것이 성도들과 더불어 벌이는 전쟁(11:7), 교회와 짐승과의 쟁투 기간을 나타내는 상징적 기간들(11:2-3). 이 이미지들은 짐승과 벌이는 교회의 투쟁이 보다 더 큰 문맥 가운데에 놓여지고 있는 12-15장에서도 사용되고 있다. 그러나 11장 1-13절에서 요한은 교회의 증거가 만국의 회개와 믿음을 확보하는 방법에 대하여 가장 상세하게 다루고 있다. 따라서 우리는 이 단락에 각별한 주의를 기울여야 한다.

두 증인들

그 책이 담고 있는 내용은 신실한 그리스도인들이 순교를 당하게 될 것이라든가 혹은 그들의 순교가 곧 그들의 승리가 될 것이라는 것이 아니다: 이러한 것들은 이미 6장 9-11절, 7장 9-14절에 명백히 나와 있다. 그 새로운 계시는 성도들의 충성된 증거와 죽음이 곧 세상의 만국을 회심시키는데 있어서 그 수단이 될 것임을 그 내용으로 하고 있다. 그들의 승리는 단지 심판을 받게 되어 있는 세상으로부터 그들 자신만의 구원이 아니라, 7장을 통해서 짐작할 수 있듯이, 그것은 나라들의 구원을 포함한다. 하나님의 나라는 단지 반역하는 세상으로부터 그의 통치를 인정하는 선민들만을 구원하심으로써, 그리고 단순히 반역자들을 없애버리심으로 인해 세상을 정복하심으로 도래하지 않는다. 하나님의 나라는 하나님의 통치를 이미 인정하고 있는 선민들이 자신들의 희생적 증거를 통하여 반역하는 나라들까지도 그분의 통치를 인정하도록 이끌 그때에 도래하게 될 것이다. 하나님의 백성이 모든 나라들로부터 대속된 것은(5:9) 예언적 증거를 모든 나라들에게 전파하기 위함이다(11:3-13).

이것이 바로 두 증인들의 이야기(11:3-13)가 상징적으로 나타내고 있는 내용이다. 여기서 각각의 두 증인들은 세상을 향해 충성되게 증거하고 있는 교회를 나타낸다. 이들의 이야기는 마치 이 이야기에서 나오는 일련의 사건들이 교회의 역사적 사건들에 상응하는 것인 양, 문자적으로나 혹은 풍유적으로조차 다루어져서는 안 된다. 그 이야기는 교회의 증거가 갖는 성격과 그 결과를 극적으로 나타내 주는 하나의 비유에 더욱 가깝다. 그러므로 예를 들어 그 이야기가 오직 모든 신실한 그리스도인들이 그들의 증거를 완수하고 순교를 당한 후에야 원수들의 눈 앞에서 보상받게 될 것이고 그리고 나서 원수들이 회심하게 될 것임을 암시하고 있다고 가정해서는 안 된다. 그 이야기는 그리스도인들이 세상을 향해 신실한 증거를 전파하는 모든 기간 동안 일어나게 될 것을 극적으로 표현하는 것에 더욱 가깝다.

두 증인들은 촛대와 동일시되고 있는데(11:4) 이는 곧 그들이 세상을 향해 증거하는 교회를 상징하고 있음을 보여준다. 1장에서 촛대는 교회들을 상징하며 일곱 교회들은 일곱 촛대들로 나타난다(1:12, 20). 그들이 단지 두 명 뿐이라는 사실은 그들이 전체 교회의 일부에 지나지 않다는 것을 나타내기 위함이 아니다. 그것은 오히려 두 증인들의 증언에 의해서만 증거를 믿을만한 것으로 확증시키도록 잘 알려진 구약의 요구에 부응한다(신 19:15). 그러므로 이들은 충성된 증인으로서의 역할을 완수하는 한에 있어서 교회이다. 증인들로서 그들은 또한 선지자이기도 하다(11:3, 10). 특히 엘리야와 모세라는 구약의 인물들을 본뜨고 있다(11:5-6; 참조, 왕하 1:10-12; 왕상 17:1; 출 7:14-24).[9]

그러나 그들은 되살아난 엘리야와 모세가 아니다. 왜냐하면 두 증인들은 동시에 엘리야와 모세가 가진 권능들을 모두 소유하고 있기 때문이다(11:6). 여기서 모세나 엘리야 그 누구도 율법과 선지자를 대표하고 있지는 않다. 두 명 모두 선지자이다. 두 명 모두 이교

9) 일반적인 묵시적 전통에서는 에녹과 엘리야를 본뜨고 있다는 점에서 요한계시록 11장은 그것들과 구분된다.

적 우상숭배의 세상에 맞서는 선지자들로서, 그들은 세상을 향해 예언적 증거를 감당하는 교회의 선례가 된다.

모세와 엘리야는 순교를 경험하지 않았다. 그러나 신약 시대에 있어서 순교는 대부분의 구약 선지자들의 운명이었다고 종종 생각되었고, 또한 실제로 어떤 선지자든 예상할 수 있는 운명이었다. 그러나 11장 8절은 두 증인들의 죽음에 있어서 주요한 선례는 예수의 죽음이라는 사실을 보여준다. 이러한 유사점은 삼일 반 후에 부활하여 승천한 증인들의 모습 속에서 계속되고 있다(11:11-12). 요한은 복음서 이야기의 '삼일'을 전형적인 묵시적 숫자인 삼일 반으로 바꾸었다. 따라서 그 증인들이 계속하고 있는 것은 다름 아닌 예수 자신의 증거이며 그들의 죽음은 곧 어린양이 흘린 피에로의 참여이다. 11장 9-10절의 용어들이 그 범위에 있어서 우주적임을 볼 때에 이 증인들의 증거가 만국을 향한 것이었음이 또한 분명해진다. 비록 그 큰 성이 예수께서 십자가를 지신 곳이라는 언급에도 불구하고(11:8), 두 증인들의 예언과 죽음 그리고 보상이 이루어지는 장소인 그 큰 성은 예루살렘일 수 없다. 요한계시록의 다른 곳에서 '큰 성'은 바벨론을 상징하면서 로마를 지칭하고 있다(14:8; 18:16, 18, 19, 21). 그러나 이 '큰 성'에서 예수가 십자가를 지셨다는 언급으로 보아 이곳이 오직 로마를 지칭하고 있다고 말할 수 없다. 이것은 교회가 만국을 향해 예언적 증거를 감당하고 있는 모든 도시들을 지칭한다.

심판만으로는 회개를 이끌어낼 수 없다(9:20-21). 증인들의 증거가 회개를 가져온다(11:6, 13). 물론 그 증인들의 증거는 심판들과 상관없이 독자적으로 선포되는 것이 아니라 심판들과 결합되어 선포되지만 말이다. 그 비록 생명을 희생하기조차 하는 참 하나님과 그분의 의로움에 대한 인내의 증거야말로 심판들의 강력한 징후임에는 틀림없지만, 중요한 것은 단지 이러한 증거가 심판들의 징후를 강화하지 않는다는 것이다. 또한 구두적인 증거가 수반될 때 그 심판들이 하나님의 심판들로서 인지되어질 수 있다는 것도 아니다. 중요한 것은 회개하는 자들을 기꺼이 용서하시려는 하나님의 은혜로움을 심판들 그 자체는 전달하지 못한다는 사실이다. 비록 그 단락이 주고 있는 증인들의 대체적인 인상은 준엄하게 보일 수도 있겠지만, 우리는 그들이 회개를 상징하는 베옷(참조, 요 3:4-10; 마 11:21; 눅 10:13)을 입고 있음을 매우 중요하게 생각해 한다(11:3). 왜냐하면 이것은 그들이 말하고 있는 바가 무엇인지를 암시해 주기 때문이다. 이것이 의미하는 바는, 그들이 우상숭배와 악에 빠진 세상(9:20-1)에 맞서 참 하나님과 그의 다가올 심판(참조 14:7)을 선포하고 있기지만 이들은 바로 회개에로 부름을 위해 그렇게 판단하고 있다는 것이다.

그러므로 이들의 증거가 그들의 죽음으로 무의미하게 끝나지 않고 진리로서 확증된 이상(11:11-13), 이것을 보는 모든 자들은 회개한다. 그리고 13절은 모든 살아 남은 자들이 진실로 회개하고 한 분이신 참 하나님을 인정하게 될 것을 분명하게 보여주고 있다. 그들의 반응에 대한 묘사는 14장 6-7절에서 모든 나라들에게 하나님을 인정할 것을 요구하는 천사의 권고에 상응한다. 그것은 또한 9장 20-21절과 대조를 이룬다(참조, 16:9-11). 나팔들의 심판 후 '남은 사람들'(*οἱ λοιποί*)은 회개하지 않았(9: 20)으나 증인들이 인정함을 받음과 동시에 일어난 지진 후에 '남은 사람들'(*οἱ λοιποίς*)은 하나님을 두려워 하며 그분께 영광을 돌렸다(11:13).

11장 13절에 나오는 상징적인 산술은 증인들의 증언이 가져온 결과가 주목할 만하게도 우주적이고 긍정적이었음을 강조한다. 구약의 선지자들에 의해 선언된 심판들에 있어서 십분의 일(사 6:13; 암 5:3)이나 혹은 칠천 명(왕상 19:18)은 심판이 대부분의 사람들을 제거해 버렸을 때에 남겨진 신실한 남은 자들이다. 요한은 독특하게도 이것을 절묘하게 빗대어 뒤집어 놓는다. 오직 십분의 일만이 심판을 당하며 십분의 구는 심판에서 남겨진 '남은 사람들'이 된다. 신실한 소수가 아닌 다수의 믿지 않는 자들이 남게 된 것은 그들로 회개하고 믿음을 갖게 하기 위해서다. 증인들의 증거 덕분에 심판은 사실상 구원을 가져오는데 일조한다. 이러한 방식으로 요한은 증인들의 앞선 선례로서 제시했던 구약 선지자들과의 대조를 통해 두 증인들의 증거가 지닌 혁신성을 지적하고 있다. 이것은 특히 칠천 명에 대한 언급이 엘리야 사역의 결과를 암시하고 있다는 점에서 더욱 그러하다. 엘리야는 남겨진 칠천 명 이외의 모든 자들에게 심판을 가져와야 했다(왕상 19:14-18). 두 증인들은 심판받는 칠천 명을 제외한 모든 자들이 회심하도록 하게 할 것이다. 물론 이러한 대조는 상징적인 용어들로 만들어진 것이다. 따라서 회심하지 못한 사람이 왜 꼭 칠천 명이어야 했는가를 의아해 하는 것은 적절하지 못한 생각이다.

증인들이 되어 만국으로 하여금 한 분이신 참 하나님에 대한 믿음을 갖도록 인도하는 것은 하나님의 종말론적인 백성이 담당하게 될 전혀 새로운 역할이다. 이것은 오직 어린양만이 펼쳐볼 수 있는 두루마리 책에 의해 계시된 것이다. 만약 우리가 어떻게 교회의 예언적 증거가 구약의 선지자들도 해내지 못했던 이러한 결과들을 가져올 수 있겠는가라고 묻는다면 이 대답은 의심할 여지없이 증인들의 증거가 지니는 권능은 다름 아닌 어린양 자신의 승리로부터 나온다고 말할 수 있을 것이다. 왜냐하면 그의 증거는, 곧 죽음에 이르기까지 지속되었다가 부활에 의해 참된 것으로 확증받은 증거로서 강력한 권능을 지니게 되었다. 어린양을 따르는 자들 역시 죽음에 이르기까지 충성된 증인들이 될 때에 그들의 증거는 이러한 권능에 참여하게 된다.

11장 11-12절의 상징적인 내러티브가 의미하는 바는, 만국이 죽음을 정복한 그리스도의 승리에 순교자들도 참여했음을 깨닫고 난 후 비로소 그들의 증거가 참되다고 확신하게 될 것이라는 내용이지, 결코 순교자들의 문자적인 부활을 목도하고 나서야 확신하게 될 것이라는 뜻은 아니다. 사실 교회의 초기 세기에 있어서 기독교의 순교가 사람들을 감동시켜 그들을 기독교적 하나님에 대한 믿음으로 이끌었던 방식은 정확히 앞서 말한 바와 같았다. 순교자들은 복음의 진리에 대한 효과적인 증인들이었다. 왜냐하면 사망을 이기신 그리스도의 승리에 대한 그들의 믿음은 그들이 죽음을 대면하고 순교했던 순간에 있어서 너무도 확신있고 분명했기 때문이다.

짐승을 물리침

우리가 그동안 살펴본 세 개의 주요한 상징적 모티프들 가운데 —메시야적 전쟁, 새 출애굽 그리고 증인—두 증인들의 이야기(11:3-13)를 지배하고 있는 것은, 비록 메시야적 전쟁(11:7)과 새 출애굽(11:6, 8)에 관한 암시도 있기는 하지만, 물론 세 번째 모티프이다. 이들 암시들은 12-15장에서 다시 취해지며 발전된다. 12-15장에서는 하나님 나라의 도래에 있어서 그리스도를 신실하게 따르는 자들이 맡게 될 역할에 관한 동일한 주제가 더 자세히 다루어진다. 이번 단락에서 우리는 12-14장에 나오는 메시야적 전쟁에 관한 주제를 고찰해 볼 것이다.[10)]

요한계시록은 그의 독자들 혹은 청중들에게 '이기라'고 요청하고 있는데 이것은 요한계시록의 구조와 주제에 있어서 매우 중요한 것이다. 그것은 독자로 하여금 악에 대항하는 신적 전쟁에 능동적으

10) 본 단락에 관한 좀더 상세한 논의를 위해서는 다음을 참조하라. Bauckham, 'The Book of Revelation as a Christian War Scroll' (n. I above).

로 참여할 것을 요구한다. 일곱 메시지들을 결론짓는 이기는 자들에게 주어지는 약속에서 표현되고 있듯이(2:7, 11, 17, 28; 3:5, 12, 21), 교회들을 향한 일곱 메시지에서 언급되고 있는 모든 것들은 이러한 목적에 초점이 맞추어져 있다: 그 약속들은 독자들로 하여금 모든 대적자들을 대항하여 하나님의 우주적인 왕국을 세우기 위한 싸움에 참여할 수 있도록 격려한다. 요한계시록 전체의 절정인 21장 7절에서 이기는 자에게 주어지는 단 하나의 약속뿐만이 아니라 2-3장의 약속들이 지니는 종말론적인 내용은 교회의 구성원들이 새 예루살렘에 들어갈 수 있는 길은 오직 이김을 통하여 가능함을 보여주고 있다(참조 22:14). 교회들을 향한 일곱 메시지와 새 예루살렘에 관한 마지막 환상 사이에 놓이는 환상들은 독자들로 하여금 환상들 하나 하나를 통하여 이기는 것이 무엇과 관련되어 있는가를 이해할 수 있게 할 것이다.

'이기다' 라는 동사는 12장에 이르기까지 무엇을 이겨야 하는지 그 대상에 대한 언급도 없이 (하나의 예외가 있다면 짐승이 그 동사의 주어로서 나타나는 11:7이다) 호기심을 자아내며 방치되어 있다. 그 까닭은 하나님의 으뜸된 원수들, 즉 하나님의 나라를 이룩하기 위해서 반드시 물리쳐야 할 대적들이 오직 12-13장에 이르러서야 소개되고 있기 때문이다. 그 대적들은 사단적인 삼위일체를 구성하고 있다: 용 혹은 뱀 (하나님께 대한 모든 반대에 있어서 태초의, 그리고 초자연적인 근원), 짐승 혹은 바다 괴물 (로마의 제국적 권세), 그리고 두번째 짐승 혹은 땅의 괴물 (제국의 예배 의식을 선전하는 배후 무리들).[11] (로마 도시의 타락하고 착취적인 문화를 나타

11) 이들 세 존재들에 있어서 요한계시록과 관련하여 그 신화적인 배경과 역사적인 문헌에 대해서는 다음을 참조하라. G. R. Beasley-Murray, *The Book of Revelation* (London: Marshall, Morgan & Scott, 1974), 191-221; A. Yarbro Collins, *The Combat Myth in the Book of Revelation* (Harvard Dissertations in Religion 9;

내고 제국의 정치적이고 군사적인 능력에 의해 유지되는 거대한 음녀 바벨론은 17장에 이르러서야 소개되고 있는데 앞서 말한 괴물들과는 조금 다른 신분을 갖는다. 그리스도인들은 그 음녀를 이기도록 요청받는 것이 아니라 '그녀로부터 빠져나올 것'을 요청받는데(18:4), 다시 말해서 그녀의 악으로부터 자신들을 단절시키라는 요청을 받는다.)

12-13장의 이러한 이미지들이 갖는 강력한 신화적인 반향들은 로마 권력과 그리스도인들 사이에 있게 될 대결을 하나님과 그의 신실한 백성들을 대항해 일으키는 악의 우주적 전쟁의 관점 속에 놓는다. 뱀과, 장차 그를 물리칠 아이를 낳게 될 여자의 첫 대결(12:1-5)은 에덴 동산에까지 거슬러 올라간다(창 3:15). 그리고 그 여자는 하와인 동시에 메시야가 태어난 시온이기 때문에(참조, 사 66:7-9) 뱀과의 대결은 그리스도 이전 시대의 이스라엘 역사 안에서도 펼쳐진다. 혼돈의 괴물과 싸워 신적인 전사가 승리하게 되는 아주 오래된 신화적인 이미지들이 다시 재현되고 있다. 용은 리워야단, 즉 마지막 날에 주께서 큰 칼로 징벌하시게 될 일곱 머리를 가진 뱀이다(사 27:1). 한편 짐승의 기원도 역시(단 7:2-8에 나오는 괴물을 매개로 하여) 리워야단으로 거슬러 올라간다. 왜냐하면 그것은 바다에서 나타나고 있기 때문이다. 더욱이 바다 짐승과 땅의 짐

Missoula, Montana: Scholars Press, 1976), chapter 4; J. M. Court, *Myth and History in the Book of Revelation* (London: SPCK, 1979), chapter 6; F. R. McCurley, *Ancient Myths and Biblical Faith* (Philadelphia: Fortress Press, 1983), chapters 2-3; S. R. F. Price, *Rituals and Power: The Roman Imperial Cult in Asia Minor* (Cambridge University Press, 1984), 62-4; R. Bauckham, 'The Figurae of John of Patmos', in Ann Williams, ed., *Prophecy and Millenarianism: Essays in Honour of Marjorie Reeves* (London: Longman, 1980), 107-25: revised version (chapter 6: 'The Lion, the Lamb and the Dragon') in Bauckham, *The Climax of Prophecy*.

승의 결합(13:1, 11)은 바다와 육지를 각각 다스리는 전형적인 한 쌍의 괴물들인 리워야단과 거대한 짐승(Behemoth, 역자 주: 욥 40:15-24을 참조하라)을 반영하고 있다. 그러므로 짐승의 형상을 가진 이러한 존재들은 본질적으로 악의 태고적 세력들이다. 그것들은 궁극적으로 마지막 날 신적인 전사에 의해 패하도록 운명지어졌다. 그러나 현재적으로는 로마 제국의 포악한 권력의 모습을 띠고 있으며 그것의 군사적인 폭력과 자기 권력의 신격화을 이룸에 있어서 과거의 악한 제국들까지도 능가하고 있다(단 7:2-8).

그리스도인들이 어린양의 군대로서(14:1-5) 부름받아 죽기까지 감당하는 충성된 증거로써, 즉 어린양의 피로써 물리쳐야 할 대상은 바로 이러한 위협적인 세력들이다. 그리스도인들은 이미 그렇게 용을 패배시켰다(12:11). 그러므로 이제 용이 하늘에서 쫓겨나 제국적 권력의 모양을 띠고 자신의 힘을 땅에 쏟아붓고 있으므로(12:12, 18-13:2) 그리스도인들은 그 짐승을 물리쳐야 한다(15:2). 그러나 '이기다' 라는 동사의 용법이 그렇게 단순하지는 않다. 11장 7절에서 이미 예상할 수 있듯이, 그 짐승은 성도로 더불어 전쟁을 일으켜 그들을 이기도록 허락받았다고 언급되고 있다(13:12). 이것이 뜻하는 바는 짐승과 그리스도인들이 각각 승리를 취한다는 의미가 아니다; 오히려 하나의 동일한 사건—그리스도인들의 순교—이 그리스도인들에 대한 짐승의 승리로서 묘사되고 있는 동시에 짐승에 대한 그리스도인들의 승리로도 묘사되고 있다. 이러한 방식으로 요한은 다음과 같은 문제를 제기한다: 누가 진정한 승리자인가? 그 해답은 짐승을 예배하는 자들이 지닌 지상적 관점에서 사건을 볼 것이냐, 아니면 요한의 환상이 그의 독자들을 위해 펼쳐놓은 천상적 관점에서 사건을 볼 것이냐의 여부에 달려 있다.

이 땅에 사는 자들에게 있어서(13:8) 짐승이 순교자들을 이기었음은 분명하다. 그 어떤 것도 거칠 것 없이 세상의 칭송과 경배를 얻고 있는 짐승의 정치적이고 군사적인 힘은 여기서 예수의 증인들에 대해서조차도 승리적인 것처럼 보인다. 그 짐승이 기독교 순교자들을 죽음에 몰아넣고도 분명히 아무런 형벌도 받지 않는다는 사실은 신적인 힘을 지녔으며 아무도 그것에 대항할 수 없다는 것을 확고히 증명하는 것처럼 보인다. 누가 진정한 하나님인가 －짐승인가 아니면 순교자들이 증거하는 하나님인가－ 에 관한 법정적 논쟁에 있어서 그 판결은 분명해 지는 듯하다: 순교자들의 증거가 잘못된 것으로 입증되었다.

분명 당시의 그리스도인들조차도 이러한 시각으로 상황을 볼 수밖에 없었다. 그들은 압도적인 국가의 힘과 이교적 사회의 압도적인 압력에 항거하는 소수의 힘 없는 백성이었다. 타협에 대한 거절은 그들을 더욱 가혹한 희생자로 만들 뿐이었다. 짐승이 누구도 저항할 수 없는 존재로 증명되었음에도 이것에 대항하는 것은 무슨 의미가 있는가? 그러나 천상적 관점에서 볼 때 상황은 전혀 다르게 보인다는 것이 바로 요한의 메시지이다. 순교자들이야말로 진정한 승리자들이다. 죽음에 이르기까지 참 하나님을 충성되게 증거하는 것은 짐승의 희생자가 되는 것이 아니라 오히려 짐승에게 행동을 개시하여 이기는 것과 같다. 그러나 오직 하늘의 환상(7:9-14; 15:2-3)이나 혹은 하늘로부터의 음성(11:12; 14:2) 속에서만 순교자들은 승리자로 인식될 수 있다. 따라서 경험상의 동일한 사실에 대해 왜곡된 평가를 내리도록 하는 짐승의 허황된 선전, 그것이 지닌 세속적인 망상을 천상적 관점으로 꿰뚫어 보아야 한다: 짐승의 외관상의 승리는 순교자들의－따라서 하나님의－진정한 승리이다.

천상적인 관점은 진리의 힘을 소유하고 있다. 신으로 자처하는 짐승의 거짓된 주장들에 대항하여 참 하나님을 증언할 때, 그리고 짐승의 거짓말들을 인정함으로써 죽음을 면할 수 있음에도 불구하고 그렇게 하기를 거절할 때 순교자들은 거짓에 대한 진리의 승리를 얻게 된다. 짐승의 거짓말로는 순교자들을 속일 수 없다. 혹은 심지어 강요에 의한 말뿐인 복종조차도 얻어낼 수 없다. 짐승은 그들을 죽일 수는 있으나 진리에 대한 그들의 증거를 저지할 수 없다. 순교자들의 죽음은 그들의 증거를 무효화시키지 않는다. 왜냐하면 순교자들이 죽임을 당하는 순간일지라도 진리를 확신시키는 힘은 그것을 저지하는 단순한 물리적인 힘의 권세를 능가하기 때문이다. 그러므로 아마도 악의 권세들과 어린양의 군대 사이에 놓인 가장 중요한 대조점은 거짓과 진리 사이에 놓인 대조점일 것이다. 용은 온 천하를 속이는 자이며(12:9; 참조, 20:2-3, 7-8), 두 번째 짐승은 신적인 능력을 나타내 보임으로써 땅에 거하는 자들을 미혹하고(13:14; 참조, 19:21), 바벨론은 그 마법으로써 만국을 미혹한다(18:23). 그러나 어린양을 따르는 자들은 어린양 자신과 같이 전적으로 거짓이 없다(14:5; 참조, 3:14).

그러므로 메시야적 전쟁의 주제는 우리로 하여금 진리의 증거라는 주제로 다시 돌아가게 한다. 항상 그렇듯이 요한의 주요한 주제들은 서로를 해석하도록 돕는다. 그러나 메시야적 전쟁 주제는 나름대로의 독특한 중요성을 지닌다. 순교자가 죽을 때 어떠한 일이 일어나고 있는가에 대한 상반된 두 평가에 있어서—짐승도 승리하고 어린양도 승리하는데—요한은 군사적인 이미지를 사용한다. 이러한 군사적인 이미지를 통해서 요한은 우리가 사건을 어떠한 시각으로 바라보아야 하는가에 관한 매우 중요한 이슈를 가장 효과적으로 제시할 수 있게 되었다. 세상은 군사적이고 정치적인 힘이면 거칠 것이 없는 그런 장소인가, 아니면 고통스러운 진리의 증거가 마침내 승리하게 되는 장소인가? 이와 같이 요한계시록은 그의 독자들에게 기독교 신앙의 핵심을 통하여 선지적 통찰력을 제공한다. 이는 곧 예수 그리스도가 고난의 증거를 통하여 모든 악에 대한 포괄적인 승리를 얻으셨다는 사실에 대한 통찰이다. 요한계시록은 또한 '성도의 인내와 믿음'에 대한 요구에서와 같이(13:10; 참조, 14:12), 이러한 통찰을 삶 가운데 용기있게 실천할 것을 요구한다.

현대의 용어는 순교를 '수동적인 저항'이라고 부르고 있는 반면 요한이 사용하고 있는 군사적인 이미지는 순교를 어느 물리적인 전투 못지 않게 능동적인 것으로 만든다. 요한은 로마를 대항한 문자 그대로의 거룩한 전쟁이 요구되는 묵시적 호전성을 거부하고 있지만 그의 메시지에 있어서 '저항하지 말라!'고 말하지는 않는다. 요한의 메시지는 '저항하라!'이다. 단, 폭력이 아닌 증거와 순교로써. 아시아 도시들의 곳곳에서 요한의 독자들은 이교적 국가와 이교적 사회의 우상숭배에 타협하지 않고 저항할 것이다. 그렇게 함으로써 그들은 어린양의 승리의 성취에 있어서 필수적인 역할을 담당하게 될 것이다.

요한은 로마 제국의 권력과의 임박한 갈등에 있어서 모든 충성된 그리스도인들이 순교를 당하게 될 것을 예기하고 있는가? 그는 분명 마치 자신이 그렇게 예기하고 있었던 것처럼 쓰고 있다. 비록 요한계시록에서 '이기다'라는 용어는 단순히 순교자로서 죽는 것을 의미하지 않음에도 불구하고 그것이 죽음의 의미를 내포하고 있음은 분명하다(12:11). 그리스도인들은 죽음에 이르도록 그리고 죽음으로써 충성되게 참 하나님을 증거함으로 말미암아 짐승을 이기며 이 증거를 계속해 나간다. 이러한 방식으로, 죽는 순간까지 계속되는 그들의 충성된 증거는 역시 죽기까지 충성되게 증거하심으로 승리하신 그리스도의 권세에 참여한다: 그들은 '어린양의 피'로써 승리한다(12:11; 참조, 7:14).

그러나 요한계시록에서 '이기는 것'은 특정한 그리스도인들만 감당해야 할 그 어떤 것으로 제시되고 있지 않다. 교회들에게 주어진 일곱 메시지들 각각의 끝에서 이기는 자들에게 주어지는 약속들은 이기는 것이야말로 그리스도인들이 종말론적 목적지에 다다를 수 있는 유일한 길임을 제시하고 있다. 이러한 사실은 하나님 자신께서 직접 이기는 자들에게 약속하시는 21장 7절에서 더욱 분명해진다. 그 구절에서 그리스도인들이 선택할 수 있는 것은 명백하게 오직 두 가지 뿐이다: 이김으로써 종말론적 약속들을 상속받든가 아니면 불못에서 두 번째 죽음을 당하든가(21:8). 요한의 독자들에게 놓인 이와 동일한 양자택일이 22장 14-15절에서도 제시되고 있다 (거기서 '그 옷을 씻어 희게 한' 자들 [즉 어린양의 피에 그 옷을 씻은 자들]은 순교자들이다: 참조, 7:14).

많은 해석자들은 요한이 모든 그리스도인들의 예외없는 순교를 생각하고 있다고 받아들이기를 꺼려왔는데 그것은 이해할 만하다. 그러나 그것은 이들 구절들이 분명하게 의미하고 있는 바이다. 다른 한편으로 요한에게 재림의 때에 신실한 그리스도인들이 마치 여전히 살아 있을 것처럼 기록하는 것도 가능한 것 같다(3:20; 16:15). 이것은 다른 많은 논점들에서와 마찬가지로 이러한 논점에 있어서도 요한계시록의 이미지들이 너무 문자적으로 해석되어 왔다는 사실을 시사해 주고 있다. 매우 능숙한 해석자들조차 너무도 쉽게 요한계시록의 이미지들을 마치 문자적 예언을 위해 해독되어야 할 암호들처럼 취급하는 경향으로 빠지곤 한다.

그러나 이러한 해석은 이미지들을 진지하게 이미지로서 취급하는데 실패한다. 요한이 미래를 이미지들로써 묘사하는 까닭은 문자적 예언이 할 수 있는 것 그 이상을 말할 수 있거나 또는 그 이하를 말하기 위함이다. 그 이하를 말한다 함은 요한계시록이 미래 사건들의 순서에 대한 문자적 윤곽을 제공하고 있지 않기 때문이다. 마치 예언이 역사를 단순히 앞서 써놓은 것이라도 되는 양 말이다. 그러나 그 이상을 말한다 함은 요한이 사용하는 이미지가 하나님께서 미래에 관해 가지신 목적을 볼 수 있는 통찰력을 제공하며 또한 그렇게 함으로써 미래에 대한 독자들의 태도를 형성하여 그러한 신적인 목적에 능동적으로 참여하도록 요청하기 때문이다.

이러한 빛 아래에서 우리는 왜 요한계시록이 미래를 묘사함에 있어서 마치 모든 신실한 그리스도인들이 순교하게 될 것처럼 말하고 있는지를 알 수 있다. 요한계시록의 메시지가 말하는 바는, 만약 그리스도인들이 짐승의 주장들에 반대하여 진리를 증거하는 자신들의 소명에 있어 신실함을 다한다면 결국 짐승과의 심한 마찰을 유발하게 되어 죽음을 가져오게 될 것이라는 내용이다. 13-14장의 이미지들이 이러한 상황을 절대화하는 까닭은 실제로 문제가 되고 있는 바가 무엇인가를 드러내기 위함이다. 짐승은 자신의 신격화에 대해 의견을 달리함을 절대로 용납하지 않을 것이다. 진리의 증거는 짐승의 거짓말에 대한 그 어떤 타협과도 조화될 수 없다. 그러므로 양자택일은 철저하게 단호한 것이 되고 만다. 짐승을 경배하든가 아니면 순교를 직면하든가. 누구도 이러한 단호한 형태로 해야만 하는 이러한 선택을 피할 수 없는 이와 같은 상황 묘사는 교회와 제국 사이의 쟁점을 들여다 보는 요한의 선지적 통찰을 구체적으로 표현해주고 있다. 그 쟁점이란 곧 참 하나님과 짐승의 우상숭배적인 거짓말 사이에는 어떠한 타협도 있을 수 없다는 사실이다. 요한의 통찰은 성경의 선지적 전통에 특징적인 통찰이다(참조, 왕상 18:21). 그것은 모든 신실한 그리스도인들이 사실상 죽음에 처해지게 될 것을 의미하는 문자적인 예언이 아니다.

그러나 이것은 모든 신실한 그리스도인들이 죽을 각오가 되어 있어야 함을 요구한다. 승리에로의 부르심은 그리스도인들이 짐승과의 타협을 통해 죽음을 피할 수 있는 어떠한 중립적 입장도 허용하지 않는다. 요한이 그리고 있는 이러한 상황에 있어서, 순교는 이를 테면 충성된 증인의 본질적인 속성에 속한다. 충성된 증인이라고 해서 모두가 실제로 죽음에 처해지게 될 것은 아니지만, 모든 충성된 증인에게는 만약 순교가 닥치게 되더라도 그것을 받아들일 수 있는 인내와 충성됨이 요구된다(13:10). 만약 승리에로의 부르심을 문자적인 용어들로 옮겨 놓아야 한다면 우리는 그것이 모든 그리스도인들로 하여금 충성된 증거가 초래하게 될지도 모를 순교를 미리 받아들이도록 요구하고 있다고 말할 수 있다.

땅의 추수[12]

12-14장은 성육신(12:5)에서부터 재림(14:14-20)에 이르기까지의 메시야적 전쟁을 묘사하고 있다. 그러나 여기에서 군사적 이미지는 다른 이미지들의 필요에 의해 메시야 전쟁 이야기가 끝나기도 전에 더 이상 사용되지 않는다. 13장에서 우리는 짐승이 성도들을 향하여 전쟁을 수행하고 있음을 보게 된다. 14장 1-5절에서 우리는 어린양의 군대인 순교자들이 시온산 위에서 성공적으로 그 공격에 대항하는 것과 천상에서 그들의 승리를 축하하고 있는 것을 본다. 그러나 이들 어린양을 따르는 자들에 대한 묘사가 끝나기 직전 그 이미지는 군사적인 용어들에서 희생과 증거의 용어들로 전환된다(14:4b-5). 순교자들의 승리가 만국에 미치게 되는 영향(14:6-11)과 재림때 보여이는 전쟁의 궁극적인 결말(14:14-20)은 그후 메시야적 전쟁의 이미지와는 전혀 다른 이미지들로 묘사된다. 그 이유는 우리가 이미 11장 3에서 13장까지를 보아 알고 있듯이, 어린양을 따르는 자들이 메시야적 전쟁에 참여하는 목적이 만국으로 하여금 회개하고 참 하나님에 대한 믿음을 갖도록 하기 위함이기 때문이다. 이것은 전쟁의 이미지로 묘사될 수 없다.

그러므로 순교자들의 증거가 만국에 끼치는 영향은 14장 6-11절

---

12) 이 단락과 그 다음 단락에 관한 더 자세한 논의를 위해서는 Bauckham의 책 *The Climax of Prophecy* 제9장('The Conversion of the Nations')을 보라.

에 나오는 세 천사의 선포들에서 묘사되어진다. 그 선포들은 짐승의 통치에 종속되어 그를 경배했던 전인류에 속한 자들에게 선포된다 (14:6; 참조, 13:7-8). 짐승과 기독교 순교자들 사이의 대립은 만국으로 하여금 선택의 기로 앞에 서게 한다. 순교자들의 증거를 듣고 우상숭배를 회개하든가(14:7) 아니면 짐승을 경배하는 모든 자에게 임할 심판에 직면하든가(14:9-11). 이 선택의 결과는 전체 대결의 결말로서 새로운 이미지—종말론적 완성에 대한 전통적 이미지—로 묘사된다. 이 이미지는 요한계시록에서는 오직 이 시점에서만 도입되고 있다. 이것은 추수의 이미지인데 요한은 두 가지 형태로 그것을 제시한다: 곡식의 추수(14:14-16)와 포도 수확(14: 17-20).

그 이중적 이미지는 요엘서 3장 13절을 그 배경으로 하고 있다. 비록 이 구절은 실제로 포도 추수의 두 단계들을 묘사하고 있지만 추수에 해당하는 히브리어 단어는 거의 보편적으로 곡물 추수에 쓰이며 요한도 역시 그러한 의미에서 이 구절을 읽었다 (그리고 이렇게 한 것도 요한이 처음은 아니다: 참조, 막 4:29). 이러한 방식으로 그는 요엘로부터 두 이미지들—곡물 추수와 포도 수확—을 이끌어 내었다. 여하튼 두 이미지들 모두는 종말론적 완성에 대한 확고부동한 이미지들이다(참조, 사 63:1-4; 마 13:39-42; 막 4:29; 에즈라 4서 4:28-32; 바룩 2서 70:2). 요한은 두 이미지들을 사용하여 재림의 두 가지 국면, 즉 긍정적인 국면과 부정적인 국면을 묘사하였다: 회심한 나라들을 그리스도의 왕국 안으로 불러모으는 것과 회개하지 않는 나라들에 대한 최종적인 심판. 이제까지의 요한계시록 해석자들은 두 이미지들에 대한 이러한 해석을 거의 받아들이지 않았다. 그러나 요한은 세 가지 방법들로 그것을 명확히 나타내고 있다.

첫째로, 두 이미지들은 14장의 초반부에 나오는 한 이미지와 관련되어 있다. '하나님의 진노의 큰 포도주 틀'(14:19)은 바벨론이 모든 나라들로 마시게 했던 '그 음행으로 인한 진노의 포도주'(14:8)와 하나님께서 짐승을 경배한 모든 자로 하여금 마시게 하신 '그분의 진노의 잔에 섞인 것 없이 부어진 하나님의 진노의 포도주 잔'(14:10)[13]을 반향한다. 바벨론의 포도주는 바벨론이 모든 나라들에게 제공하여 그것으로 말미암아 짐승을 경배하도록 꾀어낸 타락의 수단이다. 하나님의 포도주는 모든 나라들에 가한 심판이다(여기에서 욜 3:13과 조합된 사 63:3에 대한 내용으로부터 또한 볼 수 있는 것처럼).

곡물 추수의 이미지에 앞서 나오고 있는 이미지는 14장 4절에서 보여진다: 144,000은 '하나님과 어린양을 위한 첫 열매들로서 사람 가운데서 구속받은 자들'이다. 이 어구는 어린양에 대해 묘사하고 있는 5장 9절을 상기시키고 있다: '각 족속과 방언과 백성과 나라 가운데서 사람들을 피로 사서 하나님께 드리시고.' 그러나 우리는 어린양을 따르는 자들이 그의 희생에 의해 속량된 후 이제 그 자신들을 희생으로 드리게 됨을 보게 된다. 더욱이 그들은 특별한 희생을 드리게 되는 것이다: 첫 열매들. 첫 열매들은 나머지 곡식이 익기 전에 추수되어 그중에서 취해진 첫 단으로서 하나님께 희생으로 드려졌다(레 23:9-14). 14장 4절의 첫 열매들과 14장 14-16절의 전체 추수물의 수확 사이에 놓인 관련성은 어느 유대인이 보더라도 분명할 것이다. 어떤 유대인이든 처음 열매들이 완전한 추수의 증거요 보증이 된다는 것을 의미하지 않고 첫 열매들의 이미지를 사용할 수 없을 것이다(참조, 롬 8:23; 11:16; 16:5; 고전 15:20, 23; 16:15). 그러므로 순교자들은 모든 나라들로부터 속량되어 모든 나라들의 추수의 첫 열매들로서 하나님께 드려진다. 이 모든 나라들을

---

13) 이들 어구들 모두에서 '진노'라 번역된 *θυμός*는 아마도 처음의 어구에서는 '격노'(passion)를 의미하고 있을 것이나(참조, 18:3). 이 두 어구들을 연결시키도록 의도된 것이 명백하다.

수확함은 14장 14-16절에서 묘사된다.

둘째로, 추수와 포도 수확에 대한 묘사는 비록 많은 점들에 있어서 유사하지만 이들 사이에는 주요한 차이점이 있다. 곡물 추수는 오직 한가지 행위로만 나타난다: 수확. 포도 수확은 두 가지 행위로 이루어진다: 포도를 포도주 틀 안으로 모아넣는 일과 포도주 틀을 밟는 일. 이들 두 행위들은 우리가 요한계시록의 후반부에 가서 배우게 되는데 동방의 왕들과 그들의 군대를 아마겟돈으로 모으는 일(16:12-14), 그리고 재림때 만국을 심판하는 일(19:15, 이것은 14:19을 반복하고 있으며, 14:20에서 수수께끼로 남았던 포도주 틀을 밟는 자의 정체성을 드러낸다)에 해당한다. 곡물 추수에 대한 설명은 포도 수확으로 확대되었을 수도 있다. 왜냐하면 곡물을 수확한 후에는 곡물을 타작하는 일(흔히 가축으로 하여금 곡식을 밟게 한다)과 키질하는 일(여기서 좋은 곡물은 겨와 나누어지고 겨는 바람에 날려가거나 불에 태워진다)이 따르기 때문이다. 포도주 틀을 밟는 것이 심판의 이미지를 무리없이 나타내듯이 타작하는 것과 키질하는 것도 그러하다.

그러나 곡물을 수확하는 것은 그렇지 않다. 추수가 심판의 이미지로서 사용되었을 때 타작하는 것은 심판의 한 측면으로 언급되며(렘 51:33; 미 4:12-13; 합 3:12; 마 3:12; 눅 3:17; 참조, 계 11:2) 악인들은 바람에 날리거나 불에 태워지는 겨에 비유되기도 한다(시 1:4; 35:5; 사 17:13; 29:5; 단 2:35; 호 13:3; 마 3:12; 눅 3:17). 의인과 악인을 구별하는 심판은, 알곡을 모아 곡간에 들이고 반면 쭉정이(이것은 수확 직전에 뽑혀진다)나 겨는 불태워지는 것(마 3:12; 13:30; 눅 3:17)으로 상징화 될 수 있을 것이다. 수확이라는 특정한 행위은 심판의 부정적인 이미지가 결코 아니며, 추수도 그 자체로서 부정적인 이미지가 거의 아니다(호 6:11).[14] 종말론적 성취에 대한 언급과 관련하여 수확은 항상 백성을 왕국 안으로 불러 모으는 긍정적인 이미지이다(막 4:29; 요 4:35-8). 도시에 거주하는 현대 독자들은 기계화되지 않은 농업 과정을 생각하는 것에 익숙하지 않기 때문에 당연히 성경의 추수 이미지들을 구분하려 들지 않는다. 그러나 고대의 독자들은 이러한 점에 있어서 우리와 다르다. 묘사되고 있는 행동들은 고대의 독자들에게 매우 친숙한 것들이었다. 그들은 요한계시록에서 포도 수확의 묘사는 심판을 상징하는 과정들로 진행되지만, 곡물 추수에 대한 묘사가 심판을 상징하는 과정들로 진행되지 않는다는 사실을 즉시 알아차렸을 것이다.

셋째로, 곡물 추수에서 나타나는 단일한 행동은 구름 위에 앉아 면류관을 쓰고 있는 '사람의 아들과 같은 이'(14:14)에 의해 수행되는 반면 포도 수확의 두 가지 행동들은 한 천사(14:19)와 정체가 밝혀지지 않은 자에 의해 각각 수행되는 데 이 정체가 밝혀지지 않은 자는 19장 11-16절에 이르러서야 신적인 전사이자 심판자로 묘사된다. 곡물을 수확하는 자는 분명히 예수 그리스도이며(참조, 1:13) 또한 포도주 틀을 밟는 자 역시 마찬가지이다.

그러나 그리스도에 대한 두 이미지는 서로 다르게 나타난다. 구름에 앉아 있는 자의 묘사는 정확히 다니엘 7장 13-14절을 암시하고 있다. 이 구절들은 다니엘서에서 '인자 같은 이'가 유일하게 언급되고 있는 곳이다. 그 구절들은 인자 같은 이를 묘사하기를 구름을 타고 하나님 앞에 와 '모든 백성과 나라들과 각 방언하는 자'(7:14; 계 14:14에서 금면류관을 쓰고 있는 자와 비교해 보라)를 다스릴 지배권을 부여받는 자로 그리고 있다. 다니엘 7장은 이 인물을 심판자로, 혹은 짐승을 멸망시키는 일과 관련된 자로 묘사하지 않는다. 그는 단지 그의 우주적 왕국을 받을 뿐이다. 이것은 또한 요

14) 역자 주: 여기에서 저자는 추수와 수확의 부정적 이미지에 대해 부정하고 있으며 그러나 정도의 차이를 거의(hardly)와 결코(never)를 비교함으로써 암시해 주고 있다.

한계시록 14장 14-16절에서 금면류관을 쓴 자가 행하고 있는 바이기도 하다. 그는 순교자들이 짐승에게 승리함으로 말미암아 짐승의 지배권으로부터 얻어낸 만국을 자신의 왕국 안으로 받아들인다. 예수가 '인자'로 일컬어지는 복음서의 전통들과는 달리, 요한은 조심스럽게 정확히 다니엘서의 문구인 '인자 같은 이'를 사용하고 있는데 오직 이 구절(14:14)과 1장 13절에서만 사용하고 있다. 요한은 어떤 초기 기독교 저자들이 그랬던 것처럼 다니엘서 7장 13-14절과 심판으로서의 그리스도 재림을 연관시키지 않는다.

그러나 그는 이 구절이 지니는 기독론적 언급을 그것이 실제로 거기서 말하고 있는 것에만 국한시킨다. 그러한 언급은 만국에 대한 그리스도의 통치라는 요한 자신의 관심사에 밀접하게 관련된다. 1장 13절에서 그리스도는 이미 교회들에 대해 권위를 가지고 계신 분으로 묘사된다. 그러나 우리가 이제 알고 있듯이, 그가 교회들로 하나님만을 위한 왕국으로 삼은 것은 그들이 이 세상에서의 증거를 통하여 모든 나라들을 하나님과 그리스도의 왕국 안으로 인도하는 일에 참여할 수 있도록 하기 위함이다(11:15). 그는 만국을 위해 빛을 발하는 촛대들로서의 교회들(1:12-13)과 정확하게 관련하여 '인자 같은 이'시다. 14장 14-16절에서 우리는 그리스도의 왕국이 교회에서 만국으로 확장됨을 보게 된다.

따라서 14장 14-20절에서 요한은 역사의 결말을 두개의 대조적인 이미지들로 묘사한다 —긍정적인 이미지로는 '땅의 추수'이고 부정적인 이미지로는 '땅의 포도 수확'이다. 이것은 11장 13절과는 차이점이 있는데 여기에서 교회의 증거 이야기는 경고의 심판에서 살아남은 모든 자들이 회심하는 것으로 결말을 맺는다. 그 차이점은 13-14장에서 짐승의 권세와 그 기만성이 제시되고 짐승과 순교자들 사이의 대결이 지니는 모호함이 강조되었다는 사실에 타당하다. 만국이 순교자들의 증거를 받아들여 그들의 죽음을 짐승에 대한 승리로 인식하게 될 것인지, 아니면 계속 현혹됨 가운데서 순교자들을 이긴 것처럼 보이는 짐승을 경배하게 될 것인지는 잘 알려진 문제이다. 14장을 맺고 있는 이중적 결론은 천사들의 선포에 의해 보이는 두 가지 가능성들(14:6-11)에 상응한다. 우리는 만국의 회심에 있어서 순교자들의 증거가 가져올 결과를 묘사하고 있는 요한계시록의 세번째와 마지막 구절을 살펴본 후에 다시 이 논점으로 돌아와 논의할 것이다.

만국이 돌아옴

본 단락에서 만국을 향한 교회의 증거가 갖게 되는 결과를 묘사하기 위해 사용되는 것은 새 출애굽 모티프이다. 15장 2절에서 순교자들은 짐승과의 대결에서 벗어나 의기양양하게 서 있는 것으로 보여진다. 순교를 통과하여 천상에 이르게 되는 그들의 진행 과정은 홍해를 통과하는 이스라엘인들의 진행 과정과 비교된다. 왜냐하면 천상의 유리바다(참조, 4:6)는 이제 신적 심판의 불로 섞여 있기 때문이다(15:2). 마치 모세의 인도함을 받은 이스라엘 백성이 바로의 군대로부터 구원받은 것으로 인해 하나님을 찬양하는 노래를 불렀던 것처럼, 순교자들은 바다 곁에 서서 자신들을 위해 하나님께서 이루어 놓으신 승리를 두고 하나님을 찬양하고 있다(출 15:1-18). 새 출애굽은 순교자들이 어린양의 피로써 쟁취한 승리이기 때문에(참조, 7:14; 12:11) 그들의 노래는 모세의 노래뿐만 아니라 어린양의 노래이기도 하다.

그러나 순교자들이 부르는 노래의 가사들은 출애굽기 15장 1-18절의 모세의 노래의 가사가 아니다. 그러나 그것들은 단순히 요한이 모세의 본래의 노래를 대체한 전혀 다른 노래를 부른 것도 아니다.

이스라엘이 새 출애굽에서 부르게 될 것으로 이사야 12장이 예언하고 있는 모세의 노래 형태처럼, 요한계시록의 노래 형태는 모세 노래에 대한 하나의 해석이다. 여기에서 요한은 당시의 전형적인 유대적 주해 방법들을 능숙하게 사용함으로써 그러한 해석을 만들어 내었다. 요한이 출애굽기 15장의 찬양을 종말론적 출애굽에 연관시켰을 때 그는 분명 다음과 같은 다섯 가지 중요한 의미들을 확인하였다.

(1) 그의 백성을 위한 구원이 되었던 원수들에 대한 하나님의 전능하신 심판 행위(출 15:1-10, 12)

(2) 하나님의 전능하신 심판 행위는 그분이 이방신들과는 비교할 수 없을 정도로 우월하시다는 것을 증명하였다:

여호와여 신중에 주와 같은 자 누구니이까?
주와 같이 거룩함에 영광스러우며 찬송할 만한 위엄이 있으며
기이한 일을 행하는 자 누구니이까?(출 15:11)

(3) 하나님의 전능하신 심판행위는 이방 나라들을 두려움에 떨게 하였다.(출 15:14-16).

(4) 그 심판 행위는 그의 백성을 자신의 성전으로 인도하였다(출 15:13, 17).

(5) 그 노래는 다음과 같이 끝맺고 있다: '여호와의 다스리심이 영원무궁 하시도다'(출 15:18)

다섯 번째 사항에서 그 노래가 끝을 맺고 있는 말들은 분명하게 하나님의 종말론적 왕국을 세우는 요한계시록 전체의 주제와 연관된다. 요한은 그래서 그 문구들을 요한계시록 11장 15절에서 이미 인용한 바 있다. 요한에게 있어서 새 출애굽이 갖는 의미는 궁극적으로 그것이 하나님의 영원한 왕국으로 인도한다는 것이다. 첫 번째 사항은 하나님의 행위들, 방식들, 그리고 심판들에 관한 언급에서 반영되고 있다(계 15:3-4). 그리고 네 번째 사항은 순교자들이 천상

적 성전에 등장하는 가운데 성취된다(15:2; 그것은 유리 바다에 의해 암시되고 있으며, 유리 바다는 4:6에 의하면 신적 보좌 앞에 놓여 있다). 그러나 주목할 만한 것은 요한계시록의 모세의 노래에 있어서 하나님 백성의 구원이 전제되고 있지만 언급되고 있지 않다는 사실이다. 두 번째 사항은 짐승의 우상숭배적 주장에 대항하여 한 분이신 참 하나님의 절대성을 증명하는 것에 대한 요한계시록의 관심에 적절하게 관련이 되고 있다는 것이 명백하다. 그러므로 13장 4절에서 온 세상이 짐승을 경배하는 말들은 사실 모세의 노래에 나오는 말들을 풍자한 것이다. '누가 이 짐승과 같으뇨, 누가 능히 이로 더불어 싸우리요?' 요한은 새 출애굽을 이해하기를 하나님께서 짐승의 거짓 주장을 반박하시고 만국을 향하여 그의 비길데 없는 신성을 나타내신 사건으로 보고 있다.

그러므로 세 번째 사항 역시 논리적으로 귀결된다: 하나님께서 그의 신성을 나타내 보이신 것은 만국으로 하여금 '하나님을 두려워하며 그에게 영광을 돌리게' 하기 위함이다(14:7). 이것은 사실 모세의 노래를 해석하고 있는 요한계시록 15장 3-4절에 있어서 가장 중요한 논점이다. 출애굽기 15장에서 하나님의 전능하신 심판과 구원의 행동은 이방 나라들에게 공포를 불어넣는다. 그 공포는 문맥상으로 볼 때 하나님의 비길데 없는 신성에 대한 인지인 것이다. 그러나 그 의미는 다소 부정적으로 남아있다. 요한은 그것을 강력하게 긍적적인 의미로 재해석하여 모든 나라들이 회개하고 한분이신 참 하나님을 인정하여 경배하는 것으로 언급한다.

요한은 두 개의 구약 본문들을 힘입어 모세의 노래에 대한 이런 해석에 도달하였다. 요한은 자신이 각색한 모세의 노래에 그 두 본문을 인용하고 있다. 요한이 이들 본문들을 모세의 노래와 연관시키고 있는 까닭은 두 본문 모두 하나님의 비할데 없음을 노래하는 모세의 노래의 핵심 구절(출 15:11)과 병행되는 문구를 지니고 있기 때문이다. 다음의 인용 구절에서 출애굽기 15장 11절에 상응하는 말들은 고딕으로, 요한계시록 15장 3-4절에서 인용된 것들은 이탤릭체로 표기하였다.

> **여호와여 주와 같은 자 없나이다;**
> 주는 크시니 주의 이름이 그 권능으로 인하여 크시니이다.
> *열방의 왕이시여 주를 경외치 아니할 자가 누구리이까?*
> 이는 주께 당연한 일이라(렘 10:6-7a).

> **주여 신들 중에 주와 같은 자** 없사오며
> 주의 행사와 같음도 없나이다.
> *주여 주의 지으신 모든 열방이 와서*
> *주의 앞에 경배하며*
> *주의 이름에 영화를 돌리리이다.*
> 대저 주는 광대하사 **기사를 행하시오니**
> *주만* 하나님이시니이다(시 86:8-10).

이러한 방법으로 요한은 구약의 소망에 있어서 가장 우주적인 성향 (모든 나라들이 이스라엘의 하나님을 알게 되고 그분을 경배하게 되리라는 기대)에 보조를 맞추어 모세의 노래를 재해석하였다.

모세의 노래에 대한 요한의 이러한 재해석은 그 의미에 있어서 상당히 주목할 만하다. 모세의 노래를 재해석함으로써 새 출애굽의 의미에 있어 그 강조점을 전환시켜놓는 효과를 가져 왔다. 즉, 모세의 노래가 하나님께서 원수들을 심판하심으로써 자신의 백성을 구원하신 사건에 강조점을 두고 있는 반면, 요한이 재해석한 모세의 노래는 만국으로 하여금 참 하나님을 인정하게 하신 사건에 그 강조점을 둔다. 순교자들은 자신들의 죽음과 인정받음을 통해 하나님께서 이루어 놓으신 승리를 칭송함에 있어서, 자기 자신들의 구원받음을 인해 하나님을 찬양하는 것이 아니라 만국으로 하여금 하나님을 예배하도록 인도하게 된 것을 기뻐함으로 하나님의 승리를 찬양한다. 이것은 그리스도 사역의 첫 번째 단계와 관련하여 새 출애굽 이미지의 사용에 신선한 의미를 부여한다. 그리스도 사역의 첫 번째 단계에 있어서 그는 자신의 죽음을 통하여 사람들을 모든 나라들로부터 속량하여 하나님의 친 백성이 되게 하셨다(5:9-10). 우리는 이제 한 특별한 백성이 모든 민족들로부터 구원받은 사건이 그 자체로 끝나지 않고 그 이상의 목적을 지니게 됨을 본다. 모든 백성들로 하여금 하나님을 인정하고 예배하도록 인도하는 것. 그리스도 사역의 첫 번째 단계에 있어서 어린양의 피의 희생은 하나님을 위하여 한 백성을 구원하였다. 두번째 단계에 있어서는 이 백성이 순교로써 그리스도의 희생에 참여함으로 말미암아 하나님을 위해 모든 백성들을 얻는다. 이것이 하나님의 우주적인 왕국이 도래하는 방식이다.

그러므로 이 단락(15:2-4)의 의미와 11장 11-13절 의미가 그 메시지의 정황이 전혀 다름에도 어떻게 그 내용이 서로 정확히 일치하게 되는가는 것은 주목할 만하다. 이것은 양자에 대한 우리의 해석을 확증시킨다. 그러나 또한 요한계시록에 현저하게 긍정적인 우주적 소망을 인식하는 우리의 해석은 어떤 어려움에 직면하게 된다. 우리가 방금 살펴본 그 구절(역자 주: 15:2-4) 이후에 15장 5절-19장 21절에서 최종적 심판 시리즈에 관한 환상이 계속 이어지고 있다: 첫째, 마지막 일곱 재앙 시리즈는 결국 바벨론의 몰락(15:5-16:21)에서 그 정점에 이르고, 바벨론 몰락에 대한 환상(18:1-19:8)과 마지막으로 심판하기 위해 오시는 그리스도와 아마겟돈 전쟁에 관한 환상이 있게 된다(19:11-21).

처음 보기에는 그 마지막 일곱 재앙들이 순교자들의 노래가 언급하고 있는(15:4) 재앙일 것이라고 생각할 수 있을 것이다. 왜냐하면 그 재앙들은 애굽 재앙들을 본뜨고 있기 때문이다. 그러나 이것은 그 경우일 수 없다. 그 마지막 일곱 재앙들은 완전한 심판들이다. 그것들은 인을 떼는 심판이나 나팔 심판에서처럼 효과를 가져오지 못하는 경고성 심판과는 달리 제한되어 있지 않다. 더욱이 그것들은 11장 13절의 구원을 가져오는 심판들과도 현저히 다르다. 그러므로 그 심판들의 결과는 사람들이 하나님을 저주하는 것이다(16:9, 11, 21). 이것은 단지 여섯 번째 나팔 재앙 이후에 보여지는 회개하지 않는 모습(9:20-1; 참조, 16:9)에서 더 진전된 것으로만 볼 수 없다. 그것은 하나님을 두려워하여 그분께 영광과 경배를 드리는 모습에 정확하게 반대가 된다(11:13; 14:7; 15:4; 참조, 16:9). 그 일곱 재앙들 중 어떤 것도 죽음을 가져오지 않은 것은 사실이다.

그러나 하나님을 저주하고 회개하지 않는 자들의 궁극적 운명은 아마겟돈 전쟁에서 끝나기 때문이다. 거기서 온 세상의 왕들은 짐승과 연합하여 자신들의 군대를 소집하게 되는데(16:12-16) 그것은 왕의 왕으로서 자신들을 멸하러 최종적으로 오시는(19:19-21) 그리스도를 대적하기 위함이다(17:12-14). 19장 18-19절에 나오는 대학살의 잔인한 모습은 현저하게 우주적인 언어를 사용한다: '자유한 자들이나 종들이나 무론 대소하고 모든 자의 고기'(19:18; 참조, 6:15; 13:16). 이것은 하나님께 경배하러 나오는 나라들의 이미지가 아니라 하나님께 경배하기를 거부하는 자들의 멸망에 대한 이미지이다. 16-19장의 심판들은 주로 하나님과 그의 의로움을 반대하는—정치적, 경제적, 종교적인—조직들을 멸하는 데 그 목적이 있는데 이들은 짐승, 거짓 선지자, 바벨론, 땅의 왕들로 상징화되고 있다. 그러나 이들 조직들을 지지하는 자들은 하나님께 대한 예배의 요청이나 짐승을 예배하는 자들에 대한 경고(14:6-11)에는 아랑곳 없이 짐승을 경배하는 일만을 지속한다. 따라서 이들은 자신들이 관여해 온 그 악한 조직들과 더불어 멸망당해야 함이 분명 마땅하다.

여기에는 적어도 어떤 긴장이 있다. 순교자들이 부르는 모세와 어린양의 노래 뒤에 마지막 일곱 재앙들이 뒤따르게 될 것이라는 점은 이미 14장의 마지막에서 땅의 추수가 갖는 긍정적인 이미지를 포도 수확의 부정적인 이미지가 뒤따르고 있는 방식으로 예상되었다. 요한은 만국의 우주적인 회심에 대한 암시를 그와 동일하게 우주적인 용어들로 표현되고 있는 최종적 심판에 관한 언급과 나란히 놓으려 하는 것으로 보인다. 그러나 요한은 논리적으로 모순 없이 타당해야 할 그런 진술들을 하고 있는 것이 아니다. 요한이 묘사하고 있는 그림들은 각각 진리의 타당한 일면들을 나타내고 있다. 그는 교회의 신실한 증거가 만국의 회개와 믿음을 가져오는 것으로 묘사하고 있다. 또한 그는 교회의 증거를 거절하는 세상이 짐승을 신봉하는 일에 있어 회개하지 않고 결국에는 필연적으로 마지막 심판을 당하게 되는 것으로 묘사한다.

이 두 그림들은 만국이 어떠한 길을 선택하느냐에 따라 그에 상응하여 나타나는 모습들인데 그 선택은 14장 6-11절에서 천사들의 선포들에 의해 만국 앞에 제시되고 있다. 요한의 예언(역자 주: 요한계시록)이 목적하는 바는 순교자들의 증언이 어느 정도 성공을 가져올 것인가를 예견하는 가운데 이러한 선택을 선점하도록 하는 것에 있지 않다. 비록 이것을 알 수 있다고 해도 그것은 요한의 독자들이 알아야 할 바가 아니다. 요한의 독자들에게 있어서 요한계시록이 요청하고 있는 바는 짐승이나 바벨론과 한패가 되어 그들의 파멸에 참여하지 말고 용감하고 충성되게 예수의 증거를 죽기까지 붙들라는 것이다. 이러한 방법으로 그들은 만국 백성의 구원을 위해 하나님의 특별한 백성이 되는 소명을 성취한다.

만약 예언에서 보이는 미래의 이러한 긍정적인 면이 불가피하게 사라지게 된다 하더라도, 마지막 심판의 환상들이 진행되는 동안 그것은 다시 등장하여 새 예루살렘의 환상 속에서 그 신학적인 우선

성을–그러므로 종말론적 궁극성을–드러낸다. 21장 3절에서 보좌로부터 나오는 음성은 다음과 같이 선포한다:

> 보라, 하나님의 장막이 사람들과 함께 있으매
> 하나님이 저희와 함께 거하시리니
> 저희는 하나님의 백성들이 되고 하나님은 친히 저희와 함께 계셔서[15)]

이들 문구들은 두 개의 자료들을 결합시킴으로 구약 본문을 독특하게 사용하고 있다. 에스겔 37장 27-28절은 다음과 같다:

> 내 처소가 그들 [이스라엘]의 가운데 있을 것이며 나는 그들의 하나님이 되고 그들은 내 백성이 되리라. 내 성소가 영원토록 그들의 가운데 있으리니 열국이 나를 이스라엘을 거룩케 하는 여호와인줄 알리라.

그러나 열국 가운데 있는 하나님의 백성에 관한 이러한 환상은 스가랴 2장 10-11절에서 한 걸음 더 나아간다:

> 시온의 딸아 노래하고 기뻐하라 이는 내가 임하여 네 가운데 거할 것임이니라. 그날에 많은 나라가 여호와께 속하여 내 백성이 될 것이요 나는 네 가운데 거하리라.

다시 부르는 모세의 노래에서와 같이(역자 주: 15:3-4), 요한은 구약 소망의 가장 우주적인 형태를 채택한다. 하나님께서 함께 거하시게 될 백성은 단지 이스라엘 백성 뿐만이 아니다. 그것은 모든 민족으로부터 속량받은 종말론적 이스라엘이 아니다. 오히려 특별한

15) 이 구절에 대한 사본 전통(textual tradition)에 있어서는(λαος혹은 λαοι를 포함하여) 의미있는 다양한 독법이 있으나 위와 같은 번역이 아마도 원문에 가장 근접한 것이라 보여진다.

민족의 증거로 말미암아 모든 민족들이 하나님의 백성이 될 것이다 (21:24-6도 보라).

재림

하나님의 통치를 세우는 그리스도 사역의 처음 두 단계들을 요약해보는 것이 유용할 것이다. 첫 번째 단계에서 그리스도는 새 출애굽의 유월절 어린양으로서 죽기까지 충성되게 증거하심으로 악에 대한 포괄적인 승리를 얻으셨다. 그 즉각적인 결과로 모든 나라들로부터 한 백성이 창조되었으며 그들은 이미 하나님의 나라가 되어 반역하는 이 세상에 정면으로 맞서게 된다. 그러나 이 선택된 백성은 하나님의 우주적인 왕국을 성취함에 있어서 어떤 역할을 하도록 부름받았다. 이 하나님의 우주적인 왕국은 인봉된 두루마리 책을 펼침으로 계시된 것이며 요한의 예언이 교회들에게 전달하려는 중심 목적이기도 하다. 모든 나라들로부터 부름받은 백성은 그리스도가 그랬듯이 죽기까지 증거함으로 말미암아 그리스도의 승리에 동참하여 로마 제국의 우상숭배적인 권력과 대 결전을 치루어야 한다. 이러한 방식으로 모든 나라들에게 증거하게 될 것이고 그 나라들로 하여금 회개와 참 하나님에 대한 믿음에 이르도록 할 것이다. 요한계시록은 두 개의 가능한 결과들을 서로 제한없이 나란히 놓고 있다: 만국이 회심하여 하나님의 나라에 참여하든가 아니면 회개하지 않는 나라들에 임하는 심판을 직면하든가.

이들 중 두 번째 가능성은 그리스도 사역의 세번째이자 최종적인 단계가 있음을 의미한다. 이것 역시 첫 번째, 두 번째 단계와 마찬가지로 승리로 묘사되고 있다. 요한계시록 17장 14절. 비록 이 구절의 마지막 문구 ('그와 함께 있는 자들')와 그 진술의 나머지 부분과의 통사론적 연관성은 명백하지만, 그 의미는 어린양을 따르는 자들(이들은 그와 함께 죽음을 이기고 승리한 순교자들이 거의 확실하다)이 그의 승리에 동참하게 될 것이라는 사실임에 분명하다. 왕들이 짐승을 따르듯(17:12) 그들도 역시 어린양을 따라서 전쟁에 참여한다. 그들은 말을 타고 어린양을 따르는 하늘의 군대들인데(19:14) 이때 어린양은 하늘로부터 말을 탄 신적 전사로 나타난다(19:11). 그는 자신이 땅 위에 실행하고 있는 하나님의 통치를 인정하지 않는 모든 정치적인 권세들을 부수기 위해 '만주의 주시요 만왕의 왕'(17:14; 19:16)으로서 오신다.

그러나 우리는 요한계시록이 묘사하는 재림의 모습을 이해함에 있어서 다시 증거 이미지를 필요로 하게 되는데 이는 전쟁의 이미지를 보충하기 위함이다. 진리의 증거는 이중적 효과를 지닌다. 먼저 그것은 진리에 대한 거짓과 속임으로부터 사람들을 이끌어내기 위한 유일한 수단이다. 따라서 그것은 사람들로 하여금 짐승에 대한 경배로부터 돌이켜 참 하나님을 예배하도록 회심하게 할 수 있다. 그러나 또 다른 한편으로, 거절당한 증거는 그것을 거절한 자들에게 있어 불리한 증거가 된다. 진리를 눈 앞에 두고도 거짓을 사랑하고 거짓 신념에 사로잡혀 있는 자들은 오직 진리로 말미암아 단죄를 받는 수밖에 없다. 요한계시록이 악에 대한 하나님의 심판을 언급함에 있어서 특징적으로 참됨과 의로움을 연결시키고 있는 것은 바로 이러한 이유 때문이다(15:3; 16:7; 19:2; 참조, 6:10).

악마와 짐승이 다스리는 한, 이 땅은 거짓과 망상의 영역이다. 진리는 처음에는 하늘에서 보여지고 그 다음으로는 하늘에서 땅으로 도래한다. 19장 11절에서 하늘이 열리고 하나님의 말씀인 진리 그 자신(19:13)은 말을 타고 땅으로 임한다. 이 국면에 이르러 하늘의 관점은 땅을 지배하여 마침내 짐승의 모든 거짓말을 쫓아버리게 된다. 이것은 진정한 신적 주권을 가진 모든 자에게 마침내 분명한 것이 틀림없다. 따라서 비록 그리스도는 이 단락에서 여러 개의 이름이 주어지지만, 모든 자들이 볼 수 있도록 가시적으로 그의 옷에 명시되어 있는 이름은 다음과 같다: '만왕의 왕이요 만주의 주'(19:16). 군사적인 이미지는 법정적인 이미지에 의해 제한된다. 그가 휘두르는 검은 그의 입에서 나오는 검이다(19:15, 21): 참된 심판을 행하시는 그의 말씀(참조, 1:16; 2:12, 16). 그의 불꽃 같은 눈(19:12)은 마음과 생각을 오류없이 꿰뚫어 보는 신적 심판의 눈이다(1:14; 2:18, 23). 따라서 이것은 도살자로 바뀐 도살당한 어린양의 모습이 아니라 심판주로 바뀐 증인의 모습이다. '충성되고 참된 증인'(3:14)은 이제 '충신과 진실'이라고 일컬어지지만(19:11) 증인은 아니다. 동일한 진리에 대한 그의 동일한 충성됨이 이제 그로 하여금 거짓말을 지속하는 자들을 심판하는 자가 되게 한다. 이와 비슷하게, 비록 그는 어린양으로 묘사되고 있지는 않으나(그러나 7:14을 참조하라) 그가 죽기까지 충성되게 증거함으로 흘린 피는 여전히 그를 특징짓고 있으며(19:13a) 그를 하나님의 말씀으로 일컫게 만든다(19:13b). 따라서 마침내 거짓말하는 자들에게 승리하여 그들을 그 거짓과 함께 망하도록 단죄하는 것(19:20)은 어린양과 순교자들이 증거해온 하나님의 진리이다. 땅 위에서 거짓에 대한 이러한 승리의 결과로 인해 그 자신이 모든 거짓의 근원이었던 악마는 만국을 더 이상 속이지 못하도록 결박당하게 된다(20:1-3).

하나님의 진리에 대한 예수의 증거는 사람들을 죄로부터 해방시키고 구원을 가져오도록 의도된 것인데 그러나 종국에는 그 증거를 거절하는 자들을 단죄해야만 한다. 이러한 이해와 아울러 요한복음 12장 46-9절을 비교해 보는 것이 유익할 것이다: 요한계시록과는 다소 다른 방식으로 표현되고 있지만 그 내용상 정확히 동일한 사고가 보이고 있다. 그것은 왜 초기 그리스도인들이 보편적으로 예수를 현재에 있어서의 구원자요 마지막에 있어서의 심판자로 이해하고 있으며 또한 이 둘의 결합에 대해 사람들이 발견하는 부조화의 느낌을 전혀 느끼지 않았는지를 설명하도록 돕는다.

천년 왕국

마침내 우리는 천년왕국에 대해 논의해야만 한다. 왜냐하면 요한계시록 신학에 있어서 천년왕국은 재림과 매우 밀접하게 관련되어 이해되기 때문이다. 우리는 악마의 운명을 살펴봄으로 천년왕국이 어떠한 것인가를 드러내 보일 수 있다. 이 악마는 마지막에 가서 짐승과 거짓 선지자의 운명과 동일한 최후를 맞게 되는데 다만 천년이 지체된 후에 그렇게 된다(19:20; 20:1-3, 7-10). 재림의 결과로 모든 악은 분쇄된다. 그러나 악의 철저한 분쇄는 재림의 즉각적인 결과로 묘사되지 않고 천년 이후의 결과로 묘사된다. 왜 그런가라고 질문을 하기 전에, 우리는 천년왕국이 가져오는 또다른 결과로써 마지막 심판의 한 국면(20:4)이 천년을 사이에 두고 마지막 심판 그 자체(20:11-13)로부터 분리되고 있음을 주목해야 한다. 요한계시록 20장을 그것의 주요한 자료들 중 하나인 다니엘서 7장 9절의 신적 보좌 환상과 비교해 볼 때 우리는 요한계시록 20장 4절에 나오는 보좌들이 다니엘 7장 9절로부터 오고 있음을 보게 되며 또한 요한계시록 20장 12절에 나오는 펼쳐진 책들은 다니엘 7장 10절에서 오고 있음을 보게 된다.

다니엘서 7장은 하나님의 백성을 핍박한 짐승이 멸망당하게 될 것과 하나님의 나라가 인자와 그의 백성에게 양도될 것에 관한 것이다. 요한계시록이 19장 11-21절(짐승의 멸망)과 20장 4-6절(왕국이 성도들에게 양도됨)에서 묘사하고 있는 것이 바로 이것이다. 짐승이 단죄당하는 모습을 보여주는 마지막 심판의 부정적인 모습

(19:11-21)은 그것과 쌍을 이루는 긍정적인 측면으로 인정받고 보상받아야 할 순교자들을 편들어 심판이 주어져야 함을 요구한다. 짐승과 예수의 증인들 사이의 투쟁에서 짐승이 승리한 것처럼 보이고 순교자들은 패배한 것처럼 보인다. 천상적인 관점이 마침내 땅에서 편만하게 되어 모든 것들의 진상이 명백하게 밝혀질 때, 틀림없이 짐승은 패배당한 것으로 보이고 순교자들은 승리한 것으로 보이게 될 것이다. 짐승의 전횡적인 통치에 참여했던 지산의 왕들이 자신들의 왕국을 빼앗기게 되므로 이제 순교자들은 그리스도와 함께 다스린다.

그러므로 20장 4-6절에서 순교자들에 대해 말하고 있는 것은 짐승의 운명에 대조되는 것으로 엄격하게 제한된다. 그리스도의 증거와 더불어 순교자들의 증거가 짐승을 단죄하는 한편 신적인 법정은 순교자들의 정당함을 입증해 준다. 짐승은 불못에 던지워졌는데(19:20) 그것이 둘째 사망이며(20:14), 반면 순교자들은 살아나게 되는데 둘째 사망은 순교자들에 대해 어떠한 능력도 갖지 못한다(20:4-6). 왕국은 짐승에게서 빼앗아 순교자들에게 준다. 이제 땅을 망하게 하는 자들은 멸망당했으며(11:18) 땅은 그리스도의 백성들에게 양도되어 그리스도와 함께 다스리도록 허락된다(20:4; 참조, 5:10; 단 7:18, 27). 생명과 통치—순교자들과 짐승 사이의 투쟁은 이 두 이슈들에 초점 맞추어져 있는데—는 20장 4-6절의 유일한 주제들인데 여기서 이 두 주제는 상세한 설명없이 단지 단언될 뿐이다.

이것이 보여주는 바는 천년왕국의 신학적 강조점이 오직 순교자들의 승리를 증명하려는 데 있다는 사실이다. 이것은 곧 짐승이 죽인 자들이 진정으로 살게 되는 자들이며—종말론적으로, 그리고 통치할 권리를 위해 다투고 그것을 위해 고통당했던 자들이 종국에 가서는 우주적으로 통치하게 되는 자들이다—그것도 매우 오랫동안 살게 될 것이라는 사실이다. 천년 동안! 마침내, 그리스도의 왕국을 이룬 그들의 승리는 악이 두 번 다시 전복시킬 수 없는 승리이며 또 그 승리는 악에 대해 하나님이 영원히 결정하신 마지막 말씀임을 증명하기 위해 악마에게 만국을 다시 한 번 속일 수 있는 마지막 기회가 주어진다(20:7-8). 그러나 그것은 더 이상 짐승 통치의 재연이 아니다. 성도들의 요새는 난공불락임이 입증된다(20:9).

그러므로 요한은 유대 묵시 전통으로부터 마지막 심판과 새 창조 직전에 메시야적 지상 통치가 잠시적으로 있게 될 것이라는 개념을 취하였다(참조, 바룩 2서 40:3; 에즈라 4서 7:28-9; 바벨론의 탈무드 논문 평의회 [*b. Sanh.*] 99a). 그러나 요한은 유대 묵시 전통에서 가져온 개념을 보다 독특하게 발전시켰다. 요한은 그 개념을 사용하여 순교자들이 짐승에 승리한다는 것에 관한 그의 사고의 본질적인 측면을 설명하고 있다. 요한은 천년왕국의 이미지에 매우 특별한 기능을 부여했다.

그러나 우리가 일단 그 이미지를 문자적으로 취급하게 된다면―인류 미래 역사에 있어서의 실제적인 기간을 예시하는 것으로서―천년왕국의 이미지에 이러한 기능만을 제한시키는 것은 불가능하게 된다. 그러므로 우리는 요한계시록의 해석자들이 천년왕국[16]에 대해 제기하는 모든 문제들을 질문해야 하지만 요한은 그것에 대답하지 않고 있다. 왜냐하면 이러한 질문들은 요한이 그의 상징 세계 안에서 천년왕국에 부여하고 있는 기능에 적합하지 않기 때문이다. 우리는 다음과 같이 질문해야 한다: 성도들은 누구를 다스리는가? 그들은 하늘에서 다스리는가 아니면 땅 위에서 다스리는가? 부활의 종

16) 기독교 역사 가운데 제기되어 왔고 또 오늘날에 있어서 제기되고 있는 천년왕국에 관한 다양한 견해들에 대해서는 다음을 참조하라. R. Bauckham, 'Millennium,' in S. B. Ferguson and D. F. Wright, ed., *New Dictionary of Theology* (Leicester: Inter-Varsity Press, 1988), 428-30; R. G. Clouse, ed., *The Meaning of the Millennium: Four Views* (Downers Grove, Illinois: Inter-Varsity Press, 1977).

말론적 삶이 새롭게 되지 않은 땅과 어떻게 조화될 수 있는가? 천년왕국의 끝에서 사단이 미혹하는 나라들은 어떠한 나라들인가? 이런 등등의 질문을 던져야 한다. 천년왕국은 우리가 그 이미지를 문자적으로 취급하는 이상 이해할 수 없는 것이 되고 만다. 일련의 심판들(인을 떼는 것, 나팔들, 대접들)이 문자적인 예언들이라고 가정할 필요없듯이 우리는 천년왕국을 문자적으로 취급할 필요가 없다. 요한은 의심의 여지 없이 심판이 있게 될 것이라고 기대한다.

그러나 심판에 대한 그의 묘사들은 그 심판의 의미들을 설명하기 위해 고안된 상상에 의한 도식들이다. 요한은 순교자들의 정당함이 입증될 것으로 기대한다. 그러나 천년왕국은 그들이 어떠한 방식으로 입증받을 것인가를 예언하고 있기보다는 그 정당함이 입증되는 것에 대한 의미를 묘사하고 있다.

제5장 예언의 영

통계(Statistics)

하나님과 그리스도에 비교해 볼 때 성령에 대한 언급은 요한계시록에서 상대적으로 적다. 그러나 만약 요한계시록의 신학에 있어서 성령이 중요하지 않다는 결론을 내린다면 그것은 매우 잘못된 판단이 될 것이다. 우리가 곧 살펴보게 될 것이지만 성령은 이 세상 안에 하나님의 나라를 세우는 신적인 사역에 있어서 핵심적인 역할을 담당하기 때문이다.

성령에 대한 언급이 비교적 적게 나오고 있으나 이보다 더 중요한 것은 그 언급들이 숫자적인 패턴들을 따르고 있다는 사실이다. 이 패턴들은 요한계시록에 나오는 하나님과 그리스도에 관한 용어들과 관련하여 신학적 의미가 담겨 있는 것으로 관찰된 숫자적 패턴들과 비교할 만한 것들이다. 성령에 대한 언급들은 두 개의 주요한 범주들로 나뉘어진다: '일곱 영' 을 지칭하는 언급들과 '성령' 을 지칭하는 언급들이다. '일곱 영' 은 요한계시록의 상징 세계에 있어서 독특하다. 이 언급은 네 번 등장한다(1:4; 3:1; 4:5; 5:6). 일곱

이 완전을 말하는 숫자이듯, 넷이라는 숫자도 우리가 앞서 살펴본 대로 온 세상을 나타내는 숫자이다. 일곱 영은 '온 땅에 보내심을 입은' 하나님의 권능의 충만이다(5:6). 칠중적인 성령에 대한 언급이 네 번 되어짐은 땅의 백성들을 지칭하는 사중적 문구가 일곱 번 등장하고 있는 것에 상응한다(5:9; 7:9; 10:11; 11: 9; 13:7; 14: 6; 17:15). 이 언급들은 또한 어린양에 대한 스물 여덟 번(7×4)의 언급들에 상응한다. 이 스물 여덟 번의 언급들은 우리가 지난 장에서 보았듯이 어린양의 완전한 승리가 지니는 전세계적인 범위를 나타낸다. 일곱 영은 승리한 어린양과 긴밀히 관련되어 있다(5:6): 일곱 영이 네 번 언급되는 것은 곧 어린양의 승리가 신적인 권능의 충만함을 통하여 전세계에 걸쳐 실현되고 있음을 나타낸다.

'일곱 영'에 대한 네 번의 언급들 뿐만 아니라 '성령'에 대한 언급 역시 열네 번 등장한다. 그중 일곱은 성령이 직접 말씀하시는 범주에 해당한다. 교회들에게 전해지는 각각의 일곱 메시지들 속에서 반복되는 교훈: '귀 있는 자는 성령이 교회들에게 하시는 말씀을 들을지어다'(2:7, 11, 17, 29; 3:6, 13, 22). 이것을 뺀 일곱 개의 또 다른 언급들 중 네 번은 '성령에'라는 문구를 통해서(1:10; 4:2; 17:3; 21:10), 두 번은 성령의 말씀을 인용함으로써(14:13; 22: 17), 그리고 한 번은 '예언의 영'(역자 주: 개역성경에는 '대언의 영'이라고 번역되었음)이라는 문구에서 나타난다(19:10). '예언'이라는 단어 자체만으로 일곱 번 등장하고 있는 것도 역시 주목할 만하다(1:3; 11:6; 19:10; 22:7, 10, 18, 19).[1]

---

1) 프뉴마(πνεῦμα)라는 단어도 역시 11:11; 22:6에서 등장하고 있으나 나는 이것이 신적인 영을 언급하는 것이라고 판단하지 않는다. 그리고 13:15; 16:13, 14; 18:2에서도 등장하는데 물론 이것들도 확실히 아니다.

일곱 영

1장 4절에서 ‘그 [하나님의] 보좌 앞에 일곱 영’이라고 일컬어지는 일곱 영은 종종 성령이 아닌 일곱 으뜸 천사들로 생각되었다. 유대교 천사론에 있어서 이들 일곱 천사들은 천상에서 하나님 앞에 서 있다(참조, 토빗서[Tobit] 12:15). 그러나 요한계시록 자체는 이들 일곱 천사들에 대해(8:2) 일곱 영을 언급하는 방식과는 매우 다른 용어로 언급하고 있다. 더욱이 비록 ‘영’이라는 용어는 분명 천사들에 관하여 사용될 수도 있었겠지만(사해사본에서 자주 쓰였던 것처럼) 이 용어가 그러한 의미를 가지게 되는 경우는 초대 기독교 문헌에 있어서 매우 드물었고 또한 요한계시록 안에서는 절대로 그렇게 사용되지 않았다.

이 일곱 영은 신적인 영을 상징하는 것으로 이해되어야 한다. 요한은 스가랴 4장 1-14절의 주해에 기초하여 이같은 상징을 선택한 것인데, 스가랴 본문은 일곱 영에 대한 네 번의 언급 뿐만이 아니라 11장 4절에 나오는 두 증인의 묘사에 있어서도 그 근거가 된다. 요한에게 있어서 스가랴 4장 1-14절은 신적인 활동에 있어서 성령의 역할을 이해하는 데 결정적인 구약 본문이 된 듯 보인다. 우리가 만약 왜 하필 요한은 이같이 난해한 스가랴 환상에 그와 같이 중요함을 부여했는가라고 의아해 한다면 이 대답은 아마도 요한 자신이 스가랴 환상의 중심적 메시지로 이해했던 주의 말씀 속에 놓여 있었을 것이다: ‘이는 힘으로 되지 아니하며 능으로 되지 아니하고 오직 나의 신으로 되느니라’(슥 4:6). 요한계시록이 답하려는 질문은 다음과 같은 것이다. 외관상 짐승의 권세가 전 세계에 미치고 그 힘은 저항할 수 없을 정도로 막강하다고 할 때 하나님께서는 땅 위에 그의 통치를 어떠한 방법으로 세우시게 될 것인가? 스가랴 4장 6절은 이것이 짐승의 것과 같은 세상적 권세가 아닌 신적인 영에 의한 방법이 될 것임을 암시하고 있다.

스가랴는 환상에서 일곱 등잔이 놓인 순금 등대를 보았다. 요한은 이것을 성전 안의 거룩한 장소에 서 있던 가지 일곱 달린 등대와 연결시키지 않을 수 없었을 것이다(참조, 출 25:31-40; 40:4, 24-5). 그 등대 곁에는 두 감람나무가 있다(슥 4:3). 요한이 그 내러티브를 의심의 여지 없이 이해했을 때, 스가랴는 먼저 일곱 등잔들에 관하여 물어보고(4:4-5), 다음으로 감람나무들에 관해 물어보고 있다(4:11-13). 스가랴의 첫번째 질문은 직접적인 대답을 즉시로 얻지는 못한다. 먼저 스가랴는 단지 천사에 의해 인용된 하나님의 말씀 ('힘으로 되지 아니하며 능으로 되지 아니하고 오직 나의 신으로 되느니라' : 4:6)을 받게 되는 데 이 말씀 뒤에는 이것이 뜻하는 바에 관해 좀더 부연하고 있는 주님의 말씀이 뒤따른다(4:7-10a). 그리고 나서 스가랴의 질문은 직접적인 대답을 얻게 된다: '이 일곱은 온 세상에 두루 행하는 여호와의 눈이라' (4:10b). 요한은 일곱 등잔이 신적인 영인 주님의 일곱 눈을 상징하는 것을 의미하는 일련의 말씀들을 취했음이 분명하다. 감람나무들이 무엇을 뜻하는가 하는 문제에 관해서는 잠시 뒤로 미루기로 하자.

요한은 천상의 환상에서 신적 보좌 앞에 등불이 켜져 있는 일곱 등잔을 보고 있는데 그는 이것을 일곱 영과 동일시하고 있다(계 4:5). 천상적 성전은 지상적 성전이 그 원형으로 삼고 있는 것으로 이해되었으며, 그러므로 요한의 환상에 있어서 천상적 성전은 지상적 성전의 가장 중요한 내용물들을 함유하고 있기 때문에(참조, 8:3-5; 11:19; 15장) 이 일곱 등잔은 지상적 성전에서 '주 앞에' 켜져 있는 일곱 등잔(출 40:25)에 상응한다. 이 일곱 등잔은 스가랴 환상에 나오는 등잔이다. 여기에서 의심의 여지 없이 한 등대가 전제되어 있다. 그러나 요한이 그것을 언급하지 않고 있는 것은 아마도 의미심장한 의도가 있는 듯 하다: 요한이 언급하고 있는 등대들(역자

주: 개역성경에서 슥 4장이나 출 25장은 lampstand를 등대로 번역하고 있으며 계시록에서는 촛대로 번역하고 있다)은 지상에 있다(1:12-13, 20; 2:1, 5; 11:4). 천상의 보좌 앞에 있는 일곱 등잔으로서 일곱 영은 신적인 존재에 속한다. 일곱 영이 1장 4-5a절의 '삼위일체적' 축복에서 '그 보좌 앞에 일곱 영'으로 언급되어지는 까닭은 이러한 이유 때문이다.

그런데 이러한 언급들이 일곱 영을 하나님과 관련시킨다면 5장 6절에서는 일곱 영이 어린양과 매우 밀접하게 관련되는데 그 어린양은 '일곱 뿔과 일곱 눈이 있으니 이 눈은 온 땅에 보내심을 입은 하나님의 일곱 영이더라'라고 설명되고 있다. 이는 스가랴 4장 10b절을 반복하고 있음이 분명하다. 요한계시록에서 야웨의 눈은 또한 어린양의 눈이기도 하다. 이것은 그 주해적 기초를 스가랴 3장 9절에 두고 있는데 요한은 그 구절에서 '일곱 눈을 가진 돌'이 그리스도를 언급하고 있는 것으로, 그리고 그 일곱 눈은 스가랴 4장 10b절의 일곱 눈과 동일한 것으로 간주했던 것 같다.

아마도 요한계시록 5장 6절은 일곱 영을 어린양의 일곱 뿔과 일곱 눈, 양자 모두와 동일시 여기고 있는 듯 하다. 우리가 확실히 깨닫고 있어야 할 중요한 사실이 있다. 구약에서 야웨의 눈이란, 곧 온 세상에서 일어나고 있는 것을 볼 수 있는 능력을 지칭할 뿐만 아니라 그가 선택한 어디서든지 강력하게 역사하실 수 있는 능력을 지칭하고 있다는 사실이다. 역대하 16장 7-9절에서 선지자 하나니의 메시지는 스가랴 4장 10b절에 대한 자구적인 암시를 이루고 있는데 (16:9: '여호와의 눈은 온 땅을 두루 감찰하사') 그는 요한이 그랬듯이 이 구절을 스가랴 4장 6절('힘으로 되지 아니하며 능으로 되지 아니하고 오직 나의 신으로 되느니라')과의 관련성 속에서 이해하고 있음이 분명하다. 하나니는 야웨께서 자기를 의지하는 자들을 도우시기 위해 그의 눈으로 온 세상을 두루 살피시고 계심에도 오히려 군대를 의지한 아사 왕을 책망한다.[2] 요한은 힘의 상징으로 잘 알려진 일곱 뿔을 일곱 눈에 추가함으로써 하나님의 천리안적인 눈과 그의 능력이 갖는 이러한 관련성을 더욱 분명히 하였다. 아마도 요한은 스가랴서에서 하나님의 백성을 대적하는 만국의 권세가 네 뿔로 상징될 때에 야웨의 권능이 이에 맞서고 있음을 주목했을 것이다(슥 1:18-21). 이와 마찬가지로 요한계시록에서도 어린양의 일곱 뿔은 용과 짐승들의 뿔에 맞서 놓여진 신적인 권능이다(계 12:3; 13:1, 11; 17:12-13). 그러나 정말 중요한 것은 이 신적인 권능이 어떠한 속성을 지녔느냐는 문제이다.

일곱 뿔과 일곱 눈은 요한계시록에서 어린양이 처음으로 등장할 때 묘사되고 있는 모습이다: 죽임을 당하므로써 승리한 어린양으로서 (5:5-6). 일곱 뿔과 일곱 눈은 어린양의 승리의 권세를 나타낸다. 일곱 영은 어린양의 승리를 온 세상에 효과 있게 하기 위해 온 땅에 보내심을 입었다. 하나님 자신은 보좌에 앉아 계신 자로서 천상에 거하시고 아직 지상에 거하시지 않는 반면에, 그리고 어린양이 죽음을 통하여 땅 위에서 승리를 거두고 이제 천상에서 아버지의 보좌에 참여하고 있는 반면에, 일곱 영은 지상 위에 임한 하나님의 권능의 임재로서 어린양의 승리를 온 세상에 실현시킴으로써 하나님의 나라를 가져오고 있다. 그러므로 일곱 영에 대한 요한의 이해는 성령이 하나님과 그리스도에 대해 가지는 관계성에 관해 초기 기독교가 지녔던 보편적 이해와 대체로 일치하고 있다. 초기 기독교는 성령을 그리스도의 영으로서 현재적으로 계신 신적인 권능으로 보았고 그것이 곧 높임받은 그리스도가 세상 가운데 임재하시는 방식이자 그리스도의 과거 사역이 현재에 있어서 효과 있게 되는 방식으로서 이해하였다.[3] 일곱 영이 교회와 가지는 관계성에 있어서도

---

2) 참조, 이와 매우 유사한 구절로는 다음과 같다: 시 33:13-19; 시 34:15; Sir (집회서) 34:15-16.

초기 그리스도인들이 흔히 성령을 생각했던 방법으로 관련되어 있는지의 여부는 좀더 살펴보아야 한다.

일곱 영은 11장 3-13절의 두 증인들과 관련되어 있다. 명확하게 관련되어 있는 것은 아니고 스가랴 4장에 대한 암시들을 통하여 관련되어 있다. 스가랴 환상의 두 감람나무는 '기름 발리운 자들' [직역하면: '기름의 아들들']인데 곧 온 세상의 주 앞에 모셔 섰는 자들' 이라고 말해지고 있다(슥 4:14). 요한계시록의 두 증인들은 '이 땅의 주 앞에 섰는 두 감람나무와 두 촛대' 다(11:4). 만약 요한에게 있어서 '두 감람나무들' 이 단순히 스가랴의 환상을 언급하는 방식으로서가 아닌 그 이상의 어떤 의미를 지니고 있다면 그것은 아마도 그 둘이 성령의 기름으로 부음받은 선지자들(참조 11:3, 10)이라는 사실일 것이다.

그러나 요한은 그 두 감람나무와 두 촛대를 동일시함으로써 스가랴 환상이 사용하고 있는 상징에 수정을 가하였다. 요한은 두 감람나무가 등잔 달린—이 등잔들은 일곱 영이다—촛대들임을 분명히 암시하고 있다. 요한은 적법한 증언에 대한 구약의 요구에 따라 단지 두 명의 증인만을 언급하기로 선택하였고 따라서 촛대도 두 개가 되었다. 그러므로 그가 일곱 영을 언급할 때에는 어쩔 수 없이 그 이미지에 대한 혼동이 야기될 수밖에 없다(역자 주: 촛대가 둘이 되므로 그에 딸린 등잔은 열네 개가 된다. 따라서 등잔이 상징하고 있는 일곱 영과 그 숫자가 일치하지 않게 된다). 그럼에도 분명하게 암시되고 있는 것은 일곱 영이 세상에 대한 교회의 선지적 증거의 권능이라는 사실이다. 교회의 증거는 두 증인들의 사역으로 상징되고 있다. 이 증거가 지니는 우주적인 성격은 '온 세상의 주 앞에 모셔 섰는 자' 라는 스가랴서의 문구를 통해 드러나고 있는데 이는 하

3) 다음을 참조하라. Y. Congar, *I Believe in the Holy Spirit*, vol. 1 (New York: Seabury Press; London: Geoffrey Chapman, 1983), chapter 2.

나님 혹은 그리스도가 만유의 주되심을 선포하는 우주적인 증거와 도 관련된다. 그러므로 일곱 영이 온 세상 안으로 보내심을 받는 것은 그들의 선지적 증거를 통하여 이루어진다. 어린양의 일곱 뿔과 일곱 눈은 증인들의 선지적 증거가 지니는 권능이자 통찰력이다. 이들의 증거는 예수가 지녔던 증거에 충실하다. 이 증거를 통하여 일곱 영은 어린양의 승리를 우주적으로 효과있게 만든다.

이와 비슷하게 일곱 교회들은 일곱 금 촛대로 나타난다(1:12, 20; 2:1). 스가랴서에는 일곱 등잔이 달려 있는 단 한 개의 등대(역자 주: 스가랴서에서는 촛대가 등대로 번역되었음)가 나오는데 요한계시록에서는 이 하나의 등대가 일곱 촛대들로 나뉘어 아시아의 각 일곱 교회들에 상응하고 있다. 여기서 일곱은 완전의 숫자로써 온 세상의 모든 교회들을 나타내기도 한다. 이것은 일곱 영이 교회들과 관련하여 명확하게 언급되어지도록 만든다. 그리스도는 '하나님의 일곱 영과 일곱 별을 가진 이'로 일컬어진다(3:1). 일곱 별은 일곱 교회 사자들이기 때문에(1:16, 20) 일곱 영이 일곱 교회들과 관련성을 가지고 있음이 암시되고 있다. 그러나 모든 교회들에게 요구되고 있는 '이기는 것'의 내용이 무엇인지 명확하게 설명되지 않는 한 그러한 모종의 관련성은 하나의 암시에 지나지 않는다. 오직 세상에 대해 선지적 증거를 감당하는 교회의 역할이 설명될 때에만 (11:3-13의 초반부) 그 암시는 이해될 수 있다. 일곱 영이 온 땅으로 보내심을 받는 것은 바로 일곱 금 촛대들 위에 있는 일곱 등잔들로서 보냄을 받는 것이다. 영은 온 땅에 보내심을 받는다.

그러므로 일곱 영은 곧 신적인 진리의 권능이라 말할 수 있을 것이다. 이는 곧 그리스도의 희생의 승리로 말미암아 온 세상 안으로 퍼지게 된 신적인 권능이다. 짐승의 지배 아래 행해지는 세상의 부조리들과 우상숭배들에 맞서서 하나님의 의로움과 진리를 나타내는 교회의 충성된 증거가 지니는 권이다. 진리의 권능으로써 일곱 영은 일곱 눈들(통찰력에 관련하여)과 일곱 뿔들(권능에 관련해)로써 나타낼 수 있다. 이러한 점에 있어서 일곱 영을 그것과 마주하는 사단적 삼위일체에 비교해보는 것이 유익하다. 만약 짐승에게 보좌와 권위를 부여하는 용(13:2)이 보좌에 앉아 계신 자로서의 하나님에 대한 사단적 모방이라면, 그리고 치명적 상처에서 회복한 짐승(13:3)은 죽임당한 어린양을 모방한 것이라면 아마도 거짓 선지자(16:13; 19:20에서는 두번째 짐승이라 불려진다)는 분명히 일곱 영을 모방한 것이라고 보일 수 있을 것이다.

그러나 정확히 그런 것만은 아니다. 거짓 선지자는 일곱 영이나 기독교적 선지자들에 상응한다고 종종 주장되기도 하나 사실은 오히려 두 증인에 상응한다. 이 두 증인은 교회의 선지적 증거를 상징하는데 그 증거는 일곱 영에 의해 인도된 증거이다. 거짓 선지자의 선지적 행동들은 두 증인의 선지적 행위가 그랬듯이 온 세상에 관련된다(13:12-17; 16:13-14). 두 증인이 이적을 행했듯이(11:6) 거짓 선지자도 이적을 행한다(13:13-14; 19:20). 그는 두 증인이 세상으로 하여금 하나님을—여기에는 의심의 여지 없이 예수께 대한 경배가 포함되는데 요한계시록에 있어서 이것은 하나님께 대한 예배와 동등하다—경배하도록 한 것과 마찬가지로(11:13) 온 땅으로 하여금 짐승을 경배하게 만든다(13:12). 여기서 짐승을 경배함은 곧 용을 경배하는 것과 같다(13:4). 두 증인이 이 모든 것을 진리의 능력으로 행하는 반면 거짓 선지자는 기만(19:20)과 강압(13:15-17)으로써 그 모든 것을 행한다. 그러나 거짓 선지자가 자신의 거짓말을 주장하기 위해 행하는 바로 그 도살은 오히려 진리의 능력을 나타내는 기독교적 순교가 된다. 이것이야말로 요한계시록이 대조를 이해하는 방식이다: '이는 힘으로 되지 아니하며 능으로 되지 아니하고 오직 나의 신으로 되느니라' (슥 4:6).

교회들 안의 기독교적 예언의 영

일곱 영은 하나님과 그리스도, 그리고 온 세상을 향한 교회 선교와 관련하여 신적인 영의 충만함을 상징한다. 바로 이것이 단순히 성령을 지칭하는 언급으로부터 일곱 영에 대한 언급을 구분짓는 차이점이다. 단순히 성령을 지칭하는 언급은 교회들 안에서 기독교 선지자들을 통하여 이루어지는 성령의 활동에 관련한다.[4] 우리는 먼저 이 언급들을 간략히 고찰한 후에 성령에 관한 두 가지 방식의 언급이 가지는 관계성을 조사해 볼 것이다.

성령에 관한 열네 번의 언급 모두는 요한의 예언, 즉 요한계시록 그 자체를 영감시키는 성령의 활동에 관한 것이다. 이 모든 경우들에 있어서 성령에게 귀속되는 활동이 요한의 예언이 아닌 다른 기독교 예언과도 병행을 이룰 수 있을 것이라고 추정할 수 있지만, 오직 하나(19:10)만이 일반적인 기독교 예언에 대한 폭 넓은 언급을 갖는다.

요한이 '성령으로' 환상을 통해 계시를 받는 언급은 네 번 등장한다.[5] 이 중 두 번은 자신이 '성령 안에 있었다'(역자 주: 우리말 성경에는 '성령에 감동하여'로 번역됨)고 말하며(1:10; 4:2) 두 번은 천사가 '성령 안에서 자신을 데리고 갔다' (혹은: '성령에 의하여' : 17:3; 21:10)고 말한다. 이들 표현들과 상응하는 다른 문헌의 어구들을 살펴볼 때[6] 이같은 언급은 요한의 인간적 영(NRSV와 다

---

4) 이것에 관하여는 다음을 참조하라. D. Hill, "Prophecy and Prophets in the Revelation of St John,' NTS 18(1971-2), 401-18; and *New Testament Prophecy* (London: Marshall, Morgan & Scott, 1979), chapter 3.

5) 이들 언급들에 대한 충분한 논의에 관하여는 다음을 참조하라. R. Bauckham, "The Role of the Spirit in the Apocalypse,' EQ 52(1980), 66-83; revised version (chapter 5) in Bauckham, *The Climax of Prophecy*.

6) 겔 3:12, 14; 8:3; 11:1, 24; 37:1; 43:5; 벨과 용[Bel] 36(Theod.); 바룩 2서 6:3;

른 어떤 번역본들은 이렇게 해석한다)을 지칭하는 것이 아니라 환상의 경험을 일으키는 주체로써의 신적인 영을 지칭함이 분명해진다. 요한이 성령에 의해 새로운 장소로 이동하여 환상을 보게 됨을 말하는 두 언급(17:3; 21:10)은 특히 에스겔에서 흔히 발견되는 형식문에 그 기초를 두고 있다(겔 3:12, 14, 등등). 에스겔은 요한이 자신의 선지적 경험과 주장들을 설명함에 있어서 그 모델로 삼고 있는 구약 선지자이다. 이 네 언급들은 전략적으로 배열되어 있다: 요한의 전체 환상의 두 시작 부분인, 즉 땅에 존재하는 교회들(1:10)과 하늘에 놓여 있는 신적 보좌(4:2)에서, 그리고 바벨론에 관한 환상의 시작 부분(17:3)과 이와 병행을 이루고 있는 새 예루살렘에 관한 환상의 시작 부분이다(21:10). 이러한 배열은 요한의 환상 경험을 성령과 연계시킬 뿐만 아니라 요한의 환상 전체를 신적인 영의 행위로 귀속시키는 효과를 가져온다.

성령은 요한으로 하여금 환상을 받도록 해준다. 이 환상 속에서 요한은 그의 선지적 계시들을 받는다. 그러므로 성령은 요한의 예언의 내용이 하나님으로부터 요한에게 전달되는 계시의 사슬(하나님 → 그리스도 → 천사 → 요한: 1:1; 참조, 22:16)과는 구별되는 독특한 역할을 수행한다. 그러나 성령은 계시의 내용을 전달하는 것이 아니라 환상 경험을 제공함으로써 요한으로 하여금 계시받는 것을 가능하게 한다. 성령에 대한 이 언급들은 요한계시록의 토대가 되고 있는 환상 경험이 실제적인 것이었음을 말해준다.

그러나 이것은 요한계시록이 단순히 실제 경험을 베끼듯 옮겨 놓은 것임을 의미하지 않는다. 요한계시록은 실제 경험을 그대로 옮겨 놓는 것이라고 하기에는 너무도 정교하게 다듬어진 문학적 구성물

헐마스의 환상[*Hermas, Vis.*] 1:3; 5:1; 요세푸스의 《고대 유대》[Ant.] 4권 118장; 제2 필로, *L.A.B.* 28:6; 참조 디다케 11:7-9; Polycrates, ap. 유세비우스, *Hist. Eccl.* 5권 24장 2절; Melito, ap. 유세비우스, *Hist. Eccl.* 5권 34장 5절.

이며, 그것의 의미는 대부분 완전히 문학적인 양식 속에서 구현되고 있다. 요한의 환상 경험이 무엇이었든지 그는 오랜 숙고와 연구, 문학적 구성의 과정을 거쳐 그 경험들을 문학적인 작품으로 변형시킴으로써 그 메시지를 다른 이들에게 전달하도록 했다. 그러나 성령에 대한 이들 네 번의 언급들은 환상 경험이 실제적인 것임을 주장하는 것으로 그치지 않는다. 더 나아가 그것은 요한 자신의 예언이 신적으로 영감된 것임을 주장한다. 그 언급들은 요한의 계시가 하나님께로부터 온 것임을 뒷받침하며 신적인 권위가 있음을 매우 강하게 부각시킨다(참조, 22:18-19). 이를 통하여 요한은 자신의 작품을 정경적 선지자들과 동일한 범주에 위치시킨다. 혹은 어떤 의미에서는 오히려 더 높은 반열 위에 둠으로써 성경 예언 전체의 전통이 정점에 이르는 최종적인 선지적 계시가 되게 한다(참조, 10:7).

환상 경험의 에이전트로서의 성령에 대한 언급 외에 다른 것들은 선지적 신탁을 영감하는 것으로서의 성령에 대해 언급한다. 일곱 교회들을 향한 각각의 메시지들은 각 메시지들의 마지막 혹은 마지막에서 두번째 부문에 '선포 형식문'을 가지고 있는데 이는 말해진 것에 주의를 불러 일으키고 있다. '귀 있는 자는 성령이 교회들에게 하시는 말씀을 들을지어다.' 이것은 의심의 여지 없이 예수의 말씀 전통에 있어서 잘 알려진 형식문을 그 모델로 하고 있으며(막 4:9, 23, 등등) 또한 의도적으로 그 형식문을 상기시키고 있다. 그 이유는 일곱 메시지가 곧 승귀하신 그리스도의 말씀이기 때문이다. 각각의 메시지들은 그리스도에 대한 묘사 후에 '그러므로 가라사대 …'란 말로 시작한다. 그러므로 성령이 말하는 것은 곧 승귀하신 그리스도가 말씀하시는 것이다. 성령은 선지적 말씀들을 영감하며 이로써 선지자 요한은 그리스도의 말씀들을 교회들에게 전달한다. 의심의 여지 없이 이것은 승귀하신 그리스도가 교회들에게 직접적으로 말씀하고 계심을 암묵적으로 보여주는 실례이다. 오히려 여기에서 성령은 명백하게 언급되지 않고 있다(16:15; 22:7, 12-13, 16, 20).

그러나 성령의 말씀이 언제나 승귀하신 그리스도의 말씀만은 아니다. 요한계시록이 명백하게 성령께서 하시는 말로 규정한 다른 두 경우들에 있어서, 그것들은(역자 주: 성령의 말씀들) 그리스도의 말씀이 아니다. 14장 13b절에서 요한이 듣고 있는 하늘의 소리에 성령이 대답하고 있다. 요한이 명령에 순종하여 (주 안에서 죽는 자들의) 복됨에 관해 기록하려고 할 때에(14:13a) 요한을 영감시키고 있는 성령은 '그러하다' 고 말하므로서 그 복됨에 대한 강력한 보증을 덧붙인다. 22장 17a절에서는 성령과 신부가 그리스도를 향하여 '오라!' 고 기도하고 있는데 이것은 곧 22장 12절에서 속히 오리라고 말씀하신 그리스도의 약속에 대한 응답이다. (이와 동일한 약속과 그에 대한 응답이 22장 20절에서 다시 한 번 나타난다.)

'성령과 신부' 가 의미하는 바를 생각해 볼 때 성령이 여기서 전체 기독교 공동체의 기도를 영감시킨다고 볼 수는 없다. 왜냐하면 성령과 신부의 기도 뒤에 그것을 듣는 그리스도인들도 그 기도를 따라하도록 요청받고 있기 때문이다: '듣는 자도 "오라!" 할 것이요.' 이러한 형식문은 일곱 메시지들 속에 나오는 형식문과 병행을 이룬다: '귀 있는 자는 들을지어다 …' 후자가 성령으로 영감된 예언에 대한 적절한 화답이라면 전자는 성령으로 영감된 기도에 대한 적절한 화답이다. 따라서 우리는 기독교 선지자들(혹은 단순히 요한 자신)이 성령 안에서 기도하고 있으며 또한 전체 교회의 기도에 있어서 그 모범이 되고 있음을 알게 된다. 성령이 기독교 선지자들을 통하여 기도하는 것은 교회가 그 종말론적 정결함 가운데 그 남편되는 어린양의 재림을 준비하면서(참조, 19:7-8; 21:2) 기도해야 하는 것이다. 그러므로 이 기도는 '성령과 신부' 의 것으로 돌려진다.

그러므로 성령의 특별한 말씀을 담고 있지 않은 19장 10절의 일반적인 진술에 있어서 뿐만 아니라 이 모든 경우들에 있어서도 '성령'은 기독교 선지자들의 발화—이 문맥에 있어서는 주로 요한 자신의 발화이다—가 영감된 것임을 지적해 준다. 예언의 영은 승귀하신 그리스도의 말씀들을 땅 위에 있는 그의 백성들에게 가져온다. 또한 천상적인 계시의 말씀들을 땅 위에서 보증해 주며 교회들의 기도를 그들의 천상적인 주께로 전달한다. 이 언급들에 있어서 성령은 하늘이 아닌 땅 위에 임하여 있는 신적인 임재이다. 그러나 '온 땅에 보내심을 입은'(5:6) 일곱 영과는 달리, 성령의 영역은 교회들이다. 성령은 그 교회들 안에서 나머지 공동체를 위한 기독교 선지자들의 사역을 영감시킨다.

예수의 증거로서의 예언

우리는 '일곱 영'과 '성령'의 차이점을 고찰함에 있어서 전자가 신적인 영의 충만함을 상징하고 있음을 확인하였다. 이는 곧 그리스도의 승리를 통하여 하나님의 임재로부터 온 세상에 어떤 사명을 띠고 보내심을 입은 영인데 그 사명이란 온 세상을 향한 교회들의 선지적 증거이다. 반면 '성령'은 교회들 안에서의 기독교적 예언에 관련한다. '성령'은 선지자들을 통하여 교회들에게 말씀하신다; '일곱 영'은 교회들을 통하여 온 세상에 말씀하신다. 그러나 이것은 이 둘이 서로 분리되었다는 것을 의미하지 않는다. 예언의 개념이 이 둘을 서로 관련시키고 있다. 선지자들을 통하여 교회들에게로 전달된 성령의 메시지로서의 예언은 성령에 의해 영감되어서 교회들로 하여금 세상을 향하여 선지적 증거를 수행할 수 있도록 준비시키며 능력을 부여하게 의도된 것이다.

핵심적인 진술이 19장 10절에 나타나 있다. '예수의 증거는 대언(역자 주: 원문에는 '예언'으로 되어 있음)의 영(역자 주: 성령)

이라.' 비록 난해하지만 이 진술은 성령이 예언을 영감시킬 때 그 예언의 내용은 곧 예수의 증거라는 것을 의미하고 있음에 틀림없다. 이 문맥에 있어서 문제가 되고 있는 예언(계시록에서 예언의 명사형이 성령과 같이 쓰인 경우는 19:10 뿐이다)은 기독교 선지자들에 의해 교회들에게로 전달되고 있는 예언이다. 가장 가깝게는 그것은 곧 다름 아닌 요한의 예언, 즉 요한계시록이다(참조, 1:3; 22:7, 18-19). 따라서 요한계시록 내용은 하나님의 말씀일 뿐만 아니라 예수의 증거라고 말하고 있으며(1:2) 이는 곧 요한에게 계시를 전달한 천사에 의해서뿐만 아니라(22:16) 그 자신(1:2)과 예수에 의해서 증거된 것(22:20)이라고 말해지고 있음에 주목하는 것이 적절하다.

그런데 만약 기독교적 예언의 내용과 특별히 요한계시록이 '예수의 증거'이고 또한 그로 인해 기독교 예언자들이 교회들을 대상으로 한 그들의 사역에 있어서 '예수의 증거를 가진 자들'(19:10의 의미는 아마도 그러할 것이다)이라고 불리울 수 있다면 예수가 했던 것과 같이 증거하는 자들은 단지 기독교 선지자들 뿐만이 아니다. 모든 그리스도인들은 세상을 향한 그들의 증거에 있어서 '예수의 증언을 지닌' 자들이다(12:17; 참조, 6:9; 12:11; 17: 6; 20:4). 더욱이 예수의 증거와 하나님의 말씀이 서로 연결되어 있음이 요한계시록 자체를 예언으로 언급하는 구절(1:2)에서와 기독교 순교자들을 언급하는 구절들(6:9; 20:4)에서 모두 확인된다.

요한계시록은 분명하게 선지자들과 그 밖의 다른 그리스도인들을 구분하고 있다(11:18; 16:6; 18:20, 24; 22:9). 그러나 요한계시록은 선지자들에 의하여 교회들에게 주어진 예언에[7] 대해서나 혹

---

7) 역자 주: 우리는 이쯤에서 다시 한 번 제1장에서 '예언'의 의미와 관련해서 언급했던 것을 상기할 필요가 있다. 이 문맥에서 '예언'의 의미는 단지 미래에 대한 사건을 미리 말하는 것이 아니라 하나님의 말씀을 대언하는 사역을 의미한다. 그것은 미래에 대한 사건을 말하는 것일 수 있고 현재의 죄에 대해 지적하고 회개를 촉구하는 것일

은 신실한 일반 그리스도인들에 의해 세상에 전파된 증거에 대해서 동일한 용어들을 사용할 수 있다. 오직 두 증인의 이야기에 있어서만이 후자는 실제로 예언과 동등하게 취급된다(11:3, 6, 10). 이것은 모든 그리스도인들이 두 증인들처럼 예언자로 일컬어질 수 있음을 의미하지 않는다. 왜냐하면 두 증인들은 말하자면 전형이 되는 그리스도인들이 아니라 전체 교회를 대표하는 상징적인 인물들이기 때문이다. 각각의 그리스도인들은 촛대가 아니다. 오직 교회만이 촛대로 상징된다. 11장 3-13절에서 선지적인 것으로 묘사되고 있는 것은 세상을 향한 교회의 증거이지 개별적 그리스도인들의 증거가 아니다. 물론 모든 그리스도인들은 그 증거에 참여하도록 요청받는다. 그러나 이것은 각각의 그리스도인들이 선지자라고 말하는 것을 조금도 허용하지 않는다. 비록 요한계시록에 있어서 증거 그 자체는 항상 구두적인 것처럼 보이며 또한 그러한 구두적 증거는 상황이 요구할 때는 분명 모든 그리스도인들에게 요구되고 있는 것이기는 하지만, 우리는 무엇보다도 그것이 하나님의 명령들에 순종하는 것과도 깊이 관련되어 있다는 사실을 주목할 필요가 있다(12:17)[8]

이것은 다음과 같은 사실을 말해준다. 즉 요한계시록이 예언의 소명을 전체로서의 교회에까지 확대시키고 있는 이유가 모든 그리스도인들이—성령을 부음받은 종말론적 공동체의 일원으로서(참조, 행 2:17)—예언의 영을 부여받으며 또한 실제로 예언을 하거나(행 19:6) 혹은 적어도 잠재적으로 예언자들이라는 사상 때문이 아닐 것이라는 사실이다. 이러한 개념이 분명 초기 기독교에 있어서 없었던 것은 아니다. 그러나 요한계시록이 지니고 있는 개념은 다르다.

수도 있다.

8) 특히 14:12도 주목해 보라. 이 구절은 6:9; 12:11, 17; 20:4과 내용을 같이 하고 있는 또다른 표현인데 그러나 독특하게도 이 구절에선 구두적 증거를 언급하지 않고 있다.

그것은 마치 모세가 바로와 그의 술객들에 맞서듯 혹은 엘리야가 이세벨과 그녀의 바알 선지자들에 맞서듯, 로마의 우상숭배에 맞서서 선지적 투쟁을 벌이는 가운데 예언의 영의 능력으로 열국들로 하여금 참 하나님을 경배하도록 하는 새롭게 계시된 교회의 역할과 연관된다. 이러한 역할에 관한 계시가 요한 자신의 예언에 있어서 그 중심적 내용을 이루고 있다는 사실은 그가 선지자로서 자신의 증거를 묘사하는 방법(1:2)과 세상을 향한 그리스도인들의 증거를 묘사하는 방법 사이에 놓인 매우 밀접한 상호 관련성을 설명해준다. 이같은 사실은 또한 10장 11절에 교회들로 하여금 열국들에게 예언할 수 있도록 하는 교회들을 향한 예언에 있어서, 요한이 열국들에게 예언하도록 명령을 받았는지 그래서 그 자신의 선지적 역할이 열국을 향한 교회들의 선지적 증거에 대해 전형적이 되도록 했는지 아니면 열국들에 관하여 예언하도록 명령받고 있는 것인지의 여부를 판단하기가 사실상 불가능하다는 사실에 대해 설명해 준다.[9]

우리는 이제 19장 10절로 다시 돌아가 이 구절 전체를 고찰해 볼 수 있다. 요한이 천사에게 경배하려고 했을 때 그는 이러한 말을 들었다. '나는 너와 및 예수의 증거를 받은 네 형제들과 같이 된 종이니 삼가 그리하지 말고 오직 하나님께 경배하라 예수의 증거는 대언의 영이라.' 아마도 마지막 문장은 '예수의 증거'가 무엇인지를 설명하고 그 증거를 받은 요한의 형제들과 자매들이 선지자들이라는 것을 설명하기 위해 덧붙여진 기록 그 이상이다. 그것은 그 천사가 말한 것들의 핵심과 더 긴밀하게 연관된다. 천사는 '하나님께 경배하라!' 란 말로써 요한으로 하여금 모든 예언의 중심 주제와 그리고 확실하게 요한의 예언 주제가 되는 계시의 중심 주제로 되돌아가게 한다. 한 분이신 참 하나님과 그의 의로우심을 우상숭배와 그

---

9) 역자 주: 여기에서 Bauckham은 '에게'와 '관하여'의 차이를 의식한다. 이에 해당되는 헬라어 단어는 ἐπί로서 앞의 두 가지 경우 모두 해석이 가능하다.

것의 악들로부터 구별하는 것이야말로 진정한 예언의 주제이다. 그것은 예수의 증거의 주제이다. 분명 그러한 증거는 아시아의 이교적 도시들 속에서 예수를 따르는 자들에 의해서 지속되어져야 한다. 그러나 다시 한 번 그것은 동일하게 요한의 예언 주제이자 그의 예언이 모든 교회로 하여금 만국에 증거하도록 요구하고 있는 선지적 증거의 주제이기도 하다.

이러한 모습이 되풀이 되고 있는 상황에서 천사는 다음과 같이 말한다. '나는 너와 네 형제 선지자들과 또 이 책의 말을 지키는 자들과 함께 된 종이니 그리하지 말고 오직 하나님께 경배하라'(22:9). 여기서 네 형제 선지자들과 함께 된 종은 더 확대되어 요한의 예언을 주의하여 지키는 모든 신실한 그리스도인들을 포함한다. 이것은 요한계시록이 모든 그리스도인들에게 요구하고 있는 역할이 본질적으로 선지자들의 역할과 같다는 것을 인정하는 것이다: 그 역할은 곧 예수의 증거를 지니고 말과 행동에 있어서 한 분이신 참 하나님과 그의 의로우심에 충성되게 남아 있는 것이다.

교회들을 향한 선지적 메시지들

우리는 교회들에게 전달된 예언과 세상을 향한 교회의 선지적 증거 사이에 밀접한 연관성이 놓여 있음을 고찰해 보았다. 양자 모두 예수의 증거이며 하나님의 말씀이다. 양자 모두는 한 분 하나님과 그의 의로우심의 진리에 관한 것이다. 양자 모두는 세상 안에서 하나님 진리의 권능으로 역사하시는 신적인 영에 의해 영감된다. 양자 모두는 하나님의 나라를 세상 가운데 세워나가는 것에 관련한다. 교회들 안에 주어진 예언은 교회들로 하여금 세상을 향한 선지적 사역을 완수할 수 있도록 준비시킨다. 교회의 이러한 선지적 사역은 하나님의 나라의 도래에 있어서 반드시 필요한 역할이며 그러한 과업에로 교회들을 요청하는 것이 요한계시록의 기능이다.

이제 예언이 교회에 향한 예언과 세상을 향한 교회의 증거 사이에 이러한 연관성을 이해하였으므로 우리는 요한계시록의 전체 목적 안에서 교회들에게 주어진 일곱 메시지들의 의미를 좀더 분명하게 살펴볼 수 있다. 다음에서 일곱 메시지들의 몇몇 특징들은 주목할 필요가 있다.

첫째, 일곱 메시지 안에서 진리에 관한 지배적인 관심을 주목할 수 있을 것이다. 교회들은 진리를 배반하지 말 것에 대해 명령받는다(2:13; 3:8). 교회들은 거짓된 명성을 지님으로써 자신들의 실제 모습을 숨기고 있음에 대해 책망받거나(3:1) 혹은 자신들의 상황에 관하여 스스로를 속이고 있음에 대해 책망받는다(3:17). 선지자 이세벨이 거짓으로 인해 책망받는다(2:20). 자칭 사도라 하나 실제로는 아닌 거짓 사도들이 있다(2:2). 또한 유대인도 아니면서 자칭 유대인이라고 거짓말을 하는 자들이 있다(2:9; 3:9). 교회들의 이러한 오도된 모습들(2:9)과 거짓 평판들(3:1), 그릇된 자기 확신(3:17) 그리고 훼방들(2:9)에도 불구하고 예수 그리스도는 매 메시지마다 '내가 … 를 아노니' 로 시작하시면서 교회들의 진정한 실제 모습을 알고 있는 자로서 교회들에게 말씀하신다. 오직 사람의 내적인 고결함만이 중요할 것이라 생각하여 우상숭배로의 외적인 참여는 용납될 수 있다고 주장한 자들에게 예수 그리스도는 자신이 사람의 뜻과 마음을 살피는 자라는 사실을 상기시키고 계신다(2:23). 그는 촛대 사이를 걷고 계시면서 교회들의 실제 모습을 살피시며(2:1) 불꽃 같은 그의 눈은 숨은 동기들과 생각들 그리고 마음들을 꿰뚫어 보신다(2:18). 그러므로 교회들에게 주어지는 예언은 교회들의 참 모습을 폭로하는 기능을 담당한다. 이는 마치 두 증인들이 땅의 거주자들로 하여금 자신들의 죄를 깊이 깨닫게 함으로써 그들을 괴롭게 하는 것과 마찬가지이다(11:10).

둘째, 그리스도가 진리에 대한 준엄한 판단으로써 어떤 교회에게 무엇인가를 책망하실 때 그 결과는 양자택일의 기로에 서 있다. 회개하거나 심판을 받는 것이다(2:5, 16; 3:3, 19). 이것은 교회의 증거가 세상으로 하여금 마주 서게 하는 양자택일과도 동일하다(11:3; 14:6-11). (그리고 14:12이 어떻게 교회들 자신도 14:6-11에서 세상에 제시된 양자택일에 주의할 필요가 없지 않다는 것을 암시하고 있는 바를 주목하라.)

셋째, 교회들의 참 모습을 드러냄에 있어서 그리스도는 '아멘' 이시요 '충성되고 참된 증인' (3:14), 즉 신적인 진리성(사 65:16)의 역할을 하시는 것으로 나타난다. 이같은 칭호들이 라오디게아 교회를 향한 메시지의 서두에서 나타나는 까닭은 이 칭호들이 다른 교회들보다도 라오디게아 교회 상황에 더 적절하기 때문에 그런 것은 아닐 것이다. 오히려 라오디게아 교회가 일곱 교회 중 마지막이기 때문에 이러한 칭호를 사용했을 것이다. 에베소를 향한 처음 메시지의 서두에서 묘사된 그리스도의 칭호(2:1)와 마찬가지로 이 칭호들은 모든 교회들을 알고 계시는 그리스도의 지식과 관련되어 있다. 이 칭호들은 그리스도를 참된 증거를 제시하는 분으로서 특정한다. 자신들을 책망하는 그리스도의 증거를 받아들이는 자들은 회개한다. 그의 증거는 구원을 가져오는 것임이 입증된다. 받아들이기를 거부하는 자들에게 그 증거 자체는 그들에 대한 정죄가 된다. 그 증거는 심판이 된다(계 3:14과 함께 렘 42:5을 참조하라). 재림의 모습을 앞서 묘사하고 있는 이미지(19:15)에서 그리스도는 그의 입의 검(2:16)으로 그들과 싸우시겠다고 엄히 경고하시는데 여기서 그 입의 검은 곧 그의 참된 증거의 말씀이며 따라서 그들에게는 정죄가 된다.

교회들을 향한 예수의 증거로서 예언의 역할은 그러므로 예수의 증거를 가지고 세상을 향해 전파하는 교회들의 증거와 전적으로 병행을 이룬다. 재림에 있을 심판은 세상 못지 않게 교회들도 위협한다(2:16; 3:3; 참조, 16:15). 예언은 구원을 가져오기 위한 목적으로 그같은 심판을 경고한다. 이와 마찬가지로 세상을 향한 교회의 증거도 그러하다. 따라서 '내가 사랑하는 자를 책망하여 징계하노니'(3:19)라고 하신 의미심장한 말씀이 오직 교회들을 향한 그리스도의 책망에만 적용될 수 있고 세상을 향한 교회들의 증거에는 적용될 수 없다고 생각할 이유는 없다.

넷째, 교회들 안에 있는 내부적인 문제들은 악마와 짐승에 의해 지배되고 있는 것으로 묘사되는 세상의 모습과 부분적으로 병행을 이룬다. 라오디게아 교인들의 자기 만족적인 부요함(3:17)은 바벨론의 착취적인 자기 탐닉을 생각나게 한다(참조, 18:7). 로마를 특징짓고 있는 물질적 풍요에 대한 우상화는 여기서 한 교회 전체를 특징짓고 있다. 그들이(역자 주: 라오디게아 교인들) 이것을 회개한다면 그것은 곧 바벨론에서 나오는 것에 비교될 수 있을 것이다. 왜냐하면 하나님의 백성은 바벨론의 재앙을 받지 않기 위해 거기서 나와 그 죄에 참예하지 말 것을 촉구받고 있기 때문이다(18:4).

한편으로는 이세벨과 니골라당과 다른 한편으로는 하나님의 나라의 대적자들 사이에 놓인 연관성은 훨씬 더욱 밀접하다. 우상숭배와 행음(2:14, 20)이 단지 일반적인 이교적 사회의 악들을 특징짓는 것만은 아니다(9:20-1; 참조, 21:8; 22:15): 이것들은 또한 짐승(13장)과 바벨론(17장) 각각의 지배적인 특징이기도 하다. 니골라당과 이세벨이 부추기고 있는 것은 그리스도인들로 하여금 이교적 사회의 소소한 생활 방식들에 적응하도록 하는 그 어떠한 것이 아니다. 그들이 부추기고 있는 것은 로마 조직의 모습으로 구현된 악의 세력들의 특징인 바, 곧 참 하나님과 그의 의로우심을 부인하는 행위에 동참하게 하는 것이다. 이세벨이 그리스도인들을 '꾀어낸다'

고 언급하는 것은 전혀 놀랄 것이 못된다(2:20). 요한계시록의 다른 곳에서는 이 단어가 오직 악마, 거짓 선지자와 바벨론에 대해서만 사용되고 있다(12:9; 13:14; 18:23; 19:20; 20:3, 8, 10).

이런 사실은 언어 유희에 의해서도 역시 밝혀진다. 니골라의 추종자들을 일컫는 니골라당이라는 명칭은 '백성을 이기다' 라는 뜻을 의미하는 데 이것은 요한계시록의 핵심 단어인 '이기다' 를 연상시킨다. 그들의 가르침으로 인해 그리스도인들은 이교적 사회에서 성공할 수 있었다. 그러나 이것은 짐승의 성공이었다. 성도들을 짐승의 편으로 끌어들여 정복한 진정한 승리였다. 단지 성도들을 죽음에 내던져 얻은 외적인 승리 그 이상의 것이었다. 그러므로 니골라란 이름은 많은 이스라엘인들을 우상숭배와 행음으로 꾀어내어 멸망케 한(민 25장) 구약의 거짓 선지자 발람의 이름으로 쉽게 설명된다(2:14). 이 사건과 관련하여 유대 주해서는 발람의 이름을 '백성을 멸망시키다' 란 의미로 설명한다(*b. Sanh.* 105a).

여기서 우리는 '자칭 유대인이라 하나 실상은 아닌 자들' (2:9; 3:9)에 관해서도 역시 언급할 수 있을 것이다. 왜냐하면 그들은 주로 유대 기독교 지도자들과 성도들이 있었던 교회에 실제적으로 내부적 골치거리였기 때문이다. 유대 그리스도인들이 회당으로부터 소원하게 된 것은 비 기독교 유대 집단이 그들과 단절하였을 때와 그리고 심지어는 그들을 로마 당국에 종종 고발했던 것으로 보였을 때 그 극에 달하였다. 비 기독교 유대인들에 관한 표현(2:9; 3:9)이 이제 공격적이고 위험스러울 정도로 반 유대적으로 들리기 때문에 ―그리고 원래의 문맥 밖에서 반복된다면 그러할 것이다―여기서는 유대인의 내부적 논쟁을 살펴보는 것이 중요하다. 이것은 유대교를 밀어내고자 하는 이방인 교회가 아니다. 오히려 성전 건립과 쿰란 공동체 사이의 분쟁과도 같은 내부적 분열이다. 쿰란 공동체는 자신들의 동료 유대인들을 '기만 집단이자 벨리알의 집단' 으로 비방했다(쿰란 제1동굴로부터의 호다욧[*Hodayot*] 2:22).

더욱이 요한계시록이 서머나와 빌라델비아에 있던 어떤 비 기독교 유대인들을 '사단의 회'라고 지칭한 것은 그들이 그리스도인들이 아니기 때문에 그런 것이 아니다. 이렇게 지칭한 까닭은 그들이 '비방,' 즉 거짓 참소를 했기 때문이다. 이러한 것은 악마(디아볼로스[*διάβολος*]는 '거짓 참소하는 자'를 의미한다)와 사단(12:9; 사단은 '참소자'를 의미하는데 당시에는 이 '참소자'란 명칭이 악마에게 주어질 경우 그것은 곧 '거짓 참소하는 자'를 의미하였다)의 행위이다. 이러한 거짓 참소의 행위는 하나님과 그의 백성들을 훼방하는 짐승과 그들을 연관시킨다(13:6). 이들 유대인 참소자들은 유대 그리스도인들은 유대인이 아니기 때문에 유대교가 종교로써 갖는 법적 지위를 누리게 해서는 안 된다고 주장하며 그리스도인들을 당국에 고발한다. 이로써 그들은 참 하나님을 경배하지 못하게 하는 짐승의 훼방에 일조하고 있는 것이다.

요한계시록이 이들에게 돌리고 있는 바 '자칭 유대인이라 하나 실상은 아닌 자들'이란 말은 원래 그들이 유대 그리스도인들을 지칭했던 진술이다. (요한계시록의 개념을 사용해서, 유대인들을 향하여 짐승의 역할을 담당했던 후기 그리스도인에 대하여 '자칭 그리스도인이라 하나 실상은 아닌 자들'이라 일컬어져야 할 것이다). 이 어구의 문맥에서 비 기독교 유대인들을 향한 이러한 논쟁은 짐승과 예수의 증인들 사이에 일어나고 있는데 갈등의 이슈가 이미 일곱 메시지들의 내부적 관심사로 들어와 있음을 보여주는 하나의 증거가 된다.

니골라당의 말을 듣거나 바벨론을 본받는 교회는 분명 하나님의 의로우심과 진리를 충성되이 증거할 수 없다. 만일 교회들이 촛대가 되어 일곱 영으로 그 촛대로부터 진리의 빛을 세상 안으로 비추게 하기 위해서는 먼저 교회들이 성령의 예언 말씀 안에서 신적인 진리의 권능 앞에 드러나야 한다.

마지막으로, 그럼에도 일곱 메시지 모두는 격려와 종말론적 약속들로 끝을 맺는다. 어떤 교회에 있어서는 회개가 요구되거나 아니면 단순히 인내가 요구된다. 그러나 무엇이 요구되든 간에 모든 교회는 종말론적 약속들을 상속받기 위해 '이길 것'을 요청받는다. 성령의 선지적 사역은 기만과 의혹의 이 세상 속에 진리를 드러내는 것이며 동시에 만물의 진리가 빛 가운데 드러나게 될 종말론적 시대에 집중하게 하는 것이다. 하나님의 진리를 따라 충성되고도 용기 있게 사는 것은 이제 그러한 종말론적 미래에 대한 환상을 필요로 한다. 이러한 종말론적 미래에 대한 환상은 성령을 통해 주어지는데 먼저는 일곱 메시지 속에서 각 교회의 상황에 맞게 변형된 용어들이고, 다음으로는 요한의 환상 계시 전체의 대 절정 속에서 더욱 완전하게 주어진다: 이것은 다음 장에서 우리가 살펴보게 될 새 예루살렘에 관한 환상이다.

제6장 새 예루살렘

요한계시록의 도시들

요한계시록의 그리스도인들이 살고 있는 세계는 신약의 많은 본문과 마찬가지로 도시들로 이루어진 세계이다. 요한계시록의 독자들은 소아시아의 거대한 일곱 도시에서 살았다.[1] 요한계시록을 계속 전해받아 읽은 다음 세대의 독자들 역시 대부분 도시들에서 살았을 것이다. 유대 그리스도인들은 요한과 그의 많은 독자들과 마찬가지로 지리적으로나 상징적인 측면 모두에서 예루살렘과 로마 사이에서 살았다. 그리고 이 지역은 또한 도시들이 흔히 여성으로 상징되었던 세계였기 때문에 로마는 아시아의 도시들에서 경배받았던 여신인 로마의 형태로서가 아닌 '큰 음녀'(17:1)로서 요한계시록에서 나타난다. 로마는 또한 예루살렘을 멸망시켰던 구약 도시의 이름을 따서 큰 성 바벨론이라고도 불리우는데 구약 시대의 바벨론에는 예루살렘 거민들이 유배 생활을 하고 있었다. 바벨론은 일곱 산 위에

1) 도시들에 관하여는 특히 다음을 참조하라. C. J. Hemer, *The Letters to the Seven Churches of Asia in their Local Setting* (JSNTSS 11 ; Sheffield : JSOT Press, 1986).

지어진(17:9) 로마의 도시이다. 그러나 바벨론은 또한 로마가 제국 내의 모든 도시들에게 끼친 타락의 영향력을 상징하기도 한다. 로마는 '큰 성 바벨론 곧 음녀들의 어머니'이다—음녀들이란 아시아의 도시들처럼 로마의 부와 악에 참예한 도시들을 일컫는 말일 것이다. 로마가 무너질 때 '만국의 성들'도 무너지게 될 것이다(16: 19)—여기에는 아마도 에베소, 서머나, 버가모 그리고 그 밖의 나머지가 포함될 것이다.

그러나 바벨론이 로마의 실제 도시라 할지라도 예루살렘은 요한계시록이 기록되기 전 얼마 동안 로마가 침략해 차지했던 실제 도시가 아니다. 사실 요한계시록 안에는 두 개의 예루살렘이 존재한다. 새 창조시에 하늘로부터 내려오게 될 새 예루살렘이 있다. 음녀 바벨론과 마찬가지로 새 예루살렘은 여성인 동시에 도시로 등장한다: 어린양의 신부요 아내(19:7; 21:2, 9) 그리고 '거룩한 성 새 예루살렘'(21:2), '내 하나님의 성'(3:12). 바벨론과 새 예루살렘은 서로 대조를 이루고 있는 한 쌍의 여성 도시들로서 요한계시록의 나머지 장들을 두드러지게 특징짓고 있다.

그러나 미래의 새 예루살렘 뿐만 아니라 11장 2절의 '거룩한 성'과 12장 1-6절의 천상적 여인도 등장한다. 11장 2절의 도시(역자 주: 개역성경에는 '성'으로 번역되어 있음)는 지상적인 예루살렘이 아니다. 요한계시록은 지상적 예루살렘에 전혀 관심을 보이지 않는다. 또한 11장 1-2절은 주후 70년의 예루살렘 멸망을 암시하지 않는다. 왜냐하면 예루살렘 멸망 당시 성전의 성소는 로마 군대로부터 보호받지 못했음이 분명하기 때문이다.[2] 요한은 아마도 여기서 성전 훼손에 관한 다니엘의 예언(단 8:9-14; 11:31; 12:11)과 또한 다니엘서에 기초하여 예루살렘의 멸망을 예언한 복음서의 예언

---

2) 계 11:1-2에 관한 자세한 논의에 대하여는 다음을 참조하라. Chapter 9('The Conversion of the Nations'), in Bauckham, *The Climax of Prophecy*.

들(마 24: 15; 막 13:14; 눅 21:20-4)까지 재해석하고 있는 것이다. 요한은 이것들을 재해석하여 교회와 로마 제국과의 갈등의 기간이었던 삼년 반의 상징적 기간을 통해 교회의 박해를 언급한다. 이방인들에 의해 짓밟힌 거룩한 도시는 곧 짐승의 손에 의해 고통당하고 순교당하는 신실한 교회이다. 교회에서 하나님을 예배하는 자들에게 성소는—그 안에서 경배하는 자들과 함께—하나님의 은밀한 임재의 장소이다. 그리스도께서 빌라델비아 교회에게 '장차 온 세상에 임할 시험의 때'를 '면하게' 하겠다고 하신 것처럼(3:10) 그들은 박해의 한 가운데에서도 영적으로 안전하다. 그들은 고통받고 죽을 수도 있다. 그러나 영적으로는 안전하다. 11장 1-2절의 성전과 거룩한 도시에 관한 간략한 예언은 두 증인의 영적인 안전함과(11:5) 순교(11:7-8)에 병행을 이룬다. 이방인들에 의해 짓밟힌 거룩한 성은 곧 증인들의 시체가 놓여 있는 큰 성의 길바닥을 말한다(11:8).

성소가 보호되고 있는 동일한 기간 동안 거룩한 성은 짓밟히고 증인들은 예언한다(11:1-3). 또한 메시야를 낳은 천상적 여인은 광야에서 안전하게 보호된다(12:6, 13-16). 반면 용은 여인을 핍박하려다가 좌절되자 그 공격을 여인의 남은 자손들에게로 향한다(12:13-17). 교회의 영적인 안전함은 11장 2절에서 성소의 안전함으로 묘사된다. 이와 마찬가지로 그녀의 광야 은신처 또한 교회의 영적인 안전함을 말해주는 또 다른 상징이다. 그녀는 짐승이 그녀의 자손들을 지배하고 죽음에 내던지는 동안에도 안전하게 보호된다. 그녀는 예수의 어머니이자 그리스도인들의 어머니이다. 하와와 마리아, 이스라엘, 시온 그리고 교회, 이 모두는 하나님의 언약 백성이라는 영적 본질을 포함하는 이미지들이다.[3] 그녀는 11장 2절의 거룩한 성에 상응하는 여성 인물이다.

---

3) 참조, J. Sweet, *Revelation* (London: SCM Press, 1979), 194-6.

그러므로 어린양의 신부 곧 미래의 새 예루살렘은 현재에 있어서 그 전조를 가지는 동시에 또한 반대적 상대를 갖는다. 그 전조는 거룩한 성 곧 어머니 시온이다. 반대적 상대는 바벨론 곧 큰 음녀이다. 그러나 바벨론이 '땅의 임금들을 다스리는 큰 성'(17:18)인 반면 거룩한 성은 오직 은밀함과 역설적인 모습으로 존재할 뿐이다. 거룩한 성은 그 거룩함에 있어서 새 예루살렘을 닮았지만 땅의 왕들이 기리게 될 새 예루살렘의 도전받지 않는 영광과는 날카롭게 대조된다(21:24). 또한 새 예루살렘은 바벨론이 지닌 악의 측면에 있어서 그것과 대조를 이루고 있지만, 그 새 예루살렘은 그 장엄함과 우주적인 지배권에 있어서는 바벨론을 닮았다.

요한계시록 독자들이 유대인이든 이방인이든 간에 그들 대부분은 도시에 속해 있었다. 아시아 지역의 대도시에 사는 대부분의 도시인들은 오직 도시적인 삶 속에서만 전적으로 인간다운 삶을 향유할 수 있다고 생각했을 것이다. 요한의 독자들 중 이러한 도시적인 삶을 향유하기에 충분한 사회적 지위와 부를 지녔던 자들—그리고 아마도 그들 중 상당 수가 그랬을 것이다—에게 도시적인 삶으로부터 스스로를 단절시켜 멀리할 것을 요구했던 기독교의 모습은 아마도 가장 어렵고 이해하기 힘든 요소였을 것이다. 기독교가 이렇게 했던 것은 당시의 도시적 삶에 우상숭배와 부도덕이 깊이 연관되어 있었기 때문이다. 교회들에게 주어진 일곱 메시지 속에는 요한 독자들 중 상당 수가 이러한 일(역자 주: 도시적 삶으로부터의 절연)을 행하기를 얼마나 꺼려했는지 보여주는 증거들이 많이 있다. 그리스도인들에게 도시의 경제적 번영에 참여하여 누리게 되는 안락한 삶이 타락의 주요한 요인이기는 하지만, 단지 그것이 위험한 것은 아니었다. 그리스도인들은 또한 도시 공동체의 정체성과 자부심을 일깨워주는 의식들에 참여함으로써 도시적 사회의 일원이 될 필요가 있다. 주후 1세기에 이것은 로마와 가까워지기 위한 아시아 도시들의 사회적이고도 공식적인 열정과도 긴밀히 연결되어 있다. 물론 요한의 독자들 중 가난한 자들에게도 도시 혹은 로마 제국의 일원이 된다는 것이 좀더 이중적인—꼭 부정적인 의미가 아니더라도—개념들을 가질 수 있었을 것이다.

유대 그리스도인들은 그들의 정체성이 도시 생활에 참여하는 것에 덜 의존하고 있다는 것을 느꼈을 것이다.[4] 이들은 디아스포라 유대인들로서 이중적 충성심에 익숙하였다. 이들이 거주하고 있는 도시에 대한 애국심과, 자신들의 국가적이고 종교적인 중심으로서 그들이 아직도 고대하고 있는 도시—예루살렘—를 향한 충성심, 상징적인 중심으로서 그리고 로마를 대신할 수 있는 영적인 중심으로서, 예루살렘은 디아스포라 유대인들에게 굉장한 중요성을 지니고 있었다. 이것은 주후 70년 이후에도 마찬가지였다. 그러나 서머나와 빌라델비아에 있던 유대 그리스도인들은 유대 공동체로부터 고립되고 있었다. 그리고 어떤 경우든, 유대 그리스도인들이 주후 70년 이전에 예루살렘에 관하여 무엇을 생각했든지간에 그들 대부분은 성전이 파괴된 것은 예루살렘의 지상적 의미가 끝났음을 보여주는 것으로 여겼을 것이다. 이것은 명확한 신적 심판이었다. 그리고 그들로부터 그들이 속해 있어야 할 한 도시를 빼앗아 갔다.

요한계시록 전략의 한 부분은 독자들에게 하나의 상징적 세계를 창출하므로써 그들의 상상적 반응을 재조정하는 것이라는 것을 우리는 기억한다. 만약 그들이 스스로를 바벨론으로부터, 그리고 바벨론이 도시들에게 끼치는 타락의 영향력으로부터 단절시키려고 했다면 그들이 필요로 했던 것은 단지 제국이 선전하는 방식과 다른 관

---

4) 소아시아 도시들에서의 삶을 살았던 유대인들의 다양한 모습들에 관하여는 다음을 참조하라. P. Trebilco, *Jewish Communities in Asia Minor* (SNTSMS 69 : Cambridge University Press, 1991).

점에서 로마 문명의 정체를 발견하는 것 뿐만이 아니다. 그들은 또한 하나의 대안을 필요로 했다. 만약 그들이 바벨론으로부터—은유적으로—'나오려고' 했다(18:4). 그들은 또 다른 도시에 속하기 위해 어디론가 떠나야 할 필요가 있었다. 만약 그들이 강력한 바벨론의 유혹을 물리치려고 했다면 그들에게 더 강력한 매력을 줄 대안을 필요로 했을 것이다. 바벨론은 지상적인 예루살렘까지 포함해서 땅의 임금들을 다스리는 큰 성이기 때문에(17:18) 그 대안은 오직 종말론적인 미래에 속할 수밖에 없었다. 그 대안은 하나님의 도시이다. 하늘로부터 내려오는 새 예루살렘. 그것은 미래에 속해 있다.

그러나 요한의 환상을 통해 그 도시는 이미 그 매력을 행사하고 있다. 미래에 도래할 그 도시의 크고 높은 산 위에서 내려다 보았을 때(21:10) 그 도시는 사단의 위가 있는 버가모의 인상깊은 성채보다 뛰어 났고(2:13) 심지어 바벨론이 건설된 일곱 산보다도 뛰어났다(17:9). 그 도시의 광채는 곧 하나님의 영광으로서 이미 사람들을 안으로 끌어 모으고 있다. 교회의 증거를 통해서 심지어 만국과 땅의 왕들까지 끌어 모으고 있다(21:24). 요한의 독자들은 아직 그곳에 들어갈 수 없었다. 그러나 그들은 그 도시 안의 한 장소를 기대할 수 있었고(3:12; 22:14, 19) 이미 어린양의 신부에 속해 있었다(19:7-8; 22:17). 신부의 혼인 잔치는 새 예루살렘의 지상 도래가 될 것이다(21:2).

그러므로 바벨론의 장엄함과 그 권세는 제국의 도시들을 포함하여 온 세상을 지배하지만 요한의 독자들의 영적인 중심인 그 도시는 현재 숨겨져 있으며 반박되고 있기 때문에(11:1-2). 요한의 독자들은 자신들이 살게 될 종말적 미래에 있어서 하나의 중심 도시에 관한 환상을 필요로 한다. 그것은 바벨론에 대한 대안으로서 제시되어져야 한다. 따라서 음녀의 도시 바벨론(17:1-19:10)과 어린양의 신부 새 예루살렘(21:9-22:9)의 환상들은 요한계시록의 후반부에서 구조적으로 한 쌍을 이룬다. 이 두 환상들은 인간 사회가 그 중앙에 신을 모시고 안녕과 번영 속에서 살아가는 장소로서의 고대 신화적인 이상 도시 역할을 수행한다. 바벨론은 이처럼 왜곡된 현상이다. 그 도시의 중심부에 참 하나님 대신 인간의 자기 신격화가 들어설 때 그렇게 되고 마는 것이다. 자만하며 하나님을 대적하고 폭정적이며 압제적인 구약의 모든 도시들과 나라들은 다음과 같은 모습을 보여준다: 바벨, 소돔, 애굽, 두로, 바벨론, 에돔. 요한계시록의 바벨론은 이것들 모두를 요약하며 능가한다.

그러나 과거의 반향들은 현재의 실체에 맞게 잘 구성된다: 요한의 독자들은 당시의 로마가 어떠한 본질을 지녔는가를 충분히 간파했을 것이다. 반대로, 새 예루살렘은 이러한 이상적인 도시가 진정으로 성취된 것임을 보여준다. 곧 진정으로 소망할 만한 도시이다. 새 예루살렘은 지상적 예루살렘이 열망했던 이상적인 모습을 취한다. 그러나 구약 선지자들의 환상 가운데서도 이미 발견되고 있듯이 새 예루살렘은 종말적 충만으로 지상적 예루살렘을 훨씬 능가한다. 요한계시록의 그토록 많은 부분을 차지하고 있는 바벨론의 멸망은 곧 하나님을 대항하는 인간의 적의가 귀착하게 될 종국이다. 그러나 요한계시록은 바벨론의 멸망 그 자체만으로 기뻐하지 않는다. 바벨론이 멸망해야 하는 것은 새 예루살렘이 그것을 대신하기 위함이다. 바벨론은 도시의 이상을 사단적으로 풍자해 놓은 것이며 이제 신적인 실체 앞에 그 자리를 내어주어야 한다. 그러나 요한은 바벨론이 멸망하기 전에 그의 독자들뿐만 아니라 그들을 통하여 만국까지도 바벨론의 거짓된 매력에서 벗어나 새 예루살렘의 진정한 매력을 깨닫게 되기를 소망한다.

이러한 이유로 인해 바벨론과 새 예루살렘에 관한 두 환상들은 병행적인 모습들과 아울러 대조적인 모습들로 가득 차 있다.[5] 새 예루살렘이 바벨론을 대신하는 하나님의 대안으로 제시되는 몇몇 주요한 방법들은 그 핵심된 내용을 잘 설명해 줄 것이다.

(1) 정숙한 신부 곧 어린양의 아내(21:2, 9)
v. 땅의 임금들로 더불어 행음한 음녀(17:2)
(2) 그 성의 화려함은 하나님의 영광이다(21:11-21)
v. 바벨론의 화려함은 제국의 착취로부터 얻은 것이다(17:4; 18:12-13, 16)
(3) 만국은 그 성의 빛 - 곧 하나님의 영광 - 가운데로 다닌다(21:24)
v. 만국에 대한 바벨론의 타락과 기만(17:2; 18:3, 23; 19:2)
(4) 땅의 왕들이 자기 영광을 가지고 그리로 들어감(즉, 하나님께 대한 경배와 복종: 21:24)
v. 바벨론은 땅의 임금들을 다스린다(17:18)
(5) 사람들이 만국의 영광과 존귀를 가지고 그리로 들어간다(즉, 하나님께 영광을 돌림: 21:26)
v. 바벨론은 온 세상으로부터 착취한 재물로 치부한다(18:12-17)
(6) 속된 것이나 가증한 일 또는 거짓말 하는 자는 결코 그리로 들어가지 못한다 (21:27)
v. 바벨론은 가증한 물건과 음행의 더러운 것을 지녔으며 복술을 행한다(17:4, 5; 18:23)
(7) 만국을 치유하기 위한 생명수와 생명나무(21:6; 22:1-2)
v. 만국을 취하게 만드는 바벨론의 포도주 (14:8; 17:2; 18:3)
(8) 생명과 치유 (22:1-2)
v. 도살의 피(17:6; 18:24)
(9) 하나님의 백성들은 새 예루살렘에 들어가도록 권고받는다(22:14)
v. 하나님의 백성들은 바벨론으로부터 나갈 것을 요구받는다(18:4)

---

5) 참조, C. Deutsch, 'Transformation of Symbols: The New Jerusalem in Rv 21^{3}-22^{5}', *ZNW* 78 (1987), 106-26.

장소로서의 새 예루살렘

새 예루살렘에 대한 묘사는 놀랄만하게도 구약 전통의 많은 요소들을 함께 엮어 그 내용을 전개하고 있다. 이것은 하나님의 직접적인 임재 가운데 백성들이 살아가는 한 장소의 이미지를 일관적이고도 충분하게 나타내 주고 있다. 그 이미지는 세 가지 측면에서 찾아볼 수 있다. 즉 장소, 백성, 하나님의 임재이다. 우리는 이것들을 차례로 연구할 것이지만 그때마다 위의 것들을 자주 언급하게 될 것이다.

한 장소로서, 새 예루살렘은 낙원인 동시에 거룩한 도시이자 성전이다. 낙원으로서, 그것은 이상적인 상태의 자연적 세상이다. 그것은 땅의 파괴자들로부터 탈환해 낸 것이며, 인류와 화목하게 되었고, 하나님의 임재로 가득 찬 세상으로서 종말론적인 생명의 축복들을 인류에 가져다 준다. 한 거룩한 도시로서, 그것은 고대 도시의 이상을 성취한다.[6] 곧 땅의 한 가운데에서 하늘과 땅이 만나는 장소로서 거기서부터 하나님은 그의 나라와 백성을 다스리시며 그 매력을 보기 위해 만국이 모여 들고 그 안에서 백성은 하나님 중심적인 이상적 공동체로 살아간다. 성전으로서, 그것은 하나님의 직접적 임재의 장소이다. 거기서 그를 경배하는 자들은 그의 얼굴을 보게 된다.

그 도시가 보이는 '크고 높은 산'(21:10)은 에스겔 40장 2절에서 직접 끌어온 것일 뿐만 아니라 오랜 신화적 기원도 갖고 있다.[7]

---

6) 참조, J. Dougherty, *The Fivesquare City* (Notre Dame and London: University of Notre Dame Press, 1980), chapter 1.

7) 그 배경에 관하여는 다음을 참조하라. R. J. Clifford, *The Cosmic Mountain in Canaan and the Old Testament* (Cambridge, Mass.: Harvard University Press, 1972); R. L. Cohn, *The Shape of Sacred Space* (AARSR 23; Chico, California: Scholars Press, 1981); F. R. McCurley, *Ancient Myths and Biblical Faith* (Philadelphia: Fortress Press, 1983), part 3; W. J. Dumbrell, *The End of the*

이것은 하늘과 땅이 만나는 우주적인 산인데 거기에는 신들이 살았으며 거룩한 도시들이 세워졌고 그 한 가운데에는 성전들도 있었다. 낙원은 '하나님의 성산' 위에 있었다(겔 28:14). 예루살렘과 성전이 서 있었던 시온 산은 실제로 그리 높지는 않았다.

그러나 신화적으로는 매우 높은 산이었다(겔 40:2): '터가 높고 아름다워 온 세계가 즐거워함이여' (시 48:2). 하나님께서 거주하시는 곳으로써, 그의 통치의 처소로써, '큰 왕의 성' 으로써 그것은 난공불락의 장소였다(시 48편). 만약 하나님의 보좌가 하늘에 있다고 한다면 시온 산은 그의 발등상이었다(시 99편). 말일에는 모든 산 위에 뛰어나게 될 것이었고 실제로 그것이 상징했던 우주적인 산이 될 것이었다. 그리고 그 꼭대기의 성전은 모든 만국을 그리로 이끌게 될 것이었다(사 2:2). 더욱이 그것은 회복된 낙원의 처소가 될 것이었다(사 11:9; 65:25). 그러므로 요한계시록 21장 10절에 나오는 새 예루살렘의 처소는 이상적인 장소임을 암시한다. 지상적 예루살렘이 단지 상징으로 그쳤던 모든 것은 실체가 될 것이다. 자기를 신격화시키기 위한 교만을 가지고 땅과 하늘을 이으려 노력했던 고대 바벨론의 건설자들의 모습(창 11:1-9)이 당시의 로마에서도 되풀이 되고 있음을 요한은 발견했다. 반면 하나님으로부터 내려오는 새 예루살렘은 진정으로 하늘과 땅을 이어 놓게 될 것이다.

새 예루살렘은 생명수(22:1-2; 참조, 7:17; 21:6; 22:1; 22:17)와 생명나무(22:2; 참조, 2:7; 22:14, 19)로 이루어진 낙원을 포함한다. 생명나무와 생명수에 관하여는 다양한 구약 자료들이 있는데 요한 자신이 이것들을 조합시켜 놓았다(참조, 생명수에 관하여는: 사 49:10; 55:1; 겔 47:1-12; 슥 14:8; 그리고 생명나무에 관하

Beginning: Revelation 21-22 and the Old Testament (Hombush West, NSW: Lancer Books: Exeter: Paternoster Press, 1985); B. C. Ollenburger, *Zion the City of the Great King* (JSOTSS 41; Sheffield: JSOT Press, 1987).

여는; 창 2:9; 3:24; 겔 47:12). 이것들은 모두 종말론적 생명에 필요한 음식과 음료를 상징한다. 새 창조에 속한 생명으로서 이것은 영원한 생명이다. 그리고 이것은 이 세상으로부터 얻어지는 음식과 음료에 의해 유지되는 유한한 생명과는 다르다. 이것은 하나님으로부터 오는데(21:6; 22:1), 하나님 자신은 새 창조의 생명이시다. 그런데 생명수와 생명나무의 이미지가 암시하는 바는 하나님께서 우리가 속해 있는 이 세상을 창조하심으로 인간에게 유한한 생명을 하나님의 선물로서 허락하셨듯이 종말론적인 생명 역시 새 창조에 의해 허락하실 것이라는 사실이다.

분명하지는 않지만 유대 전통들에 익숙했던 자들은 새 예루살렘이 낙원의 보석들과 귀금속들로 지어질 것임을 어느 정도 알고 있었다. 유대 해석이 낙원에 포함시키고 있는 하윌라 땅은 금과 보석들의 보고였다(창 2:11-12). 더욱이 에스겔은 요한계시록 21장 19절에서 반향되고 있는[8] 한 구절에서 두로 왕에게 다음과 같이 말한다: '네가 옛적에 하나님의 동산 에덴에 있어서 각종 보석 … 으로 단장하였었음이여'(겔 28:13). 맛소라 사본에 나오는 각종 보석의 목록은 제사장의 흉패에 붙일 열두 보석의 목록 중 첫 아홉 개의 이름과 일치하는데(출 28:17-20), 요한도 역시 이 목록을 다시 사용하여 새 예루살렘의 열두 기초석을 꾸미고 있는 보석들을 언급하고 있다(계 21:19-20). 요한은 에스겔서를 통하여 이것이 낙원에서 발견될 수 있는 모든 보석들을 대표하는 목록이었음을 알았다. 다양한 유대 전통들은 흉패에 붙인 보석들과 그 밖의 보석들 그리고 제의복과 성전 장식에 쓰인 황금이 낙원으로부터 온 것이라고 주장한다(솔로몬 성전에 쓰인 금의 보고로서 신비에 쌓인 바르와임은[대

8) 역자 주: 'echo' 라는 단어는 요한계시록이 구약을 어떻게 사용하고 있는가에 대한 저자, Bauckham의 이해를 단적으로 보여준다. 다시 말해서 요한은 구약을 직접적으로 인용하지 않고 다만 구약의 말씀들을 그의 표현에 반영하고 있는 것이다.

하 3:6; 참조, 1QGen.Apoc. 2:23] 낙원과 동일시되었다). 더욱이 요한계시록 이전의 주해적 전통은 이사야 54장 11-12절을 따라서 새 예루살렘 건축에 쓰일 보석들과 제사장의 예복에 붙일 보석들을 동일시하였는데 이들 보석들은 해와 달을 대신하여 새 예루살렘을 비출 수 있을 만큼 매우 찬란했을 것으로 생각되었다(참조, 4 Qp Isa.a 1:4-9; *LAB* 26:13-15). 그러므로 요한계시록 21장 19-20절의 열두 보석뿐만 아니라 그 도시의 남은 부분을 건축하는데 쓰인 보석들과 황금(21:18, 21)도 역시 새 예루살렘을 낙원의 엄청나게 찬란한 값진 재료들로 꾸며진 성전 — 도시로서 특징짓는다. 그 도시 전체가 '하나님의 영광이 있으매 그 성의 빛이 지극히 귀한 보석 같고 벽옥과 수정같이 맑더라' (21:11)고 말하였을 때 우리는 하나님 자신의 영광이 '벽옥과 홍보석' 같았다는 사실(4:3)과 그의 보좌 앞에 있던 천상의 유리 바다가 수정과 같이 맑아 그의 영광을 비추었음을 기억한다(4:6). 요한은 아마도 찬란한 보석들 그리고 정금으로 장식된 그 도시 전체가(21:18, 21) 하나님 자신에게서 비추이는 영광으로써(참조, 21:23) 빛나고 있음을 의미하고 있을 것이다.

새 예루살렘에 쓰인 재료들이 낙원에서 기원했음은 곧 그 재료들이 단지 새 예루살렘에 거주하는 사람들의 특성을 나타내기 위한 풍유적 표현들이 아님을 보여준다. 어린양의 신부가 혼인을 예비하여 입고 있는 빛나고 깨끗한 세마포는 성도들이 이 세상에서 행한 옳은 행실을 나타내 준다(19:7-8). 그러나 혼인날이 이를 때에 신부가 단장하고 있는 보석들은(21:2, 18-21) 새 창조시 하나님에 의해 신부에게 부여된 영광이다. 그것들은 새 창조의 아름다움으로서 하나님의 영광을 드러내고 또한 영화된 인류를 위해 한 거처로 만들어진다.

태초에 하나님께서는 인류가 거처할 한 동산을 창설하셨다(창

2:8). 마지막에 하나님께서는 인류에게 한 도시를 주실 것이다. 새 예루살렘 안에서 낙원의 축복들이 회복될 것이다. 그러나 새 예루살렘은 다시 얻은 낙원 그 이상이다. 한 도시로서 그것은 자연으로부터 인류 문화와 공동체가 거하게 될 한 장소를 건설하려는 인류의 열망을 성취한다. 참으로 그것은 하나님에 의해 주어지며 따라서 하늘로부터 내려온다. 그러나 이것은 인간이 그것에 아무런 공헌도 하지 않게 될 것임을 의미하지는 않는다. 새 예루살렘은 인간의 역사와 문화를 완성시킨다. 그 완성이란 인간의 역사와 문화가 하나님께 드려짐으로 말미암아 이룩되는 것이다(참조, 21:12, 14, 24, 26). 반면에 새 예루살렘은 바벨론이 보여주듯이 하나님을 반대하는 것으로 왜곡되어진 역사와 문화를 배제한다(참조, 21:8, 27; 22:15). 새 예루살렘은 모든 선이 하나님께로부터 말미암는다는 의미에서 하나님으로부터 온다. 인간적 견지에서 선한 모든 것은 그것이 하나님께로부터 왔음이 인정될 때 가장 좋은 것이 된다. 그러나 자연 그대로의 낙원을 포함하고 있는 동시에(22:1-2) 낙원의 보석들로 단장된(21:19) 그 도시는 자연과 인간 문명이 조화됨을 말해준다. 이것은 고대 도시들이 한때 열망했던 바였으나 현대의 도시들은 이를 점차로 소홀히 해왔다.

하나의 도시로서 새 예루살렘은 신적인 왕국의 중심지이다. 하늘에 있었던 보좌(4장)는 이제 새 예루살렘에 있다(22:1, 3). 그 도시는 세상의 빛이며 그 빛 가운데로 만국이 다닌다(21:24; 참조, 사 60:3). 동시에 만국과 그 왕들이 순례를 위해 선물을 들고 찾아오는 중심지이다(21:24-6; 참조, 사 60:4-17; 슥 14:16). 그러나 이사야 60장 5-17절에서 만국이 예루살렘에 가지고 오는 것은 물질적 재물인 반면, 요한계시록에서 땅의 왕들은 '그들의 영광'을 가져오며 사람들은 '만국의 영광과 존귀'를 가지고 들어온다(21:26-7). 요한이 이렇게 표현한 까닭은 전체 묘사를 관통하고 있는 영광의 주제를 말하기 위함에서 뿐만 아니라, 바벨론이 자신의 군신들을 희생시키면서까지 행한 자기 탐닉적인 부의 착취와 대조시키기 위한 의도에서 그랬을 것이다. 자신들의 영광을 하나님의 영광 앞에 헌납함에 있어서 물론 왕들과 만국은 그것을 잃는 것이 아니라 자신들이 지녔던 영광의 근원이 모든 영광과 존귀가 귀속되는 하나님 안에 있음을 인식하는 것이다. '영광과 존귀'가 요한계시록의 찬양들 속에서 일관되게 나타나고 있음은 결코 우연한 것이 아니다(4:11; 5:12, 13; 7:12; 참조, 19:1).

새 예루살렘에 관한 묘사는 많은 점에 있어서 구약의 모델들을 근접하게 따른다(특히 사 52:1; 54:11-12; 60; 겔 40:2-5; 47:1-12; 48:30-4; 슥 14:6-21; 토빗 13:16-17). 그것의 가장 참신한 특징은 성전이 없다는 점이다: '성 안에 성전을 내가 보지 못하였으니 이는 주 하나님 곧 전능하신 이와 및 어린양이 그 성전이심이라'(21:22). 에스겔은 새 예루살렘을 '여호와 삼마'(역자 주: '여호고 칭하였다(겔 48:35). 스가랴는 그 도시 전체가 성전과 같이 성결하다고 선언했다(슥 14:20-21). 그리고 요한이 그 본을 따르고(계 21:27) 있는 이사야가 제의적으로 부정한 자를 성전으로부터 제외했던 것처럼, 그들을 새 예루살렘으로부터 배제하였다(사 52:1; 시 24:3-4). 이들 선지자들은 그 도시 전체를 하나님의 거룩한 임재의 장소, 즉 그의 진정한 '거룩한 산'으로 보게 하는데 공헌하였다. 그러나 요한이야말로 성전을 완전히 제거한 최초의 인물인 듯 보인다. 그 도시는 하나님의 특별한 임재의 장소인 성전을 결코 필요로 하지 않았다.

왜냐하면 그 도시 전체가 하나님의 직접적인 임재로 가득 차 있기 때문이다. 그 결과로서 그 도시 자체가 하나의 성전이 된다. 이미 언급된 특징들 뿐만 아니라 이것에 관한 가장 놀랄만한 증거는 그 도시가 완전히 네모 반듯한 모양을 하고 있다는 사실이다(21:16).

이 점에 있어서 그것은 지금껏 상상되어온 어떤 도시와도 다르다. 오히려 이것은 성전의 지성소를 닮았다(왕상 6:20). 요한계시록에서 이 도시는 요한이 근거로 삼고 있는 선지자적 자료들에서보다도 더욱 성전을 철저히 빼어닮고 있는데 이것은 하나님의 직접적인 임재의 주제가 요한계시록의 새 예루살렘 개념 전체에 있어서 얼마나 중심적인 위치에 있는가를 보여준다.

백성으로서의 새 예루살렘[9)]

요한은 하늘로부터 새 예루살렘이 내려오는 것을 보면서(21:3) 그 의미가 다음과 같이 선포되는 것을 듣게 된다:

> 보라 하나님의 장막이 사람들과 함께 있으매
> 하나님이 저희와 함께 거하시리니:
> 저희는 하나님의 백성이 되고 하나님은 친히 저희와 함께 계셔서
> (21:3)

우리는 이 문구들이 자신의 백성 이스라엘과 함께 거하셔서 그들의 하나님이 되시겠다고 말씀하신 하나님의 약속(겔 37:27-8; 참조, 슥 8:8)과, 또한 많은 나라들도 역시 그의 백성이 되어 그들과 함께 하나님이 시온에 거하실 것이라는 약속(슥 2:10-11; 참소, 사 19:25; 56:7; 암 9:12)을 어떻게 반영하고 있는지 이미 설명한 바 있다. 그 문구들은 하나님께서 자신의 언약 백성에게 하신 약속의 언어와 모든 백성에게 하신 가장 우주적인 언급을 조화시키고 있으

9) 이 단락에 관한 좀더 자세한 논의에 대하여는 다음을 참조하라. Chapter 9('The Conversion of the Nations') in Bauckham, *The Climax of Prophecy*.

며 이러한 점에서 그것들은 새 예루살렘에 관한 이야기 전체에 대한 일종의 청사진을 제시한다. '하나님의 장막이 사람들과 함께 있으매'(*μετὰ τῶν ἀνθρώπων*)라고 말함에 있어서 요한은 일반적인 인류를 지칭할 때 흔히 사용하는 단어를 사용한다(8:11; 9:6, 10, 18, 20; 13:13; 14:4; 16:8, 9, 21). '저희는 그의 백성이 되고'라고 말함에 있어서 요한은 좀더 평범한 단어인 '만국'을 선호하는데(*ἔθνη*, 참조, 2:26; 11:18; 12:5; 14:8; 15:3-4; 18:3, 23; 19:15; 20:3) 이는 하나님의 언약 백성을 지칭할 때 사용되는 단어의 복수형이다(참조, 겔 37:27). 이제 언약 백성이 만국의 빛으로서 그들의 역할을 성취하였으므로 모든 만국은 언약 백성의 특권들과 약속들에 참예하게 될 것이다.

언어와 상징이라는 두 요소가—각각 언약 백성과 만국에 대해 언급하는 것으로서—전체 이야기를 관통한다. 먼저, 이스라엘과 교회의 역사는 새 예루살렘에서 성취하게 된다. 열두 사도의 이름들은 그 기초석 위에 새겨져 있지만(21:14), 에스겔의 환상(겔 48:30-4)에서처럼, 이스라엘 열두 지파의 이름은 새 예루살렘의 문들 위에 새겨져 있다(21:12). 그 도시의 구조들과 치수들은 하나님의 백성을 상징하는 숫자들로 이루어져 있다: 열둘(21:12-14, 16, 19-21; 참조, 22:2)과 144(21:17; 참조 7:4; 14:1). 이것은 결국 새 예루살렘이다. 구약의 언약 형식문은 ('나는 그들의 하나님이 되고 그들은 나의 백성이 되리라') 21장 3절에서 모든 만국에 적용되도록 변형되었는데, 21장 7절에서 다시 각색되어 사용될 때에는 기독교 순교자들, 즉 요한의 독자들이 요구받고 있는 신실한 증인에게 하신 하나님의 약속을 형성하고 있다. 이것은 곧 교회들을 향한 일곱 메시지 속에서 '이기는' 자들에게 주어지는 모든 약속들을 요약하고 있다. 더욱이 새 예루살렘의 전체 이야기 중 그 절정에 해당하는 부분(22:3b-5)은 어린양이 그의 기독교 추종자들을 위해 이룩해 놓으신 것인 바(5:9; 1:5) 곧 '우리의 하나님 앞에서 나라와 제사장'이 되는 것(5:10; 참조, 1:6)의 종국을 묘사하고 있다. 새 예루살렘에서 그들은 제사장들로서(22:3b-4) 하나님을 그분의 직접적인 임재 가운데에 경배하며, 왕으로서 그들은 그분의 통치에 참여하게 될 것이다(22:5).

다른 한편, 만국은 그 도시의 빛 가운데로 다니고(21:24) 사람들은 만국의 영광과 존귀를 가지고 그리로 들어가며(21:26) 땅의 왕들은 자기 영광을 가지고 그리로 들어간다(21:24). 여기에서 언급하고 있는 '땅의 왕들'은 요한계시록에서 바벨론과 짐승에 영합하여 하나님의 왕국을 반대했던 통치자들을 일관되게 지칭해온 어구로서 본 절에서 마지막으로 나타나고 있다(6:15; 17:2, 18; 18:3, 9; 19:19; 이것은 시 2:2을 떠올린다). 땅의 왕들은 종국에는 예수 그리스도의 통치를 받게끔 되어있다(1:5; 참조, 17:14; 19:16). 만국과 왕들이 새 예루살렘에 대해 갖는 관계를 언급하는 이러한 언급들은 새 예루살렘이 열방을 다스리는 이사야의 환상에 그 기초를 두고 있다(사 60:3, 5, 11).

더욱 놀라운 것은 요한계시록 22장 2절에서 요한이 만국을 지칭함에 있어 또다른 구약 예언을 변형시켜 사용하고 있는 방식이다. 22장 2절의 생명나무에 관한 언급은 에스겔 47장 12절에 그 기초를 두고 있다. 그러나 에스겔서에서는 나무들이 매달 열매를 맺는데 요한은 이것을 나무들이 열두 종류의 실과를 맺는 것으로 해석하고 있다. 또한 에스겔서에서는 그 나무들의 열매가 단지 약 재료로 쓰이기 위한 것이라고 말해지고 있는 반면 요한은 '만국을 소성하기 위한 것'이라고 명시하고 있다. 그러므로 요한은 새 예루살렘을 설명함에 있어서 언약 백성에 대한 암시(열둘이라는 숫자)와 만국에 관한 언급을 결합시킴으로 자신의 목적에 부합하도록 만들고 있다.

새 예루살렘에 대한 묘사에 있어서 배타주의(언약 백성에 관한 언급)와 보편주의 (만국에 관한 언급)의 조화는 세 가지 방법으로 설명될 수 있다. 그 첫 번째로서, 요한은 초지일관 만국으로부터 속량된 언약 백성만을 언급하려 한다는 주장이 있었다(5:9-10). 하나님을 반역했던 국가들이 심판을 받게 될 때 언약 백성은 땅을 상속받고, 과거에 바벨론과 짐승을 섬겼던 자들을 대신해서 그 땅의 나라들과 통치자들이 된다는 것이다. 이러한 설명은 21장 3절을 진지하게 고려하지 못한 결과이다. 이 구절은 요한계시록의 전체 이야기가 지니는 총괄적 의미를 최초로 진술하고 있다. 뿐만 아니라 우리가 제4장에서 알아보았듯이 요한계시록에 있어서 교회의 증거는 만국의 회심을 가져는 목적을 지니고 있음이 분명하다. 두번째로, 언약 백성은 새 예루살렘 자체를 상속받는 자들인 반면(22: 3b-5) 만국과 그 왕들은 새 예루살렘 밖에서 살면서 다만 그것을 방문할 뿐이라는(21:24-6) 주장이 제기될 수 있을 것이다. 이러한 견해에 있어서 만국은 종말론적 축복들을 공유하게 된다.

그러나 언약 백성은 특별한 특권을 소유하게 된다. 그러나 이러한 견해 역시 21장 3절이 암시하는 바를 진지하게 고려하지 못하고 있다. 21장 3절은 모든 만국이 언약 백성들이 될 것이라고 선포하고 있다. 만일 왕국과 땅의 왕들이 성문들을 통해 그 도시에 들어가야 한다면(21:24-6) 기독교 순교자들 역시 그렇게 해야 한다(22:14). 그 이미지 (역자 주: 성문)는 부분적인 배제가 아닌 만국이 언약의 축복들 속에 완전히 속하게 됨을 나타내 준다. 이제 세 번째 설명이 가장 신빙성이 있어 보인다: 새 예루살렘 이야기에 있어서 배타적 이미지와 보편적 이미지의 의도적 결합은 21장 3절에서 주어진 관점을 유지하는 하나의 방법이다. 그것은 하나님의 친 백성의 종국에 관한 구약의 언약들과 모든 만국이 하나님의 백성이 될 것이라는 우주적 소망—이것도 역시 구약에서 발견되어질 수 있다—을 연결시켜 놓는다. 언약 백성의 역사—하나의 국가로서 이스라엘의 역사와 모든 만국으로부터 속량된 교회의 역사— 는 모든 만국이 언약적 특권들과 약속들 안에 완전히 포함될 때에야 비로서 그 종말론적 성취를 발견하게 될 것이다.

새 예루살렘 환상이 지니는 보편주의는 11장 13절, 14장 14-16절, 15장 4절에서 이미 명백하게 지적된 만국의 회심에 대한 경향성을 완성한다. 그 우주적인 범위가 축소되지 말아야 한다. 그러나 그것은 요한계시록이 모든 인류의 구원을 예언하고 있음을 의미하는 것으로 간주되어져서는 안 된다. 두 개의 구절(21:8, 27; 참조, 22:15)이 이러한 결론을 방지하고 있다. 회개하지 않는 죄인들은 새 예루살렘에서 어떠한 장소도 갖지 못한다. 이 두 구절들은 각기 다르지만 보완적인 방법으로 이 사실을 분명히 한다. 21장 8절은 이기는 자에게 주어지는 21장 7절의 약속에 대응되는 구절이다. 이 구절은 만일 그리스도인들이 충성된 증인들이 되지 않고 도리어 바벨론의 죄악에 참예하게 된다면 거룩한 도시 새 예루살렘을 상속받지 못할 뿐만 아니라 바벨론의 악에 내려지는 심판을 겪어야 할 것이라고 경고하고 있다(참조, 18:4). (그리스도인들을 향해 약속과 경고가 짝을 이루어 함께 주어지는 이같은 형식은 22:14-15에서 다시 반복된다).

21장 8절에서 죄인들의 운명을 묘사하기 위해 사용된 이미지는 신적 심판의 이미지이다(참조, 2:11; 14:10; 18:8; 19:20; 20:10, 14-15). 21장 27절에서 사용된 이미지는 거룩하지 못한 자가 하나님의 거룩한 임재로부터 제외되어 그의 거룩한 도시에 들어가지 못하게 됨을 보여주는 배제의 이미지이다(참조, 사 52: 1). 여기서 배제의 위협을 받고 있는 자들은 회개하지 않는(참조, 14:6-11) 만국과 그 왕들이다(21:24-26).

신적인 임재로서의 새 예루살렘

4-5장에서 매우 명백하게 드러나고 있는 요한계시록의 하나님 중심성은 다시 새 예루살렘의 묘사에 초점이 맞추어지고 있다. 하나님의 창조 세계는 그것이 하나님의 직접적인 임재의 장소가 될 때에 그 종말론적인 성취에 다다르게 된다. 마침내 이것은 새 창조라고 말할 수 있을 만큼 '새로워진' 것이다. 그것은 하나님의 임재로 가득찬 옛 창조 세계이다.

21장 이전에서 요한계시록은 '보좌에 앉아 계신 이'로서의 하나님 임재를 하늘에 제한한다. 거기에는 그의 보좌가 있는 곳이다. 이것은 결코 하나님께서 세상에 현재적으로 계시지 않는다는 것을 의미하지 않는다. 오히려 그의 임재는 오직 은밀함과 모순 속에서의 역설적인 임재임을 의미한다. 그분은 성소 안의 예배자들에게 임재하여 계신다. 이 성소는 핍박받는 교회의 숨겨진 내적 실체이다(11:1-2; 참조, 13:6). 그분은 죽임당한 어린양으로서 임재하여 계신다. 그분은 어린양을 죽기까지 따르는 자들의 충성된 증거 가운데 계시는 성령으로서 임재하신다. 그러나 짐승이 세상과 인류를 통치하며 하나님께 영광 돌리기를 거절하는 동안에 그분의 분명한 임재와 그분의 영광—이 영광은 그분의 통치와 긴밀하게 연관된다—은 오직 하늘에서만 나타난다. 그리고 이분의 영광이 하늘에서 드러날 때 그것이 땅에 미치는 결과는 악에 대한 분쇄적 심판이다(15:7-8). 오직 모든 악이 분쇄되고 이분의 왕국이 도래할 때에야 비로소 하나님의 보좌가 땅 위에 있게 될 것이다(22:3). 그리고 나서 새 예루살렘이 하늘에서 내려올 때에 하나님께서는 자신의 거처를 땅 위의 인류와 함께 하시게 될 것이다(21:3). 21장 3절에서 '장막'(*σκηνή*)과 '거하다'(*σκηνόω*)의 의미로 사용하고 있는 헬라어 단어들은 구약 성경이 성막과 성전에 거하신 하나님의 임재를 말할 때 사용했던 히브리어 단어 미쉬칸(מִשְׁכָּן)과 샤칸(שָׁכַן)을 유대 헬라인들이 사실상 번역해 놓은 것들이다. 새 예루살렘 전체가 하나의 지성소이기 때문에 그것은 하나님의 직접적인 임재로 가득차 있다. 성전을 대신해서 그것은 하나님과 어린양의 무한한 임재를 지닌다(21:22). 성전 안에서의 그분의 임재와 마찬가지로(참조, 겔 43장) 하나님의 이러한 종말론적인 임재에는 거룩함과 영광이 뒤따른다. 그분의 종말론적인 임재로서 새 예루살렘은 또한 새 창조에 있어서의 새 생명의 근원이다.

우리는 이미 거룩함에 관해 언급하였다. 그것은 거룩한 도시로부터 거룩하지 않은 자를 배제시킨다(21:27, 참조 2, 10). 그러나 신적인 거룩함으로 가득 차 있는 그 도시는 또한 신적인 광채로도 가득 차 있다. 새 예루살렘은 태양이나 달 혹은 등불도 필요로 하지 않는다(21:23; 22:5). 왜냐하면 새 예루살렘은 보석같이 다채롭고 수정같이 맑은 빛 가운데 반사되고 있는(21:11, 18-21) 하나님의 영광(21:11)을 가지고 있기 때문이다. 그러므로 창조는 도덕적이고 종교적인 목적을 지니고 있으며—새 창조의 하나님께의 헌납은 하나님의 거룩한 임재 안에서 성취된다. 또한 심미적인 목적도 지닌다—하나님의 영광을 드러냄으로써 창조의 아름다움이 성취된다. 후자도 전자와 마찬가지로 하나님 중심적이다. 옛 창조와 마찬가지로 새 창조도 하나님이 주신 아름다움을 가지게 될 것이다. 그러나 하나님 자신의 광채를 드러냄으로써 훨씬 더 아름답게 될 것이다. 이와 비슷하게, 만국의 왕들은 그들 자신들의 영광—인간 문명의 온갖 좋은 것들—을 하나님의 영광 앞에 헌납함으로써 더욱 그것을 누리게 될 것이다. 그분은 '만유 안의 만유'가 되실 것이다(고전 15:28). 창조세계를 없이 하심으로 그렇게 되시는 것이 아니라, 만유 안에 그분이 직접적으로 임재하심으로써 그렇게 되실 것이다.

'세세토록 사시는 이'(4:9-10; 10:6; 15:7)로서의 하나님의 임재가 갖는 그 완전한 의미를 생각해 볼 때 이것은 생명을 의미한다: 곧 생명을 위협하고 부정하는 모든 것이 다다를 수 없는 곳에 초월하여 있는 생명이다. 그것은 생명의 영원한 근원이신 하나님께 직접적으로 연결되어 있는 것이기에 영원하다. 그러므로 하나님께서는 생명수를 주신다(21:6). 그것은 그의 보좌로부터 흘러나오며(22:1) 생명 나무를 적신다(22:2). 모든 슬픔과 고통, 죽음은 영원히 폐기된다(21:4). 의미심장하게도 요한은 이사야로부터 취한 아름다운 이미지를 통해 이 약속을 하나님의 임재(21:3)에 직접적으로 연결시키고 있다. 하나님께서는 친히 '모든 눈물을 그 눈에서 씻기실 것' 이다(21:4; 7:17; 참조, 사 25:8). 하나님의 심판의 행동들이 중개자들을 통하여 단지 간접적으로 귀속되고 있는 반면에, 여기에서 하나님 자신은 그의 모든 고통받는 피조물들의 얼굴에서 눈물을 씻기신다고 언급되고 있다. 요한계시록은 '사랑' 이라는 단어를 거의 사용하고 있지 않지만(참조, 1:5; 3:9, 19; 20:9) 하나님의 사랑이 이보다 더 생생하게 묘사될 수는 없을 것이다.

하나님과 그 어린양의 보좌 주변을 묘사하는 마지막 장면을 통해(22:3b-5) 우리는 요한계시록 전체의 중심적인 상징으로 다시 돌아오게 된다. 4-5장에서 먼저 나타난 제의적인 이미지와 통치적인 이미지의 조화로서의 신적인 보좌이다. 우리는 한 가지 대조적인 모습을 주목하게 된다. 4-5장에서 하늘에는 생물들이 하나님의 직접적인 임재 가운데에서 제사장들의 중심 그룹을 형성하고 있다. 그리고 이십사 장로들은 하나님의 통치에 참여하는 보좌들의 중심 그룹을 형성하고 있다. 그러나 22장에서는 땅 위에서 새 예루살렘에 들어가게 되는 모든 자들이 하나님의 보좌에 직접적으로 나아갈 수 있다. 그들은 하나님을 예배하는 제사장들이며 하나님과 함께 통치하는 왕들이다.

예루살렘에 있는 지상적 성전에서 대 제사장은 일년에 단 한 번 하나님의 성스러운 이름을 그 이마에 붙이고 지성소 안에 있는 하나님의 직접적인 임재 안으로 들어간다. 그러나 하나님의 영원한 지성소인 새 예루살렘에서는 모든 자들이 끊임없이 이러한 임재를 누린다. 다음의 문구보다 더 확연하게 임재의 직접성을 표현할 수 있는 것은 없다. '그들이 그의 얼굴을 볼 것이요'(22:4). 이것은 인간 중 어느 누구도 유한한 생명을 지니고서는 결코 보고 살아남을 수 없었던 하나님의 얼굴이다(출 33:20-3; 삿 6:22-3). 그러나 하나님의 얼굴을 보는 것은 인간의 가장 심오한 종교적 열망이었으며 오직 유한한 생명을 벗어나고서야 실현될 수 있는 것이었다(시 17:15; 고전 13:12; 참조, 에즈라 4서 7:98). 얼굴은 그가 누구인가를 설명해 준다. 하나님의 얼굴을 봄으로 인해 그분이 인격적인 존재에 있어서 누구신가를 알 수 있게 될 것이다. 이것은 하나님을 영원히 경배함으로 인간이 지니게 되는 영원한 기쁨 중 가장 큰 기쁨이 될 것이다.

종말론적인 왕국에서 이루어질 하나님의 통치 이미지와 관련하여 가장 주목할 만한 사실은 '보좌에 앉아계신 이'와 그가 통치하는 세상 사이에 존재하는 암시되고 있는 모든 간격이 사라졌다는 것이다. 그의 왕국은 짐승의 왕국과는 전혀 다른 것임이 드러난다. 그분의 왕국은 하나님의 '종들'이 그분의 통치에 복종하는 것에서 그 성취를 발견하지 않는다(22:3). 오히려 그의 종들이 그분과 함께 다스림으로써 하나님의 왕국은 성취된다(22:5). 중요한 것은 그들이 어느 누군가를 다스린다는 사실이 아니다. 더욱이 그들에 대한 하나님의 통치가 그들에게 있어서는 곧 그분의 통치에로의 참여라는 사실이다. 그 이미지는 하나님의 통치와 인간의 자유가 종말론적으로 조화될 것임을 말해준다. 또한 그 이미지는 하나님을 섬기는 것이 곧 완전한 자유라는 역설 가운데에서도 표현되고 있다(참조, 벧전 2:16). 하나님의 뜻은 우리 존재가 그분의 피조물로서 지니는 도덕적 진리이기 때문에, 우리는 자유로운 복종을 통하여 그분의 뜻이 우리의 마음에서 나오는 자발적 소망이 될 때에야 비로소 그 성취를 발견하게 될 것이다. 그러므로 하나님의 나라가 완성됨으로 인해 신정정치(하나님의 통치)와 인간의 자치(인간 스스로의 결정)는 완전히 조화를 이루게 될 것이다. 따라서 요한계시록은 그 중심적 이미지로 사용하고 있는 하나님의 보좌(22:3b-5)를 최종적으로 언급함으로써 모든 인간 통치의 조직체들을 제거한다.

왜냐하면 인간의 조직체들은 항상 종속자들을 두어야 하기 때문이다. 뿐만 아니라 요한은 하나님의 보좌에 관한 최종적 언급을 통하여 신적 보좌를 인간적 성취에 대한 그것의 환상에 있어서 하나님 중심성에 대한 하나의 온전한 표상이 되게 만든다.

제7장 오늘날에 있어서의 요한계시록

기독교 정경으로서의 예언

요한계시록은 기독교 정경에 있어서 독특한 위치를 가진다. 그것은 정경 중에서 유일하게 기독교 예언으로 구성된 작품이다. 더욱이 그것은 그 자체를 성경적 예언의 전체 전승 가운데 절정으로서 이해하고 있는 기독교 예언의 작품이다. 요한계시록은 의도적이면서 동시에 매우 광범위하게 구약 예언과의 연속성을 지닌다. 이러한 점은 지금까지 남아있는 주요한 그 밖의 초기 기독교 예언 작품과 비교해 볼 때 더욱 확연히 드러날 것이다. 그러한 작품으로는《목자》(*The Shepherd*)로 알려진 예언서가 있는데 그 저자는 로마의 기독교 예언자 헐마스(Hermas)이다. 이 작품은 비록 정경 속에 최종적으로 받아들여지지는 않았지만 초대 교회 당시에는 잘 알려져 있던 작품이다. 헐마스는 기독교적 예언 의식에도 불구하고 사실상 구약을 무시한다. 요한은 구약 예언에 깊게 몰입되어 있는데 그것은 단지 구약 예언이 그의 사고를 형성하는 매개체로서가 아니라 하나님의 종말적 목적이 이미 성취되기 시작한 시대에 대해 그가 새롭게 해석하고 있는 하나님의 말씀으로서 그렇다. 요한은 종말론적 미래를 가리키는 것으로 보이는 모든 구약의 대망들을 모아서 그것들이 어떻게 성취되는가를 보여주는 또 다른 새로운 환상 속에 그것들을 집중시키고 있다.

요한은 지상에 도래할 우주적 하나님의 나라에 대한 소망에 있어서 구약 예언의 통일성을 발견한다. 그는 예수의 삶과 죽음 그리고 부활을 통하여 그 소망이 성취되기 시작하였음과, 그리고 그 결과로 말미암아 하나님의 백성이 만국으로부터 형성된 한 백성으로 전환되었다는 사실의 빛 아래에서 구약을 읽고 있다. 그는 예수와 그의 교회의 관점에서 구약을 읽고 있으나 또한 구약 예언을 방편으로 하여 예수와 그의 교회를 해석하기도 한다. 후자는 요한으로 하여금 하나님의 우주적 나라가 반드시 오리라는 기대를 갖도록 만든다. 요한은 기독교적 믿음으로 말미암아 하나님의 나라가 예수의 삶과 죽음 그리고 부활을 통하여 오게 될 것이라는 확신을 갖는다.

그러나 요한 자신도 역시 선지자로서 새로운 계시를 전달하고 있다. 이 새로운 계시를 통해 교회는 예수가 걸었던 동일한 길을 뒤따름으로써 악을 이기신 예수의 승리에 참예하도록 요청받고 있다: 그 길이란 곧 죽음의 순간에 이르기까지 진리를 충성되게 증거하는 것이다. 이것은 하나님의 통치를 반대하는 이 세상의 권세들에 대항하여 하나님의 백성이 갖는 마지막 투쟁이 될 것이다. 이러한 방법을 통하여 진리는 마침내 악의 통치 수단인 거짓을 이기게 될 것이다. 이러한 방식으로 만국은 한 분이신 참 하나님을 경배하도록 설복당할 것이다. 이러한 방식으로 예수는 하나님의 모든 약속들을 성취하시는 분임이 드러나게 될 것이다. 이러한 방식으로, 성경의 모든 선지적 전승이 궁극적으로 지향하는 하나님의 우주적 나라가 땅 위에 도래하게 될 것이다.

그러므로 신적인 목적을 드러내는 요한의 선지적 계시는 그가 주장하는 대로 예수가 하나님께로부터 받아서 요한에게 게시해 주신 것이며, 이것을 중심점으로 하여 요한은 자신의 이전 시대의 모든 선지적 전승들로부터 매우 다양한 이미지들과 대망들을 끌어모을 수 있었던 것이다. 예수 그리스도를 구약의 빛 아래에서 해석하고 또 구약을 예수 그리스도의 빛 아래에서 해석하는 이러한 과정은 —이것은 초대 교회 시작에서부터 계속되어 왔으며, 또한 예수 자신이 그의 백성의 종교적 전승과의 완전한 연속성을 교회가 파괴하지 않으려면 계속되어야 했던 해석 방법이다—요한의 새로운 선지적 계시와 관련하여 한 정점에 이르게 되었다. 물론 이것은(역자 주: 요한의 계시) 단지 상대적으로 새로운 것이다. 그것은 요한 자신이 그의 계시와 연결하여 해석할 수 있는 구약과 초기 기독교 전승의 그러한 암시들을 더욱 명쾌하게 드러내고 있다. 무엇보다도 요한의 계시는 선지적 전승으로부터 이끌어낸 그러나 이제 새롭게 그려지고 있는 미래에 관한 환상에 새로운 활력소를 부여하고 있다. 적대적인 상황 가운데에 처한 소수의 그리스도인 그룹들은 고립되든가 아니면 동화되고 싶은 유혹을 자연히 받게 되지만, 그들은 로마 제국의 전체적인 힘에 도전하여 하나님의 진리를 충성되게 증거하여 만국을 하나님께로 돌이키므로서 저 환상을 실현하도록 도전을 받는다. 20세기 전망에서 우리는 요한의 환상에 있어서 충만한 선지적 대담성을 파악하기 위해 상상력을 필요로 한다.

요한계시록이 지니는 성격과 그리고 요한계시록이 기독교 정경의 나머지 부분과 갖는 관계성을 생각해 볼 때 현재 전체 정경의 마지막 부분을 차지하고 있는 요한계시록의 위치는 더할 나위 없이 적절하다고 볼 수 있을 것이다. 종말론적 미래를 지향함에 있어서 성경의 다른 어떤 책도 그렇게 광범위하게 전체적인 성경적 전승을 모아놓지는 못하고 있다. 그것은 다음과 같은 의미를 추출시키고 있다. 성경의 역사, 특별히 그리스도 사건에 있어서 그 절정이 우주적인 하나님의 나라를 지향하고 있으며 또한 정경 전체에게 우리로 하여금 그러한 미래를 바라보고 살 수 있게 하는 그 책의 성격을 부여한다.

진정한 예언인가?

교회가 요한계시록을 신약 정경으로 받아들임은 곧 이것을 진정한 예언으로 인정한 것이었다. 그러나 초대 교회에 있어서 뿐만 아니라 16세기에 있어서도 정경성에 대한 의심들이 어느 정도 재개되었는데 그때마다 요한계시록을 거부하는 자들이 생겨났다. 대개 요한계시록의 가치를 의심한 자들은 요한계시록의 피상적인 면들만 알고 있을 뿐 좀처럼 그 이상의 것에 관심을 갖지 않았다. 그런데 좀더 최근의 기독교 역사에서 요한계시록이 기독교 정경으로서 갖는 지위에 문제가 있다는 견해가 더욱 폭넓게 퍼져갔다. 우리는 다음 질문을 피할 수 없다. 요한계시록은 진정한 예언인가? 이에 대한 적절한 대답은 이러한 질문이 개인들이나 혹은 어느 집단들의 판단으로 대답될 수 없다는 사실을 인정하게 될 것이다. 여러 세기에 걸친 매우 다양한 역사적 배경에도 불구하고 교회가 꾸준히 요한계시록을 정경으로 사용해 왔다는 사실은 요한계시록이 하나님의 말씀을 그분의 백성에게 전달하기에 적절한 책임을 입증해 준다.

그동안의 교회 역사 안에서 요한계시록이 사용되어온 방식 그리고 오용되어온 방식들을 모두 개관해 본다는 것은 지면의 제약 때문에 쉽지 않다. 그러나 그 개관은 요한계시록을 천년왕국적 공상으로 넋이 나간 분파적 그룹들의 특별한 영역으로만 간주하려는 작금의 보편적 인식이 매우 잘못된 것임을 보여줄 것이다. 물론 그러한 분파적 그룹들은 지금껏 있어 왔고 또 현재에도 있다. 그러나 요한계시록은 하나님에 관하여, 그리고 역사와 종말론적 미래에 대한 하나님의 목적에 관하여 전체 교회가 지녀온 환상을 지속적으로 영감시켜왔는데 아마도 특히 교회의 예배 의식, 성가 그리고 미술에서 더욱 그러했다고 볼 수 있을 것이다.[1] 뿐만 아니라 요한계시록은 순교자들의 책이 되었으며[2] 동시에 환상가들의 책이 되어 왔다: 이 두 그룹들은 교회가 세상과 타협하여 영합함으로써 진리 증거의 책무를 저버리게 될 위험에 처했을 때마다 매우 자주 교회를 구하였다. 요한계시록은 교회 자신에 대한 비판에 있어서, 그리고 사회와 국가에 대한 선지적 비판에 있어서 끊임없이 그 근거 자료가 되어 왔다.[3]

---

1) 미술에 있어서의 요한계시록에 관하여는 다음을 참조하라. *M. R. James, The Apocalypse in Art* (London: Oxford University Press, 1931): F. van der Meer, *Apocalypse: Visions from the Book of Revelation in Western Art* (London: Thames & Hudson, 1978); R. Petraglio et al., *L'Apocalypse de Jean: traditions exegetiques et iconographiques Ⅲ-ⅩⅢ siecles* (Geneva: Librairie Droz, 1979). 비록 요한계시록을 다소 생소한 방식으로 다루긴 하였으나 G. Quispel의 *The Secret Book of Revelation*(London: Collins, 1979)은 서구 미술의 역사에서 매우 많은 예들을 방대하게 소개해 놓았다. 이 외에도 요한계시록이 예배 의식과 교회 성가에 미친 영향에 관하여 숙고되어 왔으나 나는 그러한 연구서들에 대해 아는 것이 없다. 어느 교회성가 작곡자(hymn-writer)는 요한계시록에 관하여 예배용 주석(devotional commentary)을 썼는데 본문 구절을 간간히 열거해 놓았다: C. Rossetti, *The Face of the Deep* (London: SPCK, 4th edn, 1902).

2) 다음을 참조하라. W. H. C. Frend, *Martyrdom and Persecution in the Early Church* (Oxford: Blackwell, 1965); R. Bauckham의 *Tudor Apocalypse* (Appleford: Sutton Courtenay Press, 1978) 에서 특히 chapter 2. 요한계시록을 주석함에 있어서 오늘날의 압제 상황 (남아프리카공화국의 인종 차별 정책 아래에서 고통받는 남아공의 흑인들)에 적용한 것으로는 A. A. Boesak의 *Comfort and Protest* (Edinburgh: Saint Andrew Press, 1987)가 있다. 또한 미국의 흑인 노예 신앙(G. S. Wilmore, *Last Things First* (Philadelphia: Westminster Press, 1972) 77-8)과 루마니아 목사 Richard Wurmbrand의 옥중 명상집인 *Sermons in Solitary Confinement* (London: Hodder & Stoughton, 1969)에 있어서 (특히 pp. 87, 180) 요한계시록에 관한 묵상을 주목하라.

그러나 오늘날 교회를 위한 하나님의 말씀으로서의 요한계시록을 해석하는데 영향을 미치고 있는 몇몇 이슈들에 직면하는 하나의 방법으로서, 요한계시록이 진정한 예언으로서 갖는 지위에 관해 문제를 제기해 보는 것은 그만한 가치가 있다. 우리가 마지막 단락에서 강조했던 구약과 요한계시록과 연속성은 정확하게, 몇몇 현재 비평가들을 거슬렸던 것이라는 것을 주목하므로서 시작할 수 있다.

루돌프 불트만은 한 유명한 문구에서 '희미하게 기독교화된 유대주의'[4]라고 요한계시록을 비판했다. 그러나 그가 한 말은 요한계시록의 유대적 뿌리들을 부인하려는 19세기－그리고 20세기 초－기독교의 경향을 드러낸다. 당시의 이러한 경향은 오직 유대주의가 아닌 것만이 진정한 기독교이고 또한 기독교는 어떤 식으로든 유대주의를 부정함으로써 존재하게 되었다는 매우 이상한 개념을 낳게 되었다. 우리는 이러한 접근 방식에 있어서 반 유대주의적 경향이 무의식적으로 뿌리 내리고 있음을 간파해야 할 뿐만 아니라, 구약과의 매우 강한 연속성을 일관되게 주장해온 전체 기독교 전통의 척도로 볼 때 이러한 접근 방식이 얼마나 잘못된 것인가를 깨달을 수

---

3) 중세와 초기 근대 시기에 있어서는 다음을 참조하라. M. Reeves, 'The Development of Apocalytic Thought : Medieval Attitudes' ; J. Pelikan, 'Some Uses of the Apocalypse in the Magisterial Reformers' ; and B. Capp, 'The Political Dimension of Apocalyptic Thought,' all in C. A. Patrides and J. Wittreich, *The Apocalypse in English Renaissance Thought and Literature* (Manchester University Press, 1984), 40-124 (with references to other literature). 현대의 작품으로는 Daniel Berrigan의 *Beside the Sea of Glass : The Song of the Lamb* (New York : Seabury Press, 1978)을 참조하라. 다음도 참조하라. C. Rowland and M. Corner, *Liberating Exegesis : The Challenge of Liberation Theology to Biblical Studies* (London : SPCK, 1990), chapter 4 ; O. O'Donovan, 'The Political Thought of the Book of Revelation', *TynB* 37 (1986), 61-94.

4) R. Bultmann, *Theology of the New Testament*, vol. Ⅱ, trans. K. Grobel (London : SCM Press, 1955), 175.

있어야 한다. 이러한 접근 방법은 또한 역사적으로도 믿기 어려운 일이다. 이제 우리가 깨달을 수 있듯이 요한계시록 뿐만 아니라 신약의 모든 문헌들은 1세기 유대교의 한 형태로서 가장 잘 묘사될 수 있는 운동의 산물이다.

그러나 그것이 다른 유대교 형태들과 구분지어질 수 있는 것은 유대교의 종교적 전통을 부인했다는 점에 의해서가 아니라, 그 종교적 전통이 간직해왔던 하나님의 나라에 관한 소망이 메시야 예수에 의해 성취되고 있었음을 주장했다는 점에 의해서다.[5] 구약과의 연속성을 부인하려 했던 것은 오직 기독교 영지주의 뿐이었다. 그리스도인들이 예수께 두었던 믿음과 소망, 그리고 구약 전통이 하나님께 두었던 믿음과 소망, 이 양자 사이의 연속성을 폭넓게 발전시킴에 있어서 요한계시록은 모든 초기 그리스도인들이 믿고 있던 바를 단지 주목할 만한 방법으로 확언하고 있다. 더욱이, 만국의 회심에 있어서 요한계시록의 소망이 보여주는 우주적인 성격은 신약의 그 어느 책도 필적하지 못하고 있다는 사실을 기억할 필요가 있다. 또한 이러한 우주적인 성격은 구약의 선지적 전통이 지니는 우주적인 소망에 확고히 기초하고 있음도 기억할 필요가 있다. 기독교는 우주적인 종교가 됨에 있어서 유대 종교 전통과의 연속성을 파괴한 것이 아니라 오히려 발전시켰던 것이다.

이것은 다음과 같은 사실을 의미한다. 요한계시록은 스스로를 예언이라 주장하고 있는데 그것은 요한계시록이 성경 전체의 선지적 전승과 연속성을 지니고 있음을 주장하는 것과 관련하여 이해되어야 한다는 것이다. 그것은 일반적으로 말하는 성경적 예언의 속성 측면에서 이해되어야 한다. 그 속성에 대해서는 다음의 평범한 사실을 되새겨 볼 필요가 있다. 즉, 성경에서 말하는 예언은 예고 그 이

---

5) 참조. J. D. G. Dunn, *The Partings of the Ways* (London: SCM Press, 1991).

상을 의미한다는 사실이다. 성경에서 일반적으로 말하는 예언과 마찬가지로, 예언으로서의 요한계시록은 세 가지 밀접하게 연관된 요소들로 이루어져 있다고 말할 수 있을 것이다.

첫째, 성경적 예언에는 현재의 상황에 관련한 하나님의 섭리와 목적을 선지적 통찰로써 인식해내는 식별의 요소가 있다. 우리는 요한계시록이 만물의 실상을 폭로함에 있어서—교회들의 참 모습을 드러내는 것과 세상의 참 모습을 드러내는 것 모두에 있어서—그리고 하나님의 천상적인 통치의 관점에서 바라볼 때 만물이 어떠한 모습으로 보이는지를 드러냄에 있어서 매우 유력한 선지적 관심을 기울이고 있음을 살펴보았다. 이러한 방식으로 로마 권력의 기만적인 우상숭배는 폭로되며, 교회는 자신들이 증거하도록 부름받은 상황의 참 모습에 눈뜨게 된다.

둘째, 예언에는 예고의 요소가 있다. 요한은 자신이 보고 있는 환상에서 '현재 일어나는 일' 뿐만 아니라 '이후에 장차 될 일'(1:19 참조, 4:1; 1:1)도 바라보고 있다. 본질적으로 예고란 선지자가 현재의 상황을 인식함에 있어서 우주적 나라의 도래에 관한 하나님의 궁극적인 목적이 현재의 상황에 어떻게 관련되는가를 바라보는 것이다. 반드시 일어나게 되는 일은 하나님 나라의 도래이다. 만약 그렇지 않다면 하나님은 하나님이 되실 수 없다. 예고로서의 예언은 하나님의 나라가 도래하게 될 경우 현재의 상황이 어떻게 변하게 될 것인가를 드러낸다.

셋째, 예언은 그것을 들은 자들이 현재 세상의 참 모습을 인식하고 난 후, 그리고 현재의 세상에 대하여 하나님의 세부적인 목적이 의도하게 될 것에 관한 예고를 듣고 난 후 적절한 반응을 보일 것을 요구한다. 바로 이 세 번째 요소로 인해 성경의 예언에 있어서 예고적 요소는 결정론적인 성격을 갖지 않는다. 이 세 번째 요소가 인간의 자유에 여지를 남겨둠으로써, 인간은 하나님의 뜻에 반응함에 있어서 그리고 이 세상을 향한 하나님의 목적에 참여할 것인가를 결정함에 있어서 자유롭다. 니느웨에 대한 요나의 경고는 성취되지 않았다. 왜냐하면 니느웨는 요나의 예언에 대해 회개함으로 반응했기 때문이다. 하나님의 나라는 반드시 도래한다. 그렇지 않다면 하나님은 하나님 될 수 없을 것이다. 그러나 하나님의 나라가 어떻게 도래하게 될 것인지 이미 예고되었다 할지라도 그 도래 방식은 인간의 반응 여하에 달려 있다. 또한 그것은 인간의 자유를 자신의 목적 안에 붙들고 계신 하나님의 자유에 달려 있다. 유대 묵시가들이 역사를 보는 관점에 있어서 구약의 예언보다 좀더 결정론적인 시각을 보이는 경향이 있음은 사실이다.

그러나 이 점에 있어서 우리는 요한이 구약의 선지적 견해에 어떻게 더욱 가까이 있는가를 살펴 본 바 있다. 요한의 예언은 만국에 증거하는 교회의 소명이 가져오게 될 결과를 미리 결정짓지 않는다. 오직 절대적인 것은 하나님의 나라가 반드시 도래한다는 것과 그분께서 자신의 창조 세계를 종말론적으로 새롭게 하실 것이라는 사실이다. 그러나 모든 만국이 회심하여 참 하나님께 경배하게 될 것에 관한 소망과 함께, 하나님의 통치를 끝내 인정하지 않을 경우 세상에 임하게 될 심판의 경고가 나란히 나타난다.

우리는 이 책에서 요한계시록이 마치 역사를 미리 쓰듯 일련의 사건을 예고하고 있지 않는다는 사실을 여러 번 확인하였다. 요한계시록에 관한 그런 식의 몰이해는[6] 요한계시록에 나타나는 이미지들

6) 그러한 몰이해는 '역사주의자'(historicist)의 해석 전통과 '미래 신봉자'(futurist)의 해석 전통에서 발견된다. 먼저, 역사주의자는 요한 계시록이 역사 시대부터 재림에 이르기까지 교회의 전 역사를 상징적으로 설명해 놓은 것으로 간주한다(16세기에 있어서 이러한 해석 전통에 관하여는 Baukham의 *Tudor Apocalypse* 중 특히 제4장을 참조하라; 그리고 이러한 전통에 관한 대표적 권위서로는 E. B. Elliott 이 쓴 제4권으로 된 *Horae Apocalypticae* (London: Seeley, Jackson & Halliday, 5th edn, 1862)을 참조하라). 한편 미래 신봉자는 요한계시록이 재림 직전의 마지막 몇 년의 역사를 상

을 진지하고도 주의깊게 검토할 수 없게 만든다. 요한계시록 당시의 현재와, 재림 곧 하나님 나라의 최종적 도래 사이에 일어나게 될 것으로써 예고되고 있는 것은 교회와 짐승 간에 있게 될 투쟁의 기간이다. 이 기간 동안 교회는 죽음의 순간에 이르기까지 참 하나님께 대한 충성과 인내로써 선지적 증거를 감당하게 될 것이다. 이 기간 동안 악의 권세들은 교회의 증거를 막을 수 있는 일이라면 무슨 일이든 행할 것이다.

그러나 그리스도인들을 죽음에 던져 넣음으로 얻은 그들의 승리는 오히려 교회가 증거하는 바 그 진리가 만국을 확신시키고 회심시키는 권능을 지녔음을 나타내는 기회가 될 것이다. 마지막 때 직전 이 '짧은' 기간(참조, 12:12)은 삼년 반이라는 묵시적인 기간으로 상징된다. 이미 이 삼년 반의 기간은 마지막 때 직전 하나님의 백성들을 대항한 원수들의 총 공격 기간을 나타내는 전통적인 상징이 되었다. 이 삼년 반의 기간은 종말 그 자체로 끝을 맺는다. 그리스도는 회심한 나라들을 그의 나라 안에 불러모아 자신의 통치를 반대하는 모든 대적들을 파멸시키기 위해 재림하신다. 하나님의 직접적인 임재가 뒤따르는 창조 세계에 대한 종말론적 완성이 그러한 것처럼, 이것은 매우 폭넓은 상징적 이미지들로 묘사된다.

그러므로 요한이 종말 바로 그 직전에 역사 가운데 오게 될 것으로 미리 내다보는 것은 큰 싸움, 곧 짐승과 교회 사이에 사활을 건 싸움이 있게 될 것이라는 사실이다. 이 싸움을 통해 어린양을 따르는 자들이 하나님 나라의 도래에 참예하게 되는 비밀스런 전략이 실행될 것이다. 물론 이것도 역시 하나의 예고라기보다는 충성된 증

징적으로 설명해 놓은 것으로 간주한다 (이러한 해석 전통을 따르는 책으로서 최근 비상한 관심을 모으고 있는 Hal Lindsey의 *The Late Great Planet Earth* (London: Lakeland, 1971)을 참조하라. 그리고 이에 대한 비판서로서는 C. Vanderwaal의 *Hal Lindsey and Biblical Prophecy* (Ontario: Paideia, 1978)을 참조하라).

거와 인내로서 싸움에 참여해 승리하도록 교회에게 요청되는 하나의 소명이다. 그러나 분명한 것은 이러한 역사의 마지막 기간에 있어서 그 어떠한 일련의 사건도 예고되고 있지 않다는 것이다. 요한이 역사의 마지막 기간에 일어나게 될 일들을 묘사함에 있어서 사용하고 있는 이미지들의 변화무쌍함은 그것들의 성격과 의미에 관련된다. 그 이미지들은 짐승의 권력과 기만성이 지니는 성격, 회개를 가져오지 못하는 심판의 무효성, 고난의 증거가 갖는 진리를 확신시키는 힘, 교회의 증거가 예수의 증거에 대해 갖는 관련성들을 드러내 준다. 무엇보다도 그 이미지들은 교회로 하여금 그들이 참여하는 싸움의 의미와 승리의 성격을 통찰할 수 있도록 천상적인 전망을 제공해 준다. 교회가 그러한 천상적 전망을 필요로 하는 것은 희생적인 증거를 수행함에 있어서 끝까지 인내하기 위함이다.

요한의 예언에 지각적 요소가 있음을 인정하는 자라면 요한계시록이 쓰여진 지 2세기 후 예고적 요소가 현저하게 현실적인 것으로 명백하게 드러났음을 발견하게 된다. 박해의 기간 마지막 즈음, 교회와 로마 제국의 관계를 극적으로 전환시킨 콘스탄틴 혁명 바로 직전에 그리스도인들은 비록 여전히 소수였지만 무시할 수 없는 소수가 되어 있었다. 오랜 기간 동안의 박해는 지역적이고도 산발적으로 일어났었다. 그러나 3세기에 접어들어 기독교의 성장은 대대적인 박해를 불러일으켰고 그것은 기독교를 박멸하려는 시도로 이어졌다. 기독교는 단지 어느 쇠퇴한 동방의 이교도 정도로 인식되지 않았다. 오히려 기독교는 당시의 세계가 지향하고 있던 모든 이교적 태도에 대항하는 종교로서, 특히 로마가 절대적으로 주장했던 제국적 우상숭배에 대항하는 종교로 인식되었다. 그 박해의 기간 내내 순교는 기독교 복음의 성공적 전파에 있어서 중심적인 역할을 담당했다. 물론 다른 주장들과 견주어 이것을 입증할 만한 역사적인 증거를 제시하기는 어렵다. 그러나 분명한 것은 순교를 통해 기독교의 주장이 종종 국제적인 주목을 받게 되었다는 것이다. 뿐만 아니라 세계인들의 눈에 서슴없는 태도로 죽어간 순교자들의 모습은 그들이 믿었던 종교적 메시지의 본질과 일치하는 것으로 보였음이 분명하다. 더욱이 요한의 예언은 그것이 의도했던 대로 교회에게 환상을 부여해 줌으로써 순교를 가능케 하고 또한 그 순교를 의미있게 만들었다.[7]

물론, 기독교가 이교적 제국에 대해 마침내 갖게 된 역사적 승리의 성격은 매우 양면적인 특성을 지닌다. 기독교적 제국과 그 후속 국가들 속에서 짐승은 전혀 새로운 방법으로 기독교로 가장하여 끊임없이 다시 나타난다. 이같은 사실에 대해 요한계시록을 읽는 사람은 놀랄 필요가 없다. 왜냐하면 짐승과 바벨론은 이미 아시아의 일곱 교회들 안에 자신들과 짝을 이루는 존재들과 앞잡이들을 두고 있기 때문이다. 분명한 것은 제국의 회심은 종말론적 왕국의 도래가 아니었다는 것이다. 역사는 진리와 거짓 사이의 투쟁의 현장으로서 양면성을 가지고 있는데 그 안에서 하나님의 나라는 오직 은밀함과 역설적인 모습으로 존재하며, 결코 폐해지거나 중단되지 않으며 여전히 지속된다.

더욱이 우리가 그려놓은 역사는 비록 중요한 것이지만 세계 역사에 비교할 때 그 작은 일부분에 지나지 않는다. 요한은 분명 팔레스틴 뿐만 아니라 제국의 국경 너머에까지 많은 나라들을 알고 있었을 것이다. 그에게 있어서도 역시, 짐승이 세계의 모든 나라들을 다스린다는 진술(13:7-8)이라든가 모든 나라가 바벨론의 포도주에 취했다는 진술(14:8; 18:3; 참조, 23-34; 참조, 17:18)은 분명 의도적으로 과장된 것임이 틀림없다. 그러나 우리에게 이러한 진술들은

7) 리옹(Lyons)과 빈(Vienne)의 교회 서신에 나오는 요한계시록에 관한 언급들을 참조하라(ap. Eusebius, *Hist. Eccl.* 5.1.1-5.4.3). 이것은 순교에 관한 가장 오래된 설명들 중 하나이다 - 특히 요한계시록 14:4(5.1.10)과 1:5; 3:14(5.2.3)에 관한 언급을 참조하라.

훨씬 그렇게 될 수 있어 보인다. 교회와 로마 제국과의 투쟁은 우주적인 하나님의 나라가 지상 위에 성취됨에 있어서 재림을 눈 앞에 둔 마지막 단계도 아니었고 또 그렇게 될 수도 없었을 것이다.

그러므로 요한의 예언은 주목할 만하게 성취되었다. 그럼에도 하나님의 나라가 도래함으로써 성취된 것은 아니다. 요한의 예언은 이를 테면 아직 성취되지 않은 종말론적 잉여치를 지니고 있다. 여기서 우리는 성경이 일반적으로 말하는 예언의 성격을 다시금 상기해봄이 중요하다. 성경의 예언은 항상 선지자 당대에 관련한 동시대의 인물들과 곧 닥칠 가까운 미래에 관해 언급한다. 그러나 동시에 성경의 예언은 선지자의 동시대 인물들에 직접적으로 관련되는 것을 초월하여 다음 세대 독자들로 하여금 그들의 미래에 관한 하나님의 목적을 바라보게 끔 지속적으로 영향을 미칠 수 있는 소망들을 제시한다. 현대의 학자들은 성경의 예언을 역사화 시킴으로써 전자를 강조한 나머지 종종 후자를 전적으로 배제함에 이르게 된다.

그러나 이들은 대부분의 성경 예언이 지금까지 정경으로 취급될 수 있었던 것은 그것의 원래 문맥에 있어서의 언급들이 당시의 직접적인 성취만을 가리키는 것이 아니었기 때문이라는 것을 잊었다. 이와는 반대로, 근본주의자들의 해석은 성경 예언 속에서 선지자 이후의 여러 세기 동안 일어나게 될 구체적 사건들에 관한 암호화된 예고들을 찾는다. 그들은 예언이 그 첫 번째로 듣는 자들에게 무엇을 의미했는가라는 질문을 소홀히 함으로 예언의 영속적 타당성을 오해하고 있다. 우리가 이 책에서 그랬듯이 요한의 예언이 그의 동시대인들에게 어떻게 말하고 있는가를 이해하는 것은 중요하다. 왜냐하면 요한의 동시대인들은 요한의 예언이 명확하게 그 의미를 전달하고 있는 유일한 독자들이기 때문이다. 이것은 우리가 요한의 예언을 인식하지 못하도록 방해하지 않는다. 오히려 우리로 하여금 요한의 예언이 그 원래의 문맥을 초월하여 어떻게 우리에게 말할 수 있는가를 이해하도록 돕는다.

성경의 예언이 다음 세대의 독자들에 대해 영속적 타당성을 지니고 있음을 적절히 증명해 주는 두 가지 요점이 있다. 첫째, 성경적 전승에 있어서 하나님께서 역사 안에 두신 목적들은 변함이 없는 것으로 이해된다. 따라서 구원과 심판을 위해 과거에 행하신 그분의 위대한 행동들은 미래에 행하실 그 무엇에 대한 본보기로서 이해될 수 있었다. 예를 들어 본다면, 출애굽의 이미지가 종말론적인 구원과 심판의 사건을 묘사함에 있어서 특히 요한계시록 안에서 매우 중요한 역할을 하게 된 것은 이러한 이유 때문이다. 그러나 그것은 또한 이미 성취된 예언들이 또 다른 새로운 상황들에 관련하여 재해석되고 재적용될 수 있음을 의미했다. 요한은 바벨론의 운명과 두로의 운명에 관한 구약 예언을 반복하여 바벨론의 멸망에 관한 자신의 예언을 형성함에 있어서, 이 예언이 원래 그것을 선포했던 선지자들의 동시대에 있던 이교적 권세들에 관련하여 언급된 것임을 간과하지 않았다.

그러나 요한은 로마가 그 경제적인 판도에 있어서 두로를 계승하고 있으며 정치적인 압제에 있어서는 바벨론을 계승하고 있음을 간파하였다. 이들 도시들의 악은 로마에 의해 반복되고 이 악을 능가하기까지 했기 때문에 이들 도시들에게 가해졌던 하나님의 심판은 더더욱 많이 로마에게도 가해져야 한다. 어떤 도시든 그 예언에 해당하는 도시는 그 예언대로 되어야 한다. 이러한 원리는 선지자의 신탁들이 그 본래적인 언급을 초월할 수 있도록 해준다. 그러나 이것은 예레미야가 바벨론을 언급할 당시 어떤 식으로든 실제로 로마를 의미했을 것이라고 가정하는 것은 아니다. 이와 동일한 원리는 요한계시록이 교회 역사를 통틀어 정치적, 경제적 압제를 가하는 후기 조직체들에 대한 선지적 비판들을 영감시키는 방법을 유효하게 한다. 이것은 오늘날에 있어서도 여전히 마찬가지이다.

둘째, 선지적 약속은 공공 성취를 능가한다. 예를 들면, 바벨론 포로 이후 이스라엘의 회복은 포로기 당시의 대 선지자들이 예견했던 것과 맞아 떨어지지 않았다. 어떤 의미에 있어서 그들의 예언들이 옳았다는 것이 입증되었다. 그러나 또 다른 의미에 있어서 그들의 예언들은 더욱 더 위대한 구원 사건을 소망하도록 지속적으로 영감을 주었다. 그 위대한 구원 사건을 통해 하나님께서는 이스라엘 백성들의 하나님으로서 뿐만이 아니라 세계 만국의 하나님으로서 우주적으로 입증될 것이다. 성취를 넘어서는 약속의 이러한 잉여치 안에는 묵시적 종말론의 뿌리가 존재한다. 새 예루살렘에 관한 요한의 환상은 포로기 선지자들의 환상들로부터 발전하였다.

그러나 포로기 선지자들의 환상이 예언했던 포로기 이후 예루살렘과 성전의 실제적인 재건은 실현되었다고 보기에 어렵다. 어떤 의미에 있어서 대부분의 성경 예언 전승은 종말론적 경향을 가지고 있다고 볼 수 있다. 다시 말해 성경이 기록된 동시대적 상황은 하나님의 나라가 도래함에 있어서 역사의 궁극적 결말과의 직접적인 관계로 유입된다. 이사야는 앗수르 제국의 군사적 압제를 비판하면서 그 제국을 머지않아 대신하게 될 것으로서 한 낙원을 이미 마음에 그리고 있었는데, 그것은 이새의 그루터기에서 나온 메시야적 새싹에 의해 우주적인 평화와 정의로써 통치되는 낙원이다. 이와 마찬가지로 요한 역시 순교자들의 승리와 로마의 권력 조직에 대한 하나님의 심판이 예수 그리스도의 재림 때 도래할 하나님의 우주적 나라를 의미하는 것으로 기대하고 있다.

후기 선지자들과 묵시적 전승에 있어서 이러한 종말론적 경향은 더욱 명확하고 뚜렷해질 뿐이다. 그것은 하나님의 창조 전체에 대한 의롭고 은혜로운 궁극적 목적들의 관점에서 당면한 상황에 대한 하나님의 뜻을 이해하는 데 있어서 성경적인 선지적 전승에 본질적인 것인 듯이 보인다. 그러한 예언이 거짓된 것으로 여겨져 거절되지 않고 오히려 유대적이거나 기독교적인 소망을 지닌 전승 안으로 받아들여졌다는 사실은 예언이 지닌 종말론적 경향이 선지적 전승에 있어서 아무 문제가 없는 요소임을 보여준다. 예언의 성취들은 실제적이었고 분명히 인지되었다. 그러나 그 예언들이 부추겼던 종말론적 기대의 잉여치를 아직도 남겨두고 있다. 그것은 오직 모든 악에 대한 하나님의 궁극적인 승리에 의해서만이 채워질 수 있을 것이다. 유일신적 믿음을 가진 모든 신자들에게 있어서 악 그 자체의 문제가 바로 문제일 수 있는 것과 동일한 이유로 이러한 궁극적 승리의 연기는 문제의 소지를 안고 있다. 그러나 예언들 그 자체는 분명히 문제가 될 수 없었다. 역사의 모호성 안에서 그 예언들이 갖게 된 잠정적인 성취들은 종말론적 나라 자체의 도래에 대한 소망을 확증하였다.

어떤 의미에 있어서 성경의 예언 전승 중 그 절정으로서 요한계시록은 그 본래의 문맥이 의도했던 바를 독특하게 초월할 수 있다. 요한계시록은 성경의 예언 중 매우 분명하게 그 원래의 문맥들을 넘어서서 하나님의 백성들로 하여금 영속적인 소망들을 지니도록 영감시켰던 여러 요소들을 모아 다시 펼쳐보이고 있다. 더욱이 그렇게 함으로써 요한 계시록은 그 첫 번째 독자들에게 언급되고 있는 문맥의 한정성과, 그 문맥들을 본질적으로 초월하는 일종의 종말론적 과장을 결합시킨다. 우리가 이미 살펴보았듯이 요한계시록은 짐승이 가진 힘과 지배권 그리고 짐승에게 향해지는 예배를 표현함에 있어서, 또한 교회의 선교와 증거를 표현함에 있어서 우주적인 용어를 강조적이면서도 일관되게 사용하고 있다. 교회는 모든 나라들로부터 선택되어 나오며(5:9) 능히 셀 수 없는 큰 무리를 이루게 된다(7:9). 천사가 영원한 복음을 전파하는 것으로 상징되는 교회의 증거는 만국으로 퍼져나간다(14:6).

짐승의 통치 하에서 장차 오게 될 시험의 때는 온 세상에 임하게 된다(3:10). 짐승은 만국에 대한 권세를 가지며 이 땅에 사는 모든 자들에 의해 경배를 받는다(13:7-8). 두 번째 짐승은 경제적인 삶에 대한 완전한 통제 시스템을 통하여 더욱 짐승을 경배하게 만든다(13:12-17). 비록 이러한 경제적 통제가 짐승과 같은 힘을 발휘한다고 하지만 그것은 단순히 사실성을 능가하는 것으로 그치지 않는다. 이것은 1세기에 실제로 있을 법한 가능성들을 훨씬 능가한다. 용과 짐승, 그리고 거짓 선지자는 온 천하의 임금들을 소집하여 아마겟돈에서의 마지막 전쟁을 준비한다(16:14). 바벨론은 모든 나라를 현혹시킨다(14:8; 18:3, 23). 그리고 땅 위에서 죽임 당한 모든 자의 피로 인해 정죄당한다(18:24). 더욱이 1세기 사람들이 살았던 지리적 범위의 한계를 고려해 볼 때 이 모든 것은 의도적으로 과장되었음이 분명하다. 요한계시록은 교회와 짐승 사이의 임박한 갈등을 묘사함에 있어서 역사적이고 사실주의적인 용어가 아닌 종말론적이고 우주적인 용어들을 사용하고 있다. 요한계시록은 요한과 그의 독자들이 맞이 하게 될 가까운 미래에 하나님의 우주적인 나라의 도래에 관한 환상을 첨가하고 있다.

이것은 요한이 멀지않은 장래에 로마 제국 이후 수 세기 후에 참으로 우주적이고 전체주의적이며 반 기독교적인 국가가 생겨날 것을 내다보고 있다는 것을 의미하지 않는다. 이러한 과장은 우리가 앞서 제4장에서 살펴본 것과 동일한 종류의 것이다: 요한은 마치 모든 그리스도인들이 순교를 당하기라도 할 것처럼 쓰고 있다. 이러한 과장은 교회와 짐승 사이에 벌어지는 투쟁에 있어서 무엇이 핵심적인 문제인지를 분명하게 해준다. 그 투쟁은 사실 하나님의 우주적 나라의 도래에 관련한다. 그러나 그 과장은 또한 그 당시의 투쟁에 있어서 핵심이 되고 있는 바가 곧 교회 역사에 있어서 항상 핵심적인 것이 될 것임을 보여주고 있다. 로마 제국으로서의 짐승은 결코 진정한 우주적인 힘을 갖지 못했다. 그러나 짐승은 역사상에서 수많은 다른 모습들로 나타나 하나님의 종말론적 나라가 도래할 때까지 하나님의 세계에 대한 통제권을 갖고자 분투한다. 그러므로 하나님의 진리를 증거하던 증인들이 짐승의 손에 죽임당해 놓여 있는 큰 성의 거리 역시 예루살렘에 있어야 할 필요가 없고 로마에 있어야 할 필요도 없으며 아시아 도시들은 더더욱 아니다.

큰 성의 거리는 오늘날에 있어서 다수의 기독교 순교자들이 유례없이 죽임을 당한 곳이면 어느 곳이든 될 수 있다. 이러한 종말론적 과장은 이들 상징들로 하여금 재림에까지 미치도록 본질적인 힘을 부여해 준다. 더욱이 그 이미지들이 이러한 힘을 갖게 되는 것은 비단 과장적인 표현 때문만은 아니다. 요한의 이미지들은 요한 자신의 시대에 있어서 영향을 끼치고 있는 세력들의 본질적 특성과 그 궁극적인 핵심적 이슈들을 놀라울 정도로 꿰뚫어 볼 수 있도록 의도된 것이다. 따라서 그 이미지들은 요한 당시 세계의 단순히 부수적인 역사적 특징들을 상당 부분 고려하지 않는다. 이것들은 그 언급을 그릇되게 만들지 않기에 충분하다. 바벨론은 일곱 산 위에 건설되어 있으며(17:9) 그리고 바벨론이 거래하는 물품들의 목록은 모든 알려진 세계 도처로부터 1세기 로마로 유입되는 수입품들을 매우 구체적으로 보여준다(18:11-13).[8] 그러나 그 무역 물품들은 그리 많은 품목이 아니어서 충분히 그와 유사한 상황들에 쉽게 재적용할 수 있다. 어느 사회이건 이러한 바벨론의 모습에 해당되면 바벨론과 마찬가지로 취급되어야 한다. 어느 사회이건 다른 이들의 희생을 대가로 하여 자신의 경제적 번영을 절대화한다면 바벨론이 받는 정죄를 피할 수 없게 된다.

그러므로 요한계시록은 그 예고적인 요소에 있어서 가까운 장래

---

8) R. Baukham, 'The Economic Critique of Rome in Revelation 18,' in L. Alexander ed., *Images of Empire* (*JSOTSS* 122: Sheffield: *JSOT* Press, 1991), 58-79, 이것은 Bauckham의 책 *The Climax of Prophecy* 중 chapter 10이다.

에 이루어질 성취를 바라보았고 또한 그 본래의 문맥을 초월하여 하나님의 나라 도래에 대한 소망을 지속적으로 영감시키고 일깨움으로써 영속적 적합성을 획득하고 있다. 요한의 예언은 이러한 역사적 성취와 종말론적 잉여치를 모두 가지고 있음으로써 성경의 예언 전승에 충실한 것으로 드러나며 그리고 성경의 예언 전승이 세계에 관해 보여주고 있는 환상이 믿을 만한 것임을 발견하는 자들에게 있어서 요한계시록은 참된 것으로 드러난다.

임박과 연기

우리가 지난 단락에서 논의했던 동일한 문제는 현대의 독자들이 종종 그것을 문제 삼고 있다는 이유 하나만으로도 좀더 주목해 보아야 할 필요성을 갖는다. 그것은 임박한 종말에 대한 기대인데 이는 요한계시록이 대부분의 신약 문헌들과 공유하고 있는 것이다. 요한의 예언은 '틀림없이 곧 일어나야 할 것'에 관한 계시이다(1:1; 참조, 1:3; 22:10: '때가 가까우니라'). 이것은 교회와 제국의 대투쟁이 곧 시작될 것임을 단지 의미할 수 없다. 왜냐하면 재림도 역시 곧 있게 될 것이라고 말해지기 때문이다. 예수는 결말 부분에서 세 번에 걸쳐 '내가 속히 오리니'라고 직접 약속하신다(22:7, 12, 20; 참조, 2:16; 3:11). 많은 사람들은 초기 기독교의 종말론적 기대 자체가 이러한 시간적인 의미로 느껴지는 임박성(역자 주: '내가 속히 오리니')으로 말미암아 그 설득력을 잃게 되었다고 생각해 왔다. 그와 같은 결론은 다수의 신약 본문을 문제 있는 것으로 만든다. 그러나 어떠한 신약 본문도 종말론적 기대로 가득 차 있는 요한계시록 만큼 문제 있는 것이 되지는 못한다.

그러나 종말의 지연은 그 임박만큼이나 요한계시록에 특징적이다. 종말의 지연은 요한계시록의 구조에 뚜렷이 나타나 있다. 순교자들이 '어느 때까지 하시려나이까?' 라고 외치고 난 후, 좀더 기다려야 한다는 말을 듣는 순간부터(6:10-11) 독자는 이미—그리고 특히 요한계시록을 구두로 낭독했을 때의 듣는 자—임박과 연기 사이의 긴장을 의식하게 된다. 그것은 곧 종말이 지속적으로 다가오고 있으나 아직 확정적으로 도착하지는 않았음을 의식하게 되는 긴장이다. 비교적 온건한 경고성 심판들의 시리즈는 우리가 기대했던 것보다는 다소 느리게 다가올 마지막 심판의 절정을 향해 나아간다. 여섯 번째 인과 일곱 번째 인을 떼는 것 사이에, 그리고 여섯 번째 나팔과 일곱 번째 나팔을 부는 것 사이에 끼어드는 삽입 단락들은 모두 종말의 지연을 상징하거나 설명한다.

이 논의에 있어서 결정적인 본문인 10-11장에서, 우리는 경고성 심판들을 계속하기 위해 더 이상의 지연이 용납되지 않고 있음을 발견한다(10:3-6). 그리고 동시에 세상을 향한 교회의 선지적 증거를 위해 삼년 반이라는 상징적 기간이 연장되고 있음을(11:3) 발견하게 된다. 요한은 여기서 묵시적 전통 전체에 흐르고 있는 종말론적 임박과 종말론적 지연 사이의 긴장을 자신만의 독특한 방식으로 만들어내고 있다. 임박의 논리는 하나님의 나라가 도래해야 한다는 것이다. 악은 승리하고 있으며 의인은 고통당하고 있다: 하나님의 목적에 모순되는 이러한 모습이 영원히 지속될 수 없는 것임이 분명한가? 만약 하나님이 의로우신 분이시라면 하나님께서는 곧 모든 잘못된 것들을 바로 잡으셔야 한다.

그러나 지연의 논리는 하나님의 오래 참으심과 은혜로우심의 논리이다. 하나님께서는 사람들에게 회개할 시간을 허락하신다. 고난을 감내하는 교회의 증거의 역할에 관한 요한의 계시는 이러한 논리를 더욱 분명히 한다. 묵시적 전통에 있어서 하나님 나라를 수립하기 위해 하나님의 즉각적인 개입을 요구하는 의인들의 바로 그

고난은 실제적으로 하나님의 나라를 세우기 위한 전략이다.

삼년 반의 기간은 물론 상징적인 기간이다 (계시록의 시간 계산이 모두 상징적이라는 사실을 의심하는 사람은 2:10과 17:12을 고려해 보아야 한다). 삼년 반의 기간은 '잠시 동안'이라는 표현으로도 특징지어진다(6:11; 12:12; 17:10). 삼년 반의 기간과 마찬가지로 이 표현은 그 주해적 기초(역자 주: 구약 본문)를 가지고 있으며, 종말론적 지연을 나타냄에 있어서 전통적인 역할을 담당해 왔다(시 37:10; 사 26:20; 히 10:37). 이 표현은 교회로 하여금 그 시험의 때가 영원하지 않음을 확신시켜 주었다. 하나님의 목적에 있어서 그 기간은 끝을 가지고 있으며 나라는 마침내 도래할 것이다. 그 표현은 '곧' 오겠다고 하신 예수의 약속과 조화를 이룬다.

그러나 이것은 연대기적인 계산의 가능성을 배제하는 방식으로 그렇게 한다. 나라의 도래를 위해 기도하고 동시에 만국의 회심을 소망하는 교회는 임박과 지연의 긴장 속에서 살아간다. 그러한 긴장은 단순히 연대기적인 것이 아니라 오히려 신학적인 것이다. 이러한 사실은 오늘날의 신약 학자들에게 있어서 문제되고 있는 재림의 지연이 왜 초대 교회에 있어서는 그처럼 문제되지 않았는가를 설명해 준다.[9]

요한계시록에 있어서 임박한 종말의 기대가 가져오는 실제적으로 중요한 효과는 이러한 임박한 기대가 요한으로 하여금 역사의 궁극적 결말에 관한 자신의 선지적 환상을 당시의 상황에 대한 이해에 긴밀히 연결시킬 수 있게끔 만든다는 사실이다. 요한은 현재 상황에서 하나님의 목적과, 이러한 목적 안에서 하나님의 나라의 도래에 대한 소망을 가지고 살아감에 있어서 그리스도인들에게 요청되고 있는 역할이 무엇인지를 이해할 수 있었던 것은 우주적인 나

9) 다음을 참조하라. R. Bauckham, 'The Delay of the Parousia,' *TynB* 31 (1980), 3-36.

라를 세우는 것에 관한 하나님의 궁극적인 목적이 현재의 삶에 영향을 미치고 있는 것으로 보았기 때문이다. 현재의 삶을 역사에 대한 하나님의 궁극적인 목적에 직면하게 하는 이러한 선지적 행동에는 역사의 끝이 역사 전체와 독특한 관계를 지니고 있을 것이라는 암묵적인 인식이 존재한다. 역사의 종말은 단지 역사 속에서 일어나는 사건들 중 그 마지막에 서 있는 최후의 그 무엇이 아니다. 이것은 모든 역사의 진실이 밝혀지는 결정적 국면이며, 모든 역사의 가치와 의미에 대한 신적인 판결이다. 이런 의미에서 초기 그리스도인들이 지녔던 임박한 종말 기대는 역사가 하나님의 목적 안에서 마침내 어떻게 될 것인가를 염두에 두고 살아가는 삶의 한 방식이었다. 이것은 삶의 모든 순간을 하나님의 나라 도래와의 관계 속에서 바라본다. 초기 기독교 세대들에 있어서 이 임박성은 시간적인 형태를 취하고 있는데 그와 같은 임박의 느낌을 인위적으로 재생해 낼 수는 없다. 그러나 우리에게는 일종의 제2의 순진성(naivety, 역자주: 철학자 폴 리쾨르가 말한 순진성)이 필요하다. 그것을 통해 우리는 재림의 지연이라는 피상적인 장애물을 넘어서, 현재적 하나님의 나라와 종말론적 하나님의 나라 사이에 존재하는 의미의 관계에 대해 초기 기독교가 지녔던 인식을 공유할 수 있다.

오늘날 요한계시록이 갖는 적합성

이 마지막 단락은 결코 포괄적이지 않다. 이 단락의 목적은 현 시대적 상황에 요한계시록을 상황화하는 데 있어서 요한계시록의 신학과의 연계성으로부터 독자들 자신의 경로들을 발견할 수 있는 방법들을 확보하려는 데 있지 않다. 이 단락은 오늘날을 숙고해 보는 데 도움이 되는 신학적인 방향들을 제공하는 것으로서 이번 연구에

서 부각되었던 몇몇 요점들을 단지 간단하게 강조할 뿐이다:

(1) 우리는 요한계시록의 기능들 중 하나가 그리스도인들의 상상력을 정화하고 새롭게 일신하는 것임을 제시한 바 있다. 요한계시록은 사람들로 하여금 세상에 대하여 상상적 반응을 촉구한다. 이러한 혁신적인 반응은 그들의 지적인 신념만큼 적어도 깊이 있고 영향력 있는 것이다. 요한계시록은 어느 한 지배적인 문화가 그 이미지들과 이상들로써 우리 앞에 세계를 형성하고 있으며 따라서 우리는 이러한 지배적인 문화의 관점에 기초하여 세계를 인식하거나 반응하고 있음을 간파하고 있다. 더욱이 요한계시록은 그 지배적인 문화가 형성해 놓은 구조가 실상은 그 권력을 유지하기 위한 강대국의 이데올로기임을 폭로한다.

요한계시록은 그 기능에 있어서 세계를 인식하는 또 다른 방식을 제공하는 것을 목적으로 하며 이것을 통하여 사람들로 하여금 지배적인 이데올로기가 끼치는 영향에 저항하고 도전하도록 만든다. 더욱이 세계를 인식하는 이 또 다른 방식은 근본적으로 초월적인 것을 지향하고 있기 때문에 그것은 이 세상 안에서 권력이나 구조들 혹은 이상들을 절대화하는 그 어떤 것에도 저항한다. 이것은 교회로 하여금 항상 기성 세계의 가치관을 부인하게끔 요청하는 가장 근본적인 방식이다. 물론 그리스도인의 전통적인 생각을 뒤엎고 새롭게 일신해야 하는 이 필연적인 과정은 요한계시록이 당시의 상황에서 그랬던 것 만큼 항상 상황적이어야 한다(역자 주: 요한계시록의 상황에 동일하게 적용될 수 없다). 그러나 요한계시록은 그러한 과정에 정보를 제공하거나 영감을 불러일으킴으로써 도움을 줄 수 있다.

(2) 이와 동시에 또 한 가지 추가되어야 할 사실은 요한계시록이 압도적으로 하나님의 진리에 주된 관심을 보이고 있다는 사실이다.

따라서 우리는 세상을 인식하는 전혀 다른 혁신적인 방식들에 관한 이런 개념을 통속적인 포스트모던적 방식으로 해석하여 모든 의미 있는 진리들을 단지 개인적 차원에서 언급한 문제들로 축소시킴으로써 허무주의로 귀결짓게 해서는 안 된다.

요한계시록은 우리로 하여금 이미지들을 진리 그 자체와 혼동하는 것에 관한 그 어떤 근거도 제공하고 있지 않다. 그러나 요한계시록은 진리에 상응하는 이미지들을 얻으려고 노력하며 또한 이미지들을 진리에 상응하는 방식으로써 사용하려고 노력한다. 요한계시록은 우리로 하여금 세상을 향한 교회의 증거가 오직 우선적으로 진리에 대한—한 분이신 참 하나님과 그의 의로우심과 은혜로우심의 진리에 대한—증거일 때에만 진정한 것임을 상기시킨다. 오늘날의 서구 사회들에 있어서 이러한 진리 증거가 직면하게 되는 것은 요한계시록에서와 같이 유일한 진리임을 자처하고 복음을 억누르려고 하는 전체주의적 이데올로기가 아니다. 그대신 진리의 존재 가능성을 부정하는 절망적 상대주의와 그리고 더더욱, 진리의 적합성을 경시하는 소비자 중심주의적인 태도를 직면하게 된다. 교회의 증거는 오직 그것이 증거를 위해 목숨을 던질만큼 가치있는 진리를 알 때에만 가치있는 것이 될 것이다.

(3) 요한계시록이 진리를 지향하는 것으로 주창하고 있는 이 세상에 대한 대체적 환상은 강력하게 하나님 중심적이다. 이 점에 있어서 요한계시록은 하나님 중심적인 환상이 압제와 불의 그리고 비인도적 행위에 맞서는 힘을 지니고 있음을 보여준다. 결국, 이 세상의 것을 절대화 함으로써 맹목적인 우상숭배로 빠져드는 인간의 성향을 효과있게 저지할 수 있는 것은 오직 하나님의 초월성에 관한 순화된 환상뿐이다. 참 하나님께 대한 경배는 곧 군사적이고 정치적인 힘(짐승) 그리고 경제적인 번영(바벨론)의 신격화에 저항하는 힘

이다. 뿐만 아니라 오늘날에 있어서 참 하나님께 대한 경배는 불의와 압제에 저항하는 운동들로 하여금 스스로를 위험천만하게 절대화시키지 못하게 할 수 있을 것이다.

(4) 요한계시록은 초월적인 하나님(하늘)을 언급함으로써 뿐만이 아니라 대체적 미래(새 창조와 새 예루살렘)를 언급함으로써 압도적인 이데올로기를 저항한다. 요한계시록은 이 세계가 신적인 초월성에 대해 열려있는 것으로 바라봄으로써 하나님의 나라가 이 세상에 도래할 수 있는 가능성을 열어 놓는다. 바로 이것이야말로 불의와 압제를 완전히 간파할 수 있게 할 뿐만 아니라 동시에 그 불의와 압제를 떠받치는 구조들이 아무리 강력하다 할지라도 상대화시킬 수 있도록 만드는 것이다.

(5) 요한계시록은 위로부터의 전망(천상에서의 신적 초월성)과 종말론적 미래로부터의 전망 뿐만 아니라, 어떤 의미에 있어서는 아래로부터의 전망, 즉 역사의 희생자들 편에서 바라보는 관점을 역시 취하고 있다. 이것은 요한과 그의 독자들이 지닌 사회적, 경제적 지위에 의해 필연적으로 취해진 관점이라기보다는 결속감에서 취해진 관점이다. 그러나 그것은 힘 있는 자들의 우상숭배들에 대항하여 하나님과 그의 나라의 편에 섰을 때에 귀결하게 되는 결과이다. 요한계시록의 신학이 해방신학이라고 불리워질 수 있는 한, 요한계시록은 가난하고 억눌린 사람들에게 말하고 있는 만큼 부유하고 힘 있는 사람들에게도 말하고 있다.

(6) 요한계시록은 지배적인 이데올로기를 응수함에 있어서 그리스도인들로 하여금 분리주의적인 영역 안으로 물러나도록 부추기지 않는다. 그러한 태도는 이 세상을 심판에만 내어 맡기고 천년 나라

의 꿈으로 스스로를 위로할 뿐이다. 이것은 묵시적 사고가 지닌 전형적인 특징이기 때문에 요한계시록이 지닌 전망과는 정면으로 대치되는 것임을 분명히 해 둘 필요가 있다. 반면, 요한계시록의 전망은 전 세계에 하나님의 나라가 도래할 것을 바라보고 있으며 그리스도인들로 하여금 이러한 하나님 나라의 도래에 능동적으로 참여할 것을 요청한다. 요한계시록은 모든 나라가 회심하여 참 하나님을 경배하게 될 것에 관한 원대한 소망을 지님에 있어서 성경의 선지적 전통 중 가장 우주적인 특징들을 발전시키고 있다.

요한계시록은 교회의 선지적 증거를 로마의 정치적이고 경제적인 우상숭배들에 대항하여 참 하나님과 그의 의로우심의 편에 서는 것으로 보았다. 이 점에 있어서 참 하나님에 대한 진정한 예배는 삶의 모든 국면들에 있어서 정의와 진리로부터 분리되지 않는다는 것이 바로 선지적 전승이 지닌 신념에 충실한 것이다. 그리스도인들이 하나님의 나라를 위해 증거해야 함은 사회 전체와 정치적인 영역에서 요구된다. 요한계시록의 하나님 중심적 환상에 있어서 매우 큰 비중을 차지하고 있는 예배는 사회 전체의 영역으로부터 물러난 경건주의적 칩거와는 아무 상관이 없다. 예배는 세상의 대중이 참예하는 우상숭배에 맞서는 저항의 원천이다. 예배는 전체 피조물이 마침내 드리게 될 우주적인 예배에 있어서 모든 나라들에 의한 참 하나님에 대한 인식을 대표적으로 부각시킨다.

(7) 요한계시록에 있어서 미래의 종말론에 대한 강조를 설명해주고 있는 것은 요한계시록이 우주적인 하나님의 나라를 지향하고 있다는 것이다. 이미 언급하였듯이, 요한계시록을 덜 기독교화된 유대교의 한 형태로 간주하려는 비평가들은 종종 이러한 점을 염두에 두고서 다른 신약 문헌들이 요한계시록과는 달리 실현된 종말론에 더 큰 강조점이 있음을 대조적으로 지적한다. 그러나 단순히 상대적

인 강조점들을 대조시켜 놓는 것은 문제의 본질을 놓치고 마는 것이다. 예수 그리스도의 종말론적 승리가 이미 획득되었다는 사실은 요한계시록의 신학에 있어서 그 토대를 이루고 있으며 그리고 그것의 즉각적인 결과는 만국으로부터 하나님의 한 백성을 형성함을 통한 일종의 하나님 나라의 실현이다. 왜냐하면 이 백성은 하나님의 통치를 이미 깨닫기 시작했기 때문이다.

그러나 이것이 하나님의 목적하시는 바 그 최종 목표가 아니라는 인식으로 말미암아 그 강조점은 미래의 종말론을 향하여 놓여지게 된다. 이 세상을 지배하는 권세자들이 하나님과 그의 의로우심을 경시하고 있음을 볼 때 어떤 의미에 있어서 하나님의 나라는 아직 도래하지 않았다. 교회는 그 자체를 위해 존재하지 않는다. 오히려 하나님의 우주적인 나라의 도래에 참여하기 위해 존재한다. 메시야가 이미 획득해 놓은 승리는 결정적인 종말론적 사건이다. 그러나 그 종말론적 사건은 모든 악이 하나님의 세계로부터 없어지고 모든 나라들이 메시야의 나라 안으로 모일 때에야 비로소 그 목적에 다다르게 된다. 사실 이것은 기독교적 구원 사건에 대한 유대 묵시적 전망이다. 그러나 그것은 일종의 실현된 종말론에 있어서 그 균형을 잡아주는 매우 긴요한 평형추이다. 왜냐하면 실현된 종말론은 하나님의 나라를 지나치게 영적인 의미로 해석한 나머지 이 세상이 아직 온전히 구원받지 않았음을 간과하고 있기 때문이다. 요한계시록이 보여주는 미래적 종말론은 교회로 하여금 하나님의 세계를, 그리고 세계를 향한 하나님의 미래를 지향되도록 돕는다.

(8) 요한계시록은 세상에 대해서 뿐만 아니라 교회들에 대해서도 선지적 비판을 가한다. 요한계시록은 권세와 번영에 대한 노골적인 우상숭배들에 있어서만 거짓 종교가 자리 잡고 있을 뿐 아니라, 참 종교(역자 주: 기독교)에 있어서도 하나님의 진리를 배반하고 그와

같은 우상숭배들과 타협함으로써 스스로를 왜곡시키게 될 끊임없는 위험성이 자리잡고 있음을 간파하고 있다. 다시 말해서 이것은 왜 요한계시록이 그토록 예배와 진리에 대해 하나님 중심적인 강조를 하고 있는지 그 타당성을 설명해 준다. 하나님이 누구신가 하는 것은 하나님께 대한 진정한 예배를 통해 알려진다. 세상의 우상숭배에 대항하여 진리를 충성되게 증거하기 위해서는 교회가 끊임없이 진리에 대한 스스로의 인식을 정화시켜야 한다. 그것은 지극히 거룩하신 분, 곧 죽임당한 어린양과 보좌를 함께 하고 계신 주권자 창조주에 대한 환상에 의해 가능하다.

(9) 자신의 나라를 세우는 하나님의 목적에 있어 그리스도인의 참여는 요한계시록에서 증거의 문제로서 묘사된다. 그것은 주로 구두적이지만 그러나 그 증거는 증거자의 목숨을 내놓을 때 비로소 그 진가가 입증된다. 하나님 나라의 가치들과 일치된 능력과 영향력을 사용해서 사회를 변화시키는 가능성들이 조망되지 않는 것이 우리를 놀라게 하지 말아야 할 것이다. 종종 그러했던 것처럼, 그렇지 않으면 사물들을 다르게 보는 것이 가능한 듯이, 이것이 세상의 묵시적 인식에 기인되어야 하는가에 대해서는 분명치 않다. 소위 묵시적 인식의 특징은 1세기 로마 제국 내에 있던 그리스도인들의 실제적 상황에 일치했으며 또한 그러한 이유로 말미암아 이러한 특징이 요한계시록에도 잔존한다. 요한계시록은 세상에 대한 교회의 증거 개념을 포함해서, 세상에 대한 묵시적 인식을 여러 가지 방법으로 다르게 변형시켰다. 물론 다른 상황들 가운데 세상에서 하나님의 나라를 섬기는 다른 가능성들은 얼마든지 열려 있다. 그러한 가능성들은 요한계시록이 지닌 증거의 개념을 매우 자연스럽게 확장시킴으로써 열려 있는데 거기에는 하나님의 계명들에 순종하는 것, 즉 하나님의 나라를 삶 속에서 실현시키는 것이 포함된다.

그러나 하나님 나라의 도래에 있어서 그리스도인들의 참여가 힘이나 영향력에 의존하지 않는다고 하는 요한계시록의 주장은 여전히 중요하다. 기독교적 증거의 본질적인 형태는 하나님의 나라에 대한 변함없는 충성인데 이것은 다른 어떤 것에 의해서도 대체될 수 없다. 거짓을 무찌르는 진리의 힘은 이러한 비폭력적 증거로 말미암아 그 진가를 발휘하게 된다. 합법적인 힘과 영향력이 분명 경시되어져서는 안 된다. 그러나 충성된 증거의 우선됨이 유지될 때 힘을 사용하고 싶은 이러한 유혹들은 가장 적절하게 물리칠 수 있을 것이다.

(10) 요한계시록의 우주적 전망에 있어서 창조와 구속, 그리고 종말론의 교리들은 매우 긴밀히 연결되어 있다. 그리스도 안에서 전체 피조 세계를 반환받아 갱신하기 위해 행하시는 분은 모든 실재의 창조주 하나님이시며 그는 자신의 피조 세계에 대한 신실함으로 그렇게 하신다. 그분은 창조물의 알파가 되시기 때문에 역시 창조물의 오메가도 되실 것이다. 그의 새 창조의 범위는 창조의 범위 만큼이나 우주적이다. 그분이 자신의 우주적인 나라를 주장하는 것은 창조주로서 그렇게 하시는 것이다. 그분께서 자신의 창조 세계를 새롭게 하여 악과 허무의 위협으로부터 건져내고 자신의 임재의 영원함 속으로 가져다 놓을 수 있는 것도 창조주로서 그렇게 할 수 있는 것이다. 요한계시록이 신약 신학에 공헌한 중요한 것 중 하나는 그리스도 안의 구원이라는 신약의 중심 주제를 자신의 전체 피조 세계를 향한 창조주의 목적이라는 전체 성경 신학적 상황 안으로 정초시켜 놓았다는 것이다. 이것이야말로 오늘날에 되찾아야 할 전망이다.

(11) 본 연구 전반에 걸쳐 우리는 요한계시록이 지닌 하나님 중심성을 강조해 왔다. 이 하나님 중심성은 요한계시록의 환상이 지닌

모든 나머지 일면들이 하나님에 대한 이해로부터 생겨났음을 말해준다. 뿐만 아니라 우리는 하나님에 대한 이러한 이해가 진지한 신학적 숙고에 의해 형성된 정교한 결과임을 강조해 왔다. 유감스럽게도 하나님에 관한 이러한 교리는 그렇지 않아도 많은 오해를 받아온 책으로서 가장 오해되었던 요소가 되어 왔다. 요한계시록은 신약에 있어서―아마도 요한복음을 제외하고는―가장 발전된 삼위일체 신학을 가지고 있다. 또한 요한계시록은 헬라의 철학적 범주들로부터 완전히 독립하여 삼위일체론의 발전된 형태를 명백히 보여주고 있는 가장 가치 있는 책이다.

요한계시록은 하나님의 초월성에 대해 강력하고도 동시에 신인동형적 이해를 배제한 인식을 지니고 있다. 그것은 초월성이 지닌 군주적 이미지들에 대한 현대의 비판을 완전히 극복한 것이다. 요한계시록은 악의 권세들이 통치권을 쥐고 있는 이 세상으로부터 하나님의 영광을 보류해 놓고 있음에도 불구하고 하나님께서 죽임당한 어린양의 모습으로 그리고 교회의 증거를 영감시키는 일곱 영의 모습으로 현재의 세상 안에 임재하여 계심을 인식하고 있다.

요한계시록은 어린양을 보좌 위에, 그리고 일곱 영을 보좌 앞에 위치시킴으로써 하나님의 나라가 이 세상에 도래함에 있어서 희생적인 사랑과 진리 증거가 우선되어야 함을 보여주고 있다. 한편 이와 동시에 창조 세계가 신적 초월성에로 열려 있음은 나라의 도래를 보증해 주고 있다. 하나님의 통치는 짐승의 강압적인 폭정과는 달리 인간의 자유를 억압하지 않는다. 오히려 인간이 하나님의 통치에 참여함으로써 신적 통치가 완성됨을 바라본다: 즉, 신정제도와 인간 자율성의 조화 속에서 하나님의 통치가 완성된다. 결론적으로 말해서 신적인 초월성은 창조 세계의 종말론적 종착이 하나님과의 직접적인 관계 안에, 즉 영광과 영원한 생명으로 내주하시는 그 분의 임재 안에 있지 못하도록 가로막는 것이 아니라 오히려 가능하게 만든다.

지금까지 본 연구의 전반에 걸쳐 드러나 있는 하나님에 관한 이해에 관련하여 그 주요한 사항들을 요약하였다. 이렇게 한 이유는 요한계시록이 오늘날에 있어서 우리가 기대하지 못했던 신학적 적합성을 가지고 있음을 제시하기 위함이다. 요한계시록의 신학은 우리로 하여금 하나님에 관한 교리를 새롭게 할 수 있도록 영감을 불어넣어줄 수 있다. 그것은 아마도 오늘날에 있어서 가장 시급한 신학적 과제이다.

Further reading

The following books and articles are some of the more useful for studying specifically the theology of Revelation.

Barr, D. L. 'The Apocalypse as a Symbolic Transformation of the World: A literary Analysis', *Int.* 38 (1984), 39-50.

'The Apocalypse of John as Oral Enactment', *Int.* 40 (1986), 243-56.

Bauckhan, R. *The Climax of Prophecy: Studies on the book of Revelation.* Edinburgh: T. & T. Clack, 1992. A collection of essays, many of which develop aspects of the argument of the present book at greater length.

Beasley-Murray, G. R. *The Book of Revelation.* NCB. London: Marshall, Morgan & Scott, 1974. A reliable commentary which is alert to theological issues.

Boring, M. E. 'The Theology of revelation: "The Lord Our God the Almighty Reigns"', *Int.* 40 (1986), 257-69.

Bovon, F. 'Le Christ de L'Apocalypse', *RTP* 21(1972), 65-80.

Caird, G. B. *A commentary on the Revelation of St John the Divine.* BTNC. London: A & C. Black, 1966. A commentary notable for its attempt to read Revelation as a thoroughly Christian reinterpretation of Old Testament images and themes.

Comblin, J. *Le Christ dans l'Apocalypse.* Bibliothèque de Théologie: Theologie biblique 3/6. Paris: Desclée, 1976. This major study of the Christology (and related themes) of Revelation was written independently of that of Holtz (see next item). An appended note (pp. 237-40) point out comblin's differences from Holtz.

Holtz, T. *Die Christologie der Apokalypse des Johannes.* TU 85. Berlin: Akademie Verlag, 1962. The standard, Very thorough study of its subject, which nevertheless can be usefully complemented by comblin's rather different approach (see preceding item).

'Gott in der Apokalypse' , in J. Lambrecht, ed., *L'Apocalyptique Johannique et l'Apocalyptique dans le nouveau Testament.* BETL 53; Gembloux: Duculot and Leuven: University Press, 1980, 247-65.

Mazzaferri, F. D. *The Genre of the book of Revekation from a Source Critical Perspective.* BZNW 54. Berlin and New York: de Gruyter, 1989. Though primarily concerned with arguing that Revelation belongs to the literary genre of prophecy, this study is broader than its title suggests and has much insight into many issues of interpretation.

Minear, P. S. 'Ontology and Ecclesiology in the Apocalypse' , *NTS* 12 (1966), 89-105.

I Saw a New Earth: An Introduction to the Visions of the Apocalypse. Washington and Cleveland: Corpus, 1968. Though Minear's thesis that Revelation is not a critique of the Roman Empire but solely of the church fails finally to convince, this is a book packed with fresh and sensitive insight.

Rissi, M. *Time and history: A Study of the Revelation.* Trans. G. C. Winsor. Richmond, Virginia: John Knox Press, 1966. This is an attempt to fit Revelation into a *heilsgeschichtliche* (salvation-historical) theological framework.

Schüssler Fiorenza, E. *The Book of Revelation: Justice and Judgment.* Philadelphia: Fortress, 1985. A Collection of major essays by one of the foremost American experts on Revelation.

Sweet, J. P. M. *Revelation.* SCM Pelican Commentaries. London: SCM Press, 1979. Sweet's interpretation is in the tradition of G. B. Claird and Austin Farrer (Whose best insights he extracts from the more eccentric), and is notably alert to the significance of Old Testament allusions and the range of associations of the imagery. Probably the best short English commentary.

'Maintaining the Testimony of Jesus: the Suffering of Christians in the Revelation of John', in W. Horbury and B. McNeil, ed., *Suffering and Martyrdom in the New Testament: Studies presented to G. M. Styler.* Cambridge University Press, 1981, 101-17.

Trites, A. A. The New Testament Concept of Witness. SNTSMS 31. Cambridge University Press, 1977. Chapter 10. The Most Important study of this theme in Revelation.

Vögtle, A. 'Der Gott der Apokalypse: Wie redet die christliche Apokalypse von Gott', in J. Coppens, ed., *La Notion biblique de Dieu: Le Dieu de la Bible et le Dieu des philosophes.* BETL 41; Gembloux: Duculot and Leuven: University Press. 1976, 377-98.

Yarbro Collins, A. *Crisis and Catharsis: The Power of the Apocalypse.* Philadelphia: Westminster Press, 1984. An attempt to understand the message of the book in sociological and psychological terms.

역자 후기

역자는 박사 학위 과정의 지도 교수였던 Richard Bauckham 저서 중 하나를 한국의 그리스도인들에게 소개할 수 있게 되어 대단히 기쁘게 생각한다. 미국에서 석사 학위 논문을 쓰던 중 이 책을 처음 읽을었고 그때 느껴던 감동은 지금도 잊을 수 없다. 고도의 논리와 자료를 근거로 쓰여진 학문적인 책이면서도 동시에 경건 서적을 방불케 하는 이 책은 곧 바로 Bauckham 교수에게 박사 학위논문 지도를 부탁하도록 나를 내몰았다. 학문적인 책이 이처럼 감동을 줄 수 있다는 사실이 그를 더욱 신뢰할 수 있게 한 것이다. Bauckham 교수는 역자에게 논문을 지도하는 동안 인격과 신앙의 본을 보여주었으며 나에게 늘 스승으로서의 깊은 감동을 남겨주신 분이다. 그래서 Richard Bauckham과의 만남은 나의 인생에서 예수 그리스도 외에 가장 소중한 만남으로 기억된다.

그의 학문적 업적은 현재 절정에 이르고 있다. 그 절정의 순간이 언제까지 갈지 끝이 보이지 않을 정도이다. 조직신학과 성경학 그리고 역사신학을 넘나드는 신학에 대한 포괄적 접근 방식은 신학적 방법론에 대한 넓은 지평을 열고 있다고 할 수 있다. 그의 책에서나 어느 세미나에서든 소위 자유주의적 입장에 대해 의연하게 그러나 설득력 있게 논증해 가는 그의 모습에서 복음주의적 입장에서도 얼마든지 그 상대편의 입장과 대화할 수 있으며 또한 그것을 설득할 수 있다는 낙관적 정서를 복음주의자들에게 심어주고 있다. 공교롭게도 이미 학위를 끝낸 그의 제자들 중에는 한국(역자), 일본과 중국(홍콩)인들이 골고루 구성되어 있다. 물론 미국과 영국 출신의 학생들이 다수 있는 것이 사실이다. 이처럼 다양한 국적의 유학생들이 그의 지도를 받고 있다.

Richard Bauckham은 요한계시록에 대해 두 권의 책을 저술한 바 있다. 하나가 이 책이고 다른 하나는 *The Climax of Prophecy*이다(그는 이 책들 외에도 WBC 주석 시리즈의 베드로전서/유다서에 대한 주석을 저술한 바 있으며 최근에는 야고보서 주석을 저술했고 요한복음 주석은 저술 중이며 그리고 몰트만의 신학에 대한 서적도 저술하였다. 몰트만에 대해서는 영국 내에서 최고의 권위자로 인정받고 있다. 이 외에 다수의 저술들이 있다). *The Climax of Prophecy*도 한들출판사에서 곧 출간될 것인데 이 두 권은 서로 보완적인 관계에 있어 함께 읽으면 그 효과를 극대화 할 수 있다(이 두 권 외에 역자가 저술하고 있는《요한계시록 어떻게 읽을 것인가》[성서 유니온, 근간]와 함께 읽을 수 있다면 더욱 좋을 것이다). 이 두 권 모두 주석의 형태로 쓰여진 것이 아니라 주제별로 다루고 있는데 이러한 접근은 한 주제에 관한한 요한계시록 전체를 볼 수 있다는 장점이 있다.

역자는 Bauckham의 모든 결론에 동의한다. 그러나 한 가지 예외가 있다. 이 책의 6장에서 새 예루살렘에 관한 부분이다. 여기에서 그는 새 예루살렘을 규명함에 있어서 세 가지를 제시하는 데 그 중에 하나가 장소로서 새 예루살렘이다. 역자는 박사 학위 논문의 주제가 요한계시록에서의 새 예루살렘 연구였는데 이 연구를 함에 있어서 장소로서의 새 예루살렘은 전혀 언급하지 않았다. 왜냐하면 새 예루살렘이란 교회(사람)를 상징하는 것으로 보았기 때문이다. 이 문제 있어서는 역자의 저서인 《요한계시록 어떻게 읽을 것인가》(성서 유니온, 근간)를 참고하여 독자가 스스로 판단하기 바란다.

요한계시록은 퍼내고 퍼내도 솟아오르는 샘물과 같이 무궁무진한 신학적 주제를 가지고 있는 보고(寶庫)이다. 그동안 우리는 이러한 요한계시록을 예수님의 재림을 전후한 시기에 대한 기록으로 지나치게 단순화시켜서 그것이 제공해주는 풍성한 내용들을 많이 놓치고 말았다. 이제 이러한 내용들을 충실하게 퍼 올려서 드러내고 나누고 누려야 할 때이다. 왜냐하면 요한계시록의 메시지야말로 새 천년을 시작하는 오늘날 진정으로 요청되는 것이기 때문이다.

이것은 단순히 예수님의 재림이 가까이 왔다는 막연한 기대 때문만이 아니다. 그리고 여러 가지 불길한 재난들이 줄을 잇고 있기 때문은 더욱 아니다. 그것은 바로 요즘이야말로 극심한 물질주의 공세에 의해 그리스도인들이 위기를 맞고 있기 때문이다. 이 물질주의의 배후에는 물론 사탄이 존재한다. 요한계시록의 일차적 독자들은 사탄의 도구로서 로마(바벨론에 의해 상징되는)의 제국주의적 이데올로기(무력과 자본)에 의해 신앙적 생존의 위기를 경험했지만 오늘날은 자본주의 논리에 의해 형성된 제국주의적 이데올로기에 의해 그리스도인들은 위기를 맞고 있다. 사탄은 바로 이 자본주의적 논리를 그리스도인들을 파괴하는 현대적 무기로서 사용하고 있는 것이다. 그것은 그리스도를 향한 우리의 헌신과 사랑을 앗아가고 있다. 우리는 요한계시록의 메시지를 통해 바로 이러한 위기를 극복하는 지혜를 발견할 수 있다. Bauckham의 이 책은 이러한 지혜를 발견할 수 있도록 독자들을 안내할 것이다.

역자의 경험으로 한 번 읽어서는 이해되지 않는 부분이 많을 것이다. 한 번은 전체 내용을 일별하는 식으로 읽고 두번째는 일일이 성경을 찾아 가면서 정독한다면 이 책의 진미를 극대화하여 맛볼 수 있을 것이다.

끝으로 이 책을 번역하는데 도움을 준 신석준 형제와 이 책의 진한 감동을 함께 나누었던 웨스트민스터 신학대학원 대학교 학우들과 그리고 이 책이 번역하여 출간하도록 독려해 주신 한들출판사 정덕주 목사님께 감사드린다.

2000. 8, 28
奉天洞에서 이필찬